FIELDWORK TRACK

RURAL CHINA
IN THE RECENT TEN YEARS
2007-2016

田野足迹

近十年来的乡村中国

（2007~2016）

刘燕舞 著

社会科学文献出版社
SOCIAL SCIENCES ACADEMIC PRESS (CHINA)

目录
contents

家庭

源村的婚事

传统意义上的订婚的重要性是不言而喻的，它是迈向婚姻的关键性一步。正是因为订婚具有村落传统中类似于法律意义上的合法性，所以，订了婚的人很少有后悔的。因为，前面看亲、看房两步有足够的时间让双方有一个比较好的了解，如果不同意可以在此前终止，此前终止交往的话，双方的损失不大，也不会牵涉太多的经济利益。但订婚后就不同了，不但牵涉各方的道德利益，而且也牵涉各方的经济利益。而且订婚后，一般有发生性关系的可能，所以事情会变得更加复杂，订婚后男女双方要承担的义务与责任也多了起来。

一 看亲

原来源村的婚姻以说媒结合为主，自由恋爱的是少数，因而，在一开始便免不了要有一个相互认识的过程，因为在正式见面之前，有可能男女双方是没有见过面的，甚或两下相隔比较远，彼此了解很少。关于说媒，主要有以下几种基本情况。一是地方上有媒人主动去说的，有些有说媒经验或擅长说媒的人了解地方上的男男女女的基本情况，一待时机合适，就以半开玩笑半带真的口吻向男女双方及其父母探口风，如果能够探出点眉目就会尽力说合。二是地方上的父母或他们的子女中有一方看中另一方的会去央求说过媒的或具备说媒能力的人去另一方家说合。三是经过自由恋爱，但父母双方都不同意或有一方不同意的，恋爱的双方会请求自己的亲戚或媒人去说合。

媒人说了一个大概的时候，便会履行婚姻中的第一道程序，或者说是第一次礼仪，那就是“看亲”。看亲的意思有两层：一是看双方的“亲事”，这里所谓的“亲事”就是我们通常所说的外表、长相。二是看“亲家”，即未来可能结成儿女亲家的双方在这一次看亲过程中可以彼此了解。看亲就是要为男女双方以后的交往奠定基本的初步的合法性，并使双方有可能朝最终的婚姻目标迈进。

看亲的具体情况是由媒人领着男方的父亲和叔伯兄弟到女方家吃一顿中饭，这个日子是事先双方约定好的。女方这边也会派自己的父亲和叔伯兄弟到场作陪，双方互相聊聊家常。吃完饭后，女方如若同意，便会泡一杯茶给男方，男方同意就接下这杯茶，顺便在茶盘里放一个红包，是为“茶礼”，红包原来一般是 5 元，现在多少不定。男方如果不同意，就不接女方的这杯茶。女方拿了茶礼钱后会出去，如果她表示最终同意，估计男方已经喝完茶了，过一会儿便又折回来收茶杯，如果突然反悔，不同意了，那么就不回来收茶杯以示拒绝。

看亲时，男方只有男性参加，男方的女性成员是不参加的。女方也主要是男性成员参加，女方的母亲只会泡第一轮茶，此后便不再参与其中的活动。

如果看亲成功，即双方都同意，接下来男女双方可以比较自由地交往，但一般而言是不允许同房同宿的。不过近 20 年，这一规矩已经基本上不再存在了，是否如此，男女自行决定。按照一般的规则，看亲虽然不能最终决定两者是否结合在一起，但是大多数看了亲的，双方又都同意了的，都能够完满结合。看了亲后，双方虽然都同意了，但是相处一段时间后其中任何一方如果发现对方不合适，或者双方都觉得对方不合适，不想继续交往结合了，就可以停止交往，双方不会有太大的损失。这也是以前规定看亲后还不能同房同宿的原因。一旦同房同宿，意义便不一样了，性道德会强有力地规制双方。不过，总体而言，看了亲后双方同意，是很少有反悔的，这也是后来禁止看亲后同房同宿规定松动的原因之一。

看亲作为第一道走向婚姻的程序，为以后结婚奠定了良好基础，但是随着自由恋爱越来越多，双方的了解已是今非昔比，作为主要为了了解双方情况的看亲也就自然逐渐丧失其真正的功能，因而慢慢淡出人们的视野。但是，并不是说，自由恋爱一兴起，看亲就立即消失，这中间的变化有一个缓慢的过程。20 世纪 90 年代中期，看亲仍然流行，即使是自由恋爱的，双方非常了解的，也履行此道程序，只不过，这种程序的履行更多是象征意义的，是一种乡土制度延续的惯性。这种制度惯性逐渐消解，再加上村民逐渐理性化，觉得既然双方都如此了解，甚至已经在父母还不知情的情况下就同房同宿过，从理性的角度来看，看亲自然没有太大的必要了，看亲也就自然消失。看亲最开始是在自由恋爱者之间逐步消失，其后是在仍然持续着说媒传统的婚姻中消失。农村中仍然靠传统的说媒的方式结合的婚姻即使是现在也仍然占有一定的比例，但是，随着自由恋爱对看亲的冲击，说媒也从原来近乎是两个家族的公事逐渐变成了男女双方两个核心家庭的私事，因而看亲在传统的说媒婚姻中也逐渐淡出市场。

从这里我们也可以看出，一个事物或一项制度，固然有其功能，但并不意味着其功能一旦消失，其便跟着消失，它还可能会因为其他的因素而继续存在。因此，制度的存在既依赖于其功能的存在，同时也依赖于其他因素，典型的如一个地方积淀下来的文化。这种积淀下来的文化往往是制度产生路径依赖的可能原因，也是其不会立即消失而会经历一个缓慢的过程然后消失的原因之一。

二　看房

看亲后不久，女方会和男方约定一个日子，女方到男方家去看看基本情况，是为“看房”。去男方家里看房的女方成员没有男性，全是女性，她们由媒人领着。但是女孩的母亲是不来的，来的女性成员主要是女孩和她的伯母、婶婶或姐妹。她们实际上是代女孩的父母亲来看的。伯母、婶婶一般是按女方家族的房份来的，每一房来一个人。一般而言，一房就是一户。如果亲隔得比较远，如出了五服的，就按大房来，所谓大房就是以大儿子为户主的那一房。

看房并不是说就只看房子，也看男方家庭的各个方面，甚至包括男方所在的地方。但是，房子在婚姻中的地位是比较重要的，因此看房作为这一环节的称呼也就不无道理。有一个当地关于看房的经典的真实笑话为证：一群人看完亲后，男孩说，我家里的房子就是好啊，我家里的房子就是光啊（“光”的意思是指房间的光线好，很明亮）。女孩的妹妹说：姐夫（看亲同意了后，就可以按正常的姻亲称呼男女双方的相关人员），你的房子好是好，能够摸得屋檐到（“到”在平江方言音中为第三声，与“好”字形成押韵，这句话的意思是男方的房子矮），你的房子光是光，就是几间豆腐箱（这句话是形容男方的房子很窄，源村的豆腐箱，大的大概是 1.5 尺长和宽，小的则长宽均为 1 尺以下）。

看完房后，大家会一起在女方家吃顿中饭，吃完饭后，整个过程就算完成了。在源村，20 世纪前期，看房一般是不需要给任何东西的，但是，20 世纪五六十年代开始兴起送一块肥皂，即给来看房的女方的女性成员送一块肥皂，也可以说是对于看房的“回礼”，后来又慢慢开始兴起送一块布，布的长度刚好一米，之所以定好一米的长度作为规则，是因为一米布一般能够做一条裤子。回送布的礼节一直持续到 20 世纪 90 年代中后期，此后开始逐渐以钱代替，刚开始时，一房一般是 20 元左右。再往后，钱的数目逐渐增加到 200 元一房，近两年又涨到 220 元一房。

看房的风俗持续到 2002 年，此后就没有了。但是看房没有了，所没有的只是这一过程，而其中要回礼的东西，到现在是回钱则仍然有，只是要回的钱现在则挪到了下文要述说的“订婚”中，也就是说，在订婚中还得补上看房时的礼。

看房的兴衰，其道理与看亲是相同的。不过，与此兴衰相伴随的，还有对待物质与精神的看法的变化。应该说，以前结婚更重视礼仪的象征性、功能性，以及精神性。而现在，或者这几十年来，是逐步过渡到重视物质性。比如，看房，原来只是了解男方的具体情况，与看亲主要了解女方的情况相对应，除此之外，并没有什么物质色彩。我们从源村对于结婚的称呼的变迁也可以看出来，原来源村结婚叫作“讨亲”，意思很简单，就是说这门亲是讨的，既讨了一门亲戚，也讨了一个媳妇，讨的自然也就是不要钱的。此后逐渐有“收亲”一说，既然是“收”的，那自然与“讨”不同，“讨”无异于白送，“收”则还是要付出一定的代价的，不管感情怎么样，“收”多少还是有点“收购”的味道。20 世纪五六十年代兴起回一块肥皂，在那个年代可能也不意味着与现在的送钱在本质上有什么区别，只不过，这一整个演变的轨迹是越来越物质化，越来越金钱化，其数目也可以在预料的将来会迅速地突破一个又一个历史纪录，同时也会创立一个又一个新的历史纪录，然后又破又立，螺旋前进，没有人能阻挡得住。

此外，不同的时代所受的大传统的影响也不同，或者说，不同的时代，不同的大传统的内容和形式也不一样。村民说，对于结婚，毛泽东时代，国家既不允许请客，也不允许回东西。所以，在毛泽东时代，有杀几只鸭子就可以结一场婚的可能，而且很普遍，但是现在，靠杀几只鸭子就想把媳妇娶进门肯定是过去式了。同时，我们也确实从中可以窥探出妇女地位的变化，原来的男女地位是在某种意义上的平等，而后来则是某种意义上的妇女地位的上升。强调平等与强调地位上升所产生的结果肯定也大不一样。因此，不同的国家大传统在“笼罩”村庄的时候，村庄的生活自然会因之而异。

三 订婚

看房同意后，如果双方没有什么问题，过一段时间就可以考虑“订婚”了。订婚原来也叫“写订婚字”。订婚就是男女双方约定一个日期，由媒人领着女方的家人到男方家吃顿中饭。订婚的规模比看亲要大，看亲一般就是两三桌，而订婚的规模则在4~10桌。看亲只要男方和女方的父兄、叔伯到场即可，订婚则除了男女双方的父兄、叔伯外，男方还会视情况把自己主要的亲戚叫来，这些主要的亲戚一般包括外公、外婆，舅舅、舅妈，姨父、姨母，姑父、姑母，以及男方父亲的舅舅家的嫡亲大房等人，女方来的则是她的父亲、哥哥、弟弟、叔伯父和她那一姓中未出五服的各大房，这些人除女孩的父亲外也构成日后结婚时的“上亲”。

看亲和看房都还没有办酒席的必要，一般也不会按酒席办。但订婚则是要办酒席的，席的名称一般叫“情席”，情席的特点是菜一共十碗，前六碗是一碗一碗上的，一般是下酒用，吃这六碗菜时，大家互相敬酒。吃这六碗菜一般是吃到两三碗就有人来把菜碗拿走，等到都吃完后就都拿走。等这六碗吃完后，接下来四碗仍然是一碗一碗上的，但是菜碗不会拿走，因为这四碗是下饭菜，一般不喝酒。这四碗菜通常情况下为扣有汤皮的猪肉，汤皮也是猪皮做的，皮子要附上一层薄薄的肥肉，汤皮是一张完整的皮子，长宽均约10厘米，皮子下面是猪肉，猪肉下面是酸菜，这碗菜上面扣了一个碗，用筷子插进去再翻起来就能把汤皮翻入上面盖着的碗，这样菜实际上是两碗。然后一碗是鱼，一般都是一条草鱼的中间部分，里面放有汤。再一碗则是青菜，青菜里面一般放有黑木耳，且青菜是放有汤的。还有一碗则是咸菜，通常是腌榨菜丝炒猪肚，里面会多少放点芹菜。前面吃的六碗则会略有变动，但一般第一碗都是拌有千张和炸鸡蛋的竹笋丝，然后有炒鸡肉，鱿鱼或墨鱼丝，千张皮炒豆芽，甜的肉丸子或者用莲子代替，肉丸子或莲子因是甜品一般就上在第六碗，在上这碗菜之前会上一碗放有葱花和姜的开水，供吃甜品前后洗调羹或筷子用。

订婚时吃“情席”自有其道理，所谓情席，即建立了一定感情的人一起吃的酒席，“席”在平江方言中音与“戚”相同，所以，按谐音理解，情席又可以是指有了一定感情基础的亲戚聚在一起吃的酒席的一种。比情席差一点的酒席叫“生席”，“生”即“陌生”，这种酒席的吃法实际上暗含有聚在一起的人还比较陌生，属于陌生的或者说还不太了解彼此的亲戚吃的酒席。生席的菜只有八碗，比情席少两碗，生席上的菜与情席也不大相同，一般而言比情席的菜稍微差一些，后面四碗规矩虽然也与情席差不多，但不是特别讲究，所以有时简单八个菜凑在一起也可以笑称是吃了一场“生席”。因此，在看亲或看房时如果要摆席的话可以摆生席，但一般不会摆情席。而比情席再好一点的则是“至席”，“至”有极致的意思，因而“至席”也就是源村的一种最高贵的席，一般是有大事或招待贵宾用。至席的菜比情席多两碗，后面四碗下饭菜与情席相同，不同的是前面八碗，比如在吃情席时可以炒一碗鸡肉，但至席中则必须是一只完鸡，即一碗菜就是一只鸡，鸡肚子里面还有鸡蛋，一般是八个（因为一桌只能坐八个人，桌是八仙桌），这菜就叫“金鸡下蛋”，而在情席中就简单叫作炒鸡肉。所以，结婚时必须吃“至席”。

由这种酒席安排，我们也可以看出，结婚在源村人看来是由“生”开始，逐渐生“情”，情而“至”时则诸事皆达，婚姻自是水到渠成了。

吃完饭后，男女双方来的人也即来吃订婚酒的人会聚集在一起，摆几盘果碟，一边吃果品，一边喝点酒。然后男女双方各找一个代笔的，在订婚书上签字。这两支笔就是源村人称的“金笔”，说其是金笔是为了凸显其重要性和特殊性，同时也凸显其崇高与神圣性。因此，由这里又衍生出一套行为规范，比如，去别人家吃酒席登记礼簿时，人们一般会对登记礼簿的人虔诚地说一声“借一下你的金笔”，意思就是代我登记一下，可见其神圣性。订婚书一般由男方先请人拟好，写在一张红纸上，红纸的状态和样子就如同我们在电视上看到的皇帝的圣旨或诏书，可以将其滚作一筒。订婚书的大概内容就是：“经男女自愿，双方父母同意，拟订立婚姻之约。”“订”与“定”在此实则是通用的，所以订婚也就意味着把婚姻定下来了，在订婚书上签字的男女双方的亲戚，实则是作为这一过程的见证人，此后一般是不容反悔的，如若反悔则应承担类似于离婚一般的责任。同时，双方的亲戚都在上面签字，也就意味着孩子的婚姻对于双方的亲戚也有道义上的约束力，这样一来男女之间的婚姻就不仅仅是我们理解的现代意义上男女双方或者法律语言中说的夫妻双方的私事，这样，孩子的婚姻实际上是除了他们的私事以外，还变成了两个家族甚至是几个家族的公事。因此，任何一方想要反悔也就变得并不是那么容易，比如有人在日后结婚了又有离婚念头的，他舅舅可能会跳出来说“你要这样搞的话，以后你就别进我的家门，就当我没有你这个外甥，你也当作没有我这个舅舅，我们就这样‘割袍断义’”。实际上，从看亲开始，一直到最终的成婚路上，所有重要活动一般都以男女双方的家族作为基础，并会把男女双方亲戚的其他家族牵扯进来，所以婚姻也就像是蜘蛛网一样，层层密密，千丝万缕，所牵涉的关系千万重。

因为看房时应该回给女方各房的东西在后来逐渐发展成把看房省略掉后，就把应该回的东西顺延到订婚这一环节了。订婚原来是没有这一环节的，原来的订婚一般就是吃顿饭写完订婚字后就可以了。所以，现在订婚中新增的回礼这一环节实则是省略掉看房所产生的。而且，看房原来多以回一米布为主，但是，因为订婚比看房有着更重要的意义，所以一米布自然很难凸显出其中的意义，是以虽然礼节省掉了，但是礼节中所凸显出来的利益不能省掉。当然看人们怎么理解，可以将实质性的“钱”或者说物质本身理解为利益，但也可以将礼仪本身的一套实践仪式理解为利益。但前者是现在的状态，后者只能是过去式了。因此，人们虽然讲求简单和不太拘礼之外，却还是不忘现实的物质利益，这也是在订婚中把原本属于看房所要完成的任务补充完成的原因。按道理来说，看房作为礼仪的象征性功能消失后，应该是没有了踪影的，但是物质性的兴起能压倒形式性的东西。因此原来的实质性的礼仪的消失，却没有使原来礼仪中形式性的物质利益消失，而现在则在新的形式性礼仪中仍然补充履行着原来非实质性而现在看来是那么实在的利益。

当然除上述要回各房的礼仪性的物质利益外，也不能忽视女孩的利益。总不能让女孩空着手回，因为别人都有。但是女孩毕竟是未来的新娘和男方家的媳妇，所以与她的家族的各房不同，自然应该有新的更加不同的和更加重要的物质利益才能体现出她的重要性。这一体现就是在订婚中所谓“三金”即“金耳环、金项链、金戒指”的兴起。三金在早两年是以四千元钱左右可以折算的，因为那时的金价是75~100元一克，而现在则是175元甚至更多一克。所以原来公认的4000元左右的标准自然也就不太适应三金的要求。现在的4000元大概只能买到原来三金中的两金，而买不到全部。这样，订婚对于男方来说，其成本在这短暂的几年中自然是在迅速上升。

然而，订婚的礼节相比于现代的婚礼还是略显麻烦，现代性的婚礼只要男女双方同意就可以领一个结婚证了事，婚姻完全变成了男女双方两个人的私事，好像除此二人之外，其他人是不能也不应该干涉的。所以，对于订婚这种需要几个家族参加的礼节自然也没有太多意义一样。简便的办法自然是有，那就是这两年（2005年至今）兴起的所谓“联根”。

“联根”在原来的毛泽东时代就有，那个时候之所以要搞联根，与在上文探讨的国家大传统的影响有关一样，还有一个很重要的原因就是当时大家都比较贫困，顾不了那么多。所以，男方由媒人领着到女方家吃顿饭，把男女婚姻事情说妥即可。因而杀几只鸭子就可以了事。但是后来，随着生活的逐渐好转，国家的大传统所宣扬的意识形态也不再强调那一套，因而开始兴起订婚，但订婚也只是程序而已。而现在人们发现，反正男女自由恋爱（一般而言是这样），看亲的彼此的初步了解不需要了，看房的了解男方的基本情况也不需要了，接下来则是觉得订婚也没有太多必要，不如结婚时一起搞掉。

另外，联根虽然在以前有过，但是现在如果要恢复也并不是那么容易。尤其是本地婚姻更是不太可能，也不是太适应。但问题是，现在的农村已经不是静止的农村，它在迅速变化，农村中的婚姻圈已经不是昔日的同一文化圈内的婚姻可比，随着打工大潮的出现，农村的男男女女跨省结识的越来越多。因此，原来主要以村为单位的婚姻圈现在实际是以跨省市县为单位的。因而，各地的风俗也不一样。同时，如果按源村的风俗行订婚之礼，关键的一点是对于跨省等远距离婚姻来说，其成本太高。估计单是把女方的父亲和各房接过来的车费就够办一场传统意义上的婚礼了，这样站在理性的角度当然是极为不合算的。因此，采取联根的办法比较好。但是此时的联根与原来的联根又不一样，此时的联根虽然省掉了订婚所需要的礼节，但是订婚中该回多少钱，该给女孩什么，一样都不能少。

跨省的婚姻一旦在联根上面有了具体实践，本文化圈的或者说近距离的婚姻也自然跟进。跟进的理由当然是省去麻烦，再说现在的婚姻，对于家族来说也不像是以前那么重要，婚姻确实也真的开始朝着男女双方个人的私事转化，故而没有必要牵扯这么多人进来。但是对于原来享受因自己家族子女出嫁而带来的微薄礼仪（实已为礼金）的人，他们对于形式可以不太在意，但是对于物质性的利益是不可能不在意的。因而，现在的联根就变成男方不再大张旗鼓地请一班人来吃顿饭然后写个订婚字。而是变成男方及其父亲由媒人领着直接到女方家去把钱给掉。给钱的办法则是各房220元，媒人200元，女方的父母亲一般是3000～6000元，女的自己则主要是三金和约3000元礼金。所以，联根的费用是10000～15000元。这对于女方来讲是“纯利润”，因为女方不需要任何回礼，且干脆得很。对于男方来说，省去了吃酒席的几千块钱，因为订婚的酒席不像结婚，结婚时来的亲戚是要送礼金的，但是订婚则不需要。这种联根也不像毛泽东时代的联根仍然要双方的主要人物到场，现在就简单变成男女双方父母由媒人领着单独打交道。给各房的钱也变成由女方的父亲把钱送到各房去，而不是订婚礼仪中的由男方亲自回到各房手里。联根的时间也可以随便定，不像以前还要择一个良辰吉日。现在只要双方在礼金来往上没有冲突就可以随便选一个时间，然后随便弄点吃的，哪怕是几个果品都行，然后把钱和三金过好了就什么都可以了。

因此，原来的看亲与看房实际上逐渐消失了，而随后的订婚在现在也开始变得流于形式，甚至形式都可以不要，只要有实质性的钱从中转动就基本可以了。这种形式的变化，站在男方的角度实在没有什么不好的，既省去了诸如张罗酒席的很多麻烦，又不用牵扯进太多的人和事。女方也没有吃什么亏，原来礼仪性的该给什么现在联根中仍然补给了，且还能免跑一趟，也是非常干脆的事情。因此，在这个讲求双赢的年代，联根看起来自然是一个双赢的过程。

按原来的规矩，一般订婚了，男女交往的情况也就大为不同了，因为订婚就意味着早晚两个人会在一起，所以，订婚后的男女便有同房同宿的，一般而言，双方父母要求也就没有那么严格了。所以，订婚后，很快就有怀上孩子的。结婚时便会让孩子随同新娘一同嫁到男方家，男方在把新娘取进家时，顺便要补一份礼给女方作为把孩子从外公家送回自己家的报酬。按理，这份礼是因孩子而有的，也应该补给孩子本人，但实际上，这份礼并不是孩子得了，而是孩子的外公家得了。

如此一来，传统意义上的订婚的重要性是不言而喻的。它是迈向最终成功的婚姻关键性的一步。正是因为订婚具有村落传统中类似于法律意义上的合法性，所以，经过订婚的人很少有后悔的。因为，前面看亲、看房两步有足够的时间让双方有一个比较好的了解，如果不同意可以在此前终止，此前终止交往的话，双方的损失不大，也不会牵涉太多的经济利益。但订婚了就不同，不但牵涉各方的道义利益，而且也牵涉各方的经济利益。而且订婚后，一般都有发生性关系的可能，所以事情会变得更加复杂，订婚后男女双方要承担的义务与责任也多了起来。不过，这并不等于订婚了就绝对稳定了，尽管是极少数，但是这个阶段后悔的人还是有的。在这一阶段开始后悔对于女方的伤害要大一些，尤其是有过性关系的男女双方对女方伤害更大。因此，如果是男方在订婚后提出要悔婚，那么他所付出的所有礼金女方都是不退的。并且，传统意义上，男方还得写退婚字，据说退婚字是男方在自家的草坪上摆一张桌写的，内容大概为出于某某原因，不同意继续与女方交往，因此订立退婚字约一事，然后双方把订婚书销毁就算告一段落，之所以要在自己的草坪上写，是因为退婚是极不道德的事情，传说在自己草坪上写退婚字的，其后自己的草坪上会连草都不长一根。但现在，退婚没有以前那么严格，只要销毁订婚书即可。不过，总体而言，近十年来还没有人退婚的。如果是女方要求退婚的，除程序与男方基本相同外，还需退还男方全部礼金。女方各房的礼金各房自己是不退的，因此这笔钱需要女方自己贴进来赔给男方。此外，女方还要补给男方钱，即所谓“青春损失费”，数目多少不定，视男方家庭的势力和女方家庭的势力大小而定，男强女弱的自然能够要得多点，男弱女强的会要得少点，甚至要不到。

四　结婚

如果订完婚后，男女双方情投意合，没有什么新的事情阻碍的话，就可以考虑结婚了。一般来说，女方在订完婚后，家里便开始张罗着帮女儿准备嫁妆，尤其是对于一些木制嫁妆如柜子、梳妆台等一般都会在结婚前弄好。女孩自己则会学着做鞋垫和纳千层底的布鞋。鞋垫一般比较厚，可能有半厘米，上面绣有很好看的花纹和字，如“永结同心”“爱”之类的。

婚期一般由男方先定好，男方定婚期的办法一般是三种。一种是问菩萨的卦。一般如果想哪个月结婚，便会从该月的第一天问起，一直问到三十。问卦的办法是：用两块用木制的或竹制的卦，卦的形状颇似把一只竹笋劈成两半，笋背则为阴，而从中间劈开的那一边笋肚则为阳。如同我们看到的铜钱一样，把写有字的那一面（如“乾隆通宝”）看成阳，没有字的那一面则为阴。卦的一端要薄，一端要厚，这与竹笋的形状也是一样的，笋尖自然薄些，而笋根自然厚些。隆重的问卦的话，会在问卦之前斋戒三日，沐浴净身，并事前祷告菩萨要问的事情的基本情况。然后，在神台前或菩萨的雕像前虔诚地站好或跪在地上，把两片卦抛起来，然后让其着地，如果两面均为阴则为阴卦，两面为阳则为阳卦，一阴一阳则为圣卦。如果在抛三次中，分别出现这三种卦（顺序可以颠倒），则说明菩萨对所问之事表达认可，否则为否认。一般为求确信，问卦之人通常会要求菩萨“复卦”，所谓“复卦”即是再对相同的事问一遍或两遍，如果菩萨仍认可则表示可信度很高，如果没有复卦，一般会重新问。另一种确定婚期的办法则是请当地的阴阳先生卜算，阴阳先生按照神煞、万年历、阴阳易理等综合因素算出一个好日子。还有一种则是将这两种方法结合起来确定最终日期。

男方把结婚的日子定好后，会写一份“报期书”送给女方。报期书仍然是用红纸写好的，具体形式如同前文订婚书所述（以下提到的各种“书”均同此）。书的内容为：“谨报佳期某年某月某日。”女方在接到报期书后，也会按照相同于前述确定日期的三种方式中的任何一种再次核查一下男方所拟定的日期是否合适。如若合适，则回复一份“允期书”，允期书的内容大概为：“谨允佳期某年某月某日。”如若不同意，则会写一份“拒期书”，内容大概为：“谨拒佳期某年某月某日。”男方接到允期书后，便会开始正式筹办婚事，如果接到拒期书则会再择良辰吉日。

男方择定的结婚日期的前一天为女方办理出嫁酒的当然日期。出嫁酒的规模通常比结婚酒的规模要小，酒席大概与结婚酒席相同。女方在办理出嫁酒的前一天就会把厨师请来，会把相关的帮手等人都请来。男方则会派人给女方那边的厨师拿一个红包，现在一般是30元，这叫“劝厨礼”。同时，男方会在结婚的前一天也把厨师和帮手等一班人请来，女方则会派人给男方的厨师拿一个红包，这个就叫作“催厨礼”。催厨礼礼金的数目视男方拿的劝厨礼的数目而定，是劝厨礼的两倍，即如果劝厨礼是30元，那么催厨礼就是60元。整个婚事中，只有这个礼节和“开面礼”及“整容礼”的礼金是反过来的，其他的都是男方拿的礼金是女方相应的礼金的两倍。在结婚的那天，男方在梳妆打扮时，女方会拿一个红包，这个红包就叫“开面礼”，女方的梳妆打扮，男方也会拿一个红包，这就是“整容礼”。

男方会在出嫁酒那天派人到女方家去抬嫁妆，与到女方家的其他宾客一样，去抬嫁妆的人会在那里吃中饭，所不同的是他们会有专门的桌席安排，即女方家里会把抬嫁妆的人安排在同一桌上吃饭。吃完饭后，抬嫁妆的人把嫁妆弄好后开始起程，在起程前女方会给抬嫁妆的人每人一个红包，是为“夫子礼”。夫子礼的礼金现在一般是20元，过去根据各个时期的具体经济情况不同而不同。嫁妆中抬走的主要是木制家具，现在则包括电器设备等。但是像被子、枕头等新房（洞房）里的床上用品是要等第二天即结婚那天才能抬走的，这些床上用品一般由女方那边前来送亲的人担过来。

结婚的前一天，男方要派专人到媒人家去，去的人会挑几斤肉（源村叫“一碗汤”）并带上一个红包。这碗汤是要给媒人的，而红包则由媒人当着去的人的面拆开，里面的钱媒人和去送的人各得一半。钱的多少视家庭情况而定，现在一般是60元。这个礼就叫“起媒礼”。意为要把媒人接到男方家里，媒人要“起身”前往，开始引领后面的婚事。如果离男方家很近，媒人可以在接了起媒礼后，自己晚上单独去男方家，如果是比较远的，则需要随同去下起媒礼的人到男方家去。

媒人在男方家吃晚饭，这顿晚饭就叫“陪媒饭”。陪同媒人坐一桌的是男孩的外公，媒人坐首席，男孩的外公坐第二位。桌席上的位次在源村也是很讲究的，有必要在这里细述一番。吃酒席用的桌主要是八仙桌，八仙桌只能坐八个人，桌的四边各坐两个。八仙桌高约1.5米，坐的凳则叫高凳，凳高约1米。八仙桌因为是由木板镶嵌而成，因此，桌的四边有两边是有缝隙的，有两边则是没有缝隙的。以坐北朝南的房子为例，有缝隙的那两边是对着门口的，没有缝隙的两边则分别为西边和东边。东边靠上的即东北角的位子则为第一位，与之相对的西边的西北角则为第二位，东边东南角的位子即是第三位，与之相对应的西边的西南角的位子则是第四位。同样南北两方北边靠东的则为第五位，与之相对的南边靠东的则为第六位，北边靠西的为第七位，南边靠西的为第八位。通常情况下，南北两方的位子可以随意坐，而东西两边的位子则不能乱坐，东西两边的位子根据亲戚的亲近度和辈分等因素综合考虑，贵宾肯定是坐第一位的。在陪媒饭中，媒人则是贵宾。

大概到凌晨四点，媒人开始领着男方前去迎亲的人准备往女方家去迎亲。迎亲的一般派一个年轻一点的女性，实际就同我们现代婚礼意义上的伴娘，在源村这一角色叫“包陪”。包陪的任务就是从到女方家起一直陪伴在新娘的身边，帮助打理各种事务。如果婚前就生了孩子的，则还需派一个去抱孩子的。去前，男方家会为媒人和包陪办理简单的酒席，一般是炒四个菜，喝点酒。这一过程叫作“上马酒”，意味要上马出发了。

吃完上马酒后，媒人和包陪开始出发前往女方家。一般要在天亮之前赶到女方家，不能超过早上六点，女方家事先会把门闩好，因此，未经允许媒人是不能进去的。到了女方家门口后，媒人会点燃一串鞭炮，然后会朝里面喊“柯斧到”。柯斧是媒人的书面称呼，所以媒人也叫柯斧先生。女方家里面有人听到外面鞭炮响就知道是媒人领着包陪来迎亲了，因而会派一个人在门口等。媒人说完“柯斧到”后，会从门缝底下塞进一个红包，这叫“开门礼”。现在的开门礼大约有12元，原来要少一些，20世纪90年代初时开门礼一般不超过5元，以2元为主。门里面的人接到红包后会打开看，如果觉得里面的礼金太少，会朝外面喊“高升，高升”。意思就是门外的给的礼金太少了，要再给一点，否则就不开门。一般而言，门外的会备好两个红包，听到里面叫“高升”后，便再塞进去一个，此时里面的人一般会把门打开。然后，女方家就在外面放一串鞭炮迎接媒人和包陪。媒人和包陪进来后，女方家的陪宾（即陪同客人的人）会专门作陪，简单的洗把脸后，女方就会端上酒水招待媒人和包陪，这叫“下马酒”。吃完下马酒后，基本就是各就各位，没有其他事情，媒人和包陪在女方家吃早饭。

到上午11点左右女方开始“辞祖”，女方有专门的陪宾主持辞祖仪式。主持辞祖的一般是一个人，这个人一般有比较好的老书底子，会宣读辞祖文，辞祖文由女方事前写好，辞祖时女方主持辞祖的则照着宣读。在辞祖开始前，要向主持辞祖的行“辞祖礼”，礼金由男方出。辞祖文主要内容是辞别女方先祖到新的地方去侍奉新的祖先。

辞祖的地点是在女方家的正房的家神榜前，家神榜挂在正对正房门口的那堵墙上。家神榜也很讲究，如果没有家神榜的则需要新写一副挂上去。家神榜由一整张红纸或一块长方形的匾写成。简单来说，家神榜的中间竖写着“天地君親師位”，有这六个字即可，但是一般还会把该家族所属郡名写进去，比如姓刘的有一族的郡名叫“彭城郡”，家神榜就可以写成“天地君親師彭城堂上刘氏一脉先祖考妣之神主位”。字数的多少有一个规则，叫“黄道”，黄道规则的内容为“生老病死苦”五字，那么写家神榜的时候就用这五个字去轮换，最后一个“位”字要落在“生”字上，如“天地君親師位”，前面五个字刚好轮到了“苦”字上，再接下来新的一轮就又从“生”字开始，因此“位”字刚好能落在其上。同时，对这六个字的写法也颇有讲究，口诀为“天要遮地，地不离土，君不开口，親不闭目，師不平肩，位不独立”。意思即是说：“天”字下面要能盖住“地”字，地不能逃出天的范围；“地”字的“土”旁与“也”字要连笔，地不能脱离土，无土则不为地；“君”字里面的“口”字要闭拢，不能打开，打开就意味着“圣旨”；“親”里面的“目”字不能闭拢，親实为祖先，如果祖先把眼睛闭上了自然也就不能显灵来管后人的事；“師”字左右不能写得一样高，右边的代表“师父”，左边的代表“徒弟”，所以右边写的时候比左边的要稍高一点；“位”字里面的单人旁与“立”字不能分开，分开了没有“立”的话，人站不起来，同样没有立只有人，人也站不起来，所以，也就不能成“位”，位就要是站立起来的人。由此看来，家神榜的意义实际是很丰富的，它代表着一种礼治秩序、长幼秩序，同时还代表着先神权（天地），后君权或政权（君），而后族权（親）的权威秩序。

家神榜下一般摆有神台，辞祖时则在神台上用红纸铺好，上面点燃一对巨大的红烛。神台前的地上则铺一床红毯。主持辞祖的站在红毯的两边，且靠近神台，然后主持人叫“请新妇”，新娘的哥哥就会把她从自己的闺房中驮出来，然后由包陪搀扶着。主持人再喊“请新妇在先祖位前就位”，新娘则由包陪搀扶着跪在毯子下端的正中间，同时，门外开始鸣炮。主持人宣读辞祖文，宣读的调叫“马蹄灯调”，如同古时读赋的调。比如一位姓陈的女孩嫁给一位姓刘的男孩，辞祖文大约为：

> 先祖是听：公元某某年某某岁农历某月某日，陈氏某某敬随刘君某哥之后，谨以枣栗腶馐时食，不腆之仪敢谒于，颍川①堂上陈氏之神主位前而辞曰：伏以，灼灼宜家，庚桃华以归之子，纷纷祭祀，斗竹叶而祷长庚……值此于归之际，用行告祖之仪……伏愿，……谨祝。

宣读辞祖文毕，主持人喊“新妇向先祖拜别，三躬身，一躬身，二躬身，三躬身，平身”。新娘则跪着按主持人的节奏朝家神榜拜三拜，然后站起来。主持人再喊“新妇向祖父祖母大人，父亲母亲大人，伯叔父母大人辞别”。然后，新娘则跪下去依次向他们行跪拜

---

① 颍川为该陈姓原来的郡名。

礼，一般是依次拜两拜。每向他们中的人行礼毕，他们中的人则会给新娘一个红包，礼金多少各自不同。而此时，新娘一般都是哭着的，新娘的祖父母，父母也都会哭泣，因为这个孩子就要嫁出去了，出了门口就再也不是自己这边的人而成了男方那边的人了。

辞祖仪式完毕，新娘与送亲的一班人等直接走出门，此时，鞭炮再次响起，送别新娘。而送亲的人中全部是女方那边的男性成员，一般是女方的叔祖、叔伯、堂兄弟和自己的哥哥弟弟。这些人在接下来的活动中就被称为“上亲”，意即上等的亲戚，是整堂婚事中除新娘外最尊贵的客人。与新娘随同的还有洞房里面的床上用品，这些东西由上亲挑着，就叫“上亲担子”。在把这些被褥等整理成上亲担子时，男方需要给整理的人拿一个红包，是为“滚铺礼”，礼金一般为20元。上亲把担子担起来时，男方需要给挑担子的人一个红包，礼金一般也是20元，是为“上亲担子礼”。

原来的婚事仪式中，上亲与新娘直接去往新郎家。20世纪90年代中期起，开始流行男方派车去接的风俗，最开始是拖拉机，后来是货车，到现在是小轿车。用车接当然有硬性条件的限制，90年代以前，源村连一条车路都没有，因此不具备这一条件。后来车路通了，但并不是很好的路，因此，来接亲的车好不到哪里去，轿车更是因为路上坑坑洼洼导致底盘太低无法开而不能起作用。后来，路整修得好一些了，才偶尔有轿车以“大无畏”的精神来接亲。现在路已经成了水泥路，无论如何，以后用轿车接亲是不会改变了，没有轿车新娘和新娘家人认为没有面子，周围的人也认为新郎寒酸。同时，虽然硬性条件是一项，但是用车接亲的风俗并不是源村土生土长的。用车接亲的风俗最初是由周边的镇上传入的，镇上对于举行此类现代意义浓厚的婚礼有其得天独厚的优势，而农村在基本硬件具备后，对于这些颇为现代的东西能很快接受并付诸实施。

原来新娘也不会穿现代意义上的洁白的婚纱，一般就是穿红色的衣服，冬天就是红色的袄子，夏天就是红色的单衣，反正穿喜气一点的新衣服就行。白色反而是一种忌色，因为白色是丧事用的。但是现代意义上的婚纱的白色意味着爱情的纯洁，对于有一定文化水平的年轻人或在外面打工见过一些世面的年轻人，以及从电视里面看到的现代婚礼的人来说，他们已经能够接纳婚纱及其所象征的意义，因而，婚纱在近两三年开始逐渐流行起来。

与此同时，与传统意义上的婚礼不同，现在还多了新郎亲自到半路上迎接新娘的风俗。这种风俗的兴起除直接来源于邻近的镇上的婚礼有这一环节外，也与近十年来年轻人大规模外出打工，流动性大大增强后，把他们所接触到的一些新的婚礼因子带入了村庄有关。新郎去接新娘时与之前安排用轿车去接大为不同的是，新郎是托着一个木制的板车去的。这个板车就是一个拖斗，是农民用来拖东西用的，奇丑无比，板车上面放一把椅子以供新娘坐在上面。新郎则打着赤膊，上身不穿衣，下身就穿一条四角短裤，或者把外面的裤子捋上来，在四角裤外面再套一条斜穿着的三角裤，越是冬天衣服越是少才有效果，脚则是一双赤脚，要是冬天不愿赤脚的话，往往是一只脚穿在一只运动鞋里面，有时则是破解放鞋，另一只脚则穿在一只雨靴里面，雨靴里面倒一点冷水，放点洗衣粉在里面，新郎的脸上则用锅底的黑灰抹得乌七八黑。新郎的一身装扮就像是一个小丑，而这些“整容”的工作则全部在新郎的年轻同伴友好的“威逼利诱”之下完成。这些年轻人则欢快而又疯狂地带着他到半路上去接新娘。在半路上把新娘接到后，新娘在包陪的搀扶下坐上板车，新郎则在前面用棕榈绳捆在肩膀上拖着往前走。同伴们则肆无忌惮但又以不至于过于伤害新郎的皮肉为底线开着新郎的各种玩笑，新娘则坐在板车上看着新郎那傻样幸福地笑。同伴们还会拿一个破了的盆子交给新郎，新郎则在他们的要求下从地上捡一块石头敲着盆子，然后边敲边按同伴们的要求喊着“我要夫娘（‘夫娘’意即老婆，平江土话）不要脸”的口号。要是冬天，这些年轻人还会弄盆冷水往新郎头上猛一淋，如果新郎没有按照他们的要求做的话，他们有时会拿着一种荆棘刺抽打新郎，轻的话破皮，重的话出血。

上亲则坐在车上，跟在后面走走停停。整个活动充满着低强度的暴力、丑陋、恶作剧、虐待以及新郎被这些人要求扮出来的弱智和傻样。然后在这一系列景象中集聚着狂欢、喜悦和幸福。

新娘到了男方家后，男方那边会立即点燃整个婚事中最长的一串鞭炮以迎接新娘，新娘在陪宾的引导下，在包陪的搀扶下由正房经过直接进入洞房，而上亲则同时被陪宾引领到另外的客房中，但不经过正房。新娘进入洞房后，上亲那边会把担子交给男方这边的人，一般是妇女，而这些人接到上亲的担子后，立即把里面的被褥东西拿出来开铺，女方那边则给开铺的人一个红包，是为“开铺礼”，与男方之前给女方那边的“滚铺礼”相对应。新娘进入洞房后，会有一些人好奇地来看她，包陪则负责把新娘从娘家随同带来的果品分给这些前来看新娘的人，这些果品就叫“新小娘果子”（源村人称“新娘”为“新小娘”，“小娘”一般是称呼姑娘或人家的女儿）。

上亲由陪宾陪着在客房落座后，男方这边的人会安排人端洗脸水给上亲洗脸，男方这边会给这个人一个红包，是为“跑堂礼”。等上亲洗脸毕，则马上把酒席摆上，是为“脚移酒”，即把脚步从女方家移到了男方家，酒席的意思就是为上亲接风洗尘。上来的第一碗菜是有一个碗盖盖着的，男方这边会有一个人把碗盖揭开再盖上，以便上亲可以开始吃菜喝酒，上亲会给揭碗盖的人一个红包，是为“揭盖礼”。

等上亲那边吃完脚移酒，正房里面便开始举行拜堂和祝祖仪式。拜堂与祝祖仪式具体布局与辞祖时基本相同，稍有区别的是拜堂与祝祖仪式需要两个主持人分站两边，神台上会放着新郎和新娘的鞋垫、千层底布鞋以及现在买的皮鞋之类的，而且上面会摆两个果盒。主持人点燃两支巨大的红烛分别插在神台上两个用红纸包好的瓶子里，然后喊“请新郎新妇”。新郎则自己过来站在神台前，新娘则由包陪搀扶着站在新郎的左边。主持人看他们站定后会喊“先祖位前就位”，新郎和新娘则跪下去。同时，门外则开始鸣炮，新郎新娘跪好后，便开始向祖先上香，右边的主持人会点燃三根香，然后分递给新郎，递第一根喊“一上香”，递第二根喊“二上香”，递第三根则喊“三上香”，新郎接过香后递给左边的主持人，左边的主持人如同右边的一样接第一根喊“一上香”，如此类推。左边的主持人把香接好后放在神台上，右边的主持人则把果盒拿起来，开始向祖先上贡品，程序同上香。

上完香和贡品后，右边的主持人开始宣读“祝祖文”，祝祖文也叫“庙见文”或“庙见祝文”。祝祖文也由女方先写好然后随同送亲时一起带来，里面的内容主要是表达新娘对新郎这边的先祖的祝福并谦虚地表达自己的不足，然后就是表达要仰仗先祖的福佑和男方这边翁姑的指教等。仍以前文述及的姓陈名谢菊的嫁给姓刘名孝的人为例，祝祖文为：

先祖是听：
公元二〇〇三年癸未岁农历腊月二十一日谷旦
陈氏谢菊敬随
刘君孝哥之后
谨以枣栗腶脩时食
不腆之仪敢谒于
彭城堂上①刘氏之神主位前而祝曰
伏以
板江水暖大丰松青②
形势空前大好江山景物多娇
人寿年丰赞人间幸福
河清海晏兆华夏升平
天时人事咸宜礼成大典
景物风情并美吉兆良辰
红梅开并蒂

① 彭城为该刘姓原来的郡名。
② 板江为男方所在的乡名，大丰为男方所在的村名。

佳偶已天成

彭城望族

洪维

梓里名家

卓尔

梨阁渊源可爱

刘氏派衍咸钦

源远流长

风高望重

喜先贤之美

钦后嗣之荣

门庭兴旺天降福寿康宁

家居胜利脉升龙神钟灵

妇也

颍川弱质

陈氏庸姿

穿梭难织龙虎

引线不成凤凰

读书未就难属圣门贤质

报国无能愧对才人先列

幸鸟萝有托于樵松

喜蒹葭得依于玉树

愿夫妇之和谐

赖翁姑之指教

维翼

亲功庇荫

祖德如春

喜今朝夫夫妇妇

寄异日子子孙孙

长征路上比翼腾飞
改革潮中携手并进
同心同德共种芝兰之草
平权平等长开幸福之花
庶几能恢先绪
允矣可振家声
谨祝

宣读祝祖文的调仍然与前述辞祖文同，也是“马蹄灯调”，读起来就像在唱一样。无论是辞祖文还是祝祖文，里面都暗含了传统的对妇女之德与贤的基本要求，同时又适应时代的变化加上了男女平权平等的思想。两道文宣均显示出源村人对祖先的重视与恭敬，所彰显的敬祖文化与祖先崇拜异常明显。

祝祖文宣读完毕，主持人会喊“向先祖三叩首”，然后他喊“叩首一”，新郎新娘则一同朝祖先拜一拜，喊“叩首二”时就拜第二拜，喊“叩首三”时就拜第三拜，拜完三拜后，主持人喊“平身”，新郎新娘就都站起来。然后主持人再喊“夫妻结拜”，于是新郎就站在东边，新娘就站西边，两人正对着，先作一个揖，然后齐齐跪下，对拜一拜。夫妻结拜完后，就是拜父母亲，父母亲站在东边，新郎新娘站在西边，男性站在前面靠近神台的地方，女性紧挨着男性。主持人喊“向双亲大人行礼”，新郎与新娘就都跪下，对着父母亲拜两拜，父母亲则以弯腰作揖还礼。站起来时，父母亲会给他们红包，礼金数目不定。拜完父母亲后，会拜外公外婆，舅舅舅妈，然后是嫡亲的伯叔父母，视情况还可以向姑父姑母行礼，行礼规矩与上同。每行完礼后他们都会给新婚夫妇红包，礼金数目一样不定。都拜完后，两位主持人升东（即站在东边），新婚夫妇再向两位主持人拜两拜行礼，但是主持人则是没有红包拿给他们的。拜完两位主持人后，新婚夫妇退场进入洞房。然后主持人请孩子的父母亲升东，他们则退而站在西边，向孩子的父母亲“作贺”，即祝贺他们，主持人说一些恭贺的话，说完对孩子的父母亲弯腰作揖行礼，孩子的父母亲也以弯腰作揖还礼，礼毕，孩子的父母亲会把桌上的两个果盒拿给两位主持人，果盒里面不仅有果品，一般还放有香烟、袜子和礼金，这个礼实际上是由女方出的，因为两位主持人是代女方在宣读祝祖文，礼金一般是12元、16元或20元，视男方在辞祖时拿给女方那边的主持的礼金数目而定，如果是给那边拿20元，这边祝祖时就只有10元，规矩就是“男方一担，女方一头”，意即女方拿的礼金是男方对应礼金的一半。

祝祖完毕，开始接柯斧，即迎接媒人。此时，新郎与新娘一起站在大门口的西边，往房里靠近家神榜处，依次为与新郎同辈的男性，高一辈的堂伯叔父，嫡亲伯叔父和父亲，各自按三班站好。新婚夫妇此时为当然的单独的一班，迎客的陪宾手持一块用红纸折叠而成的迎客牌，上面写着“恭迎”二字，门外专门负责放鞭炮的人则燃起鞭炮表示迎接，迎客的陪宾去迎接柯斧时先向柯斧作一个揖，然后把迎客牌朝里作引入状，柯斧作揖还礼，然后随同迎客者前进，迎客的把柯斧迎着从东边上，到门口时，迎客者用右手把迎客牌朝新婚夫妇作引客状，新婚夫妇前进一步，伸出右手，手掌摊开，手心朝里，面向柯斧略微往里侧，作迎客状，然后双手合拢成拳，弯腰作揖，作完揖后，拳头松开，右手仍然手心朝里作引客状，柯斧还礼的具体动作与新婚夫妇同，只是先出左手作朝里引的姿势。礼毕后，新婚夫妇与柯斧各自后退一步，迎客的陪宾再上前朝柯斧作揖，柯斧作揖还礼，其余与此前同，直到父亲辈与柯斧行礼完毕，柯斧则站在东边，此时，新婚夫妇上来站在西边，站定后，新婚夫妇再次向柯斧作揖行礼，作揖完毕，新婚夫妇面对柯斧，略微成斜角的姿势跪下给柯斧行跪拜礼，柯斧则站着以作揖还礼。跪拜礼毕，所有班辈的人（除新婚夫妇外）站到西边一起与柯斧作揖行礼，作揖毕，与新婚夫妇一样跪下朝柯斧行跪拜礼，柯斧则也跪下以跪拜礼还礼。礼毕，站起来时，再作揖以相互示意，柯斧再向男方说几句祝贺的话，并跪下以跪拜礼表示祝贺，男方这边仍然以跪拜礼答谢柯斧的贺意。然后领客的陪宾上前朝柯斧作揖行礼，柯斧作揖还礼，后随同领客的陪宾至客房。

接完柯斧就开始接上亲，仪式与接柯斧基本相同。有区别的是，最后男方的各班集拢时只是与上亲作揖行礼，并不下跪。因为上亲是不会下跪回礼的，在那一天上亲就是最尊贵最大的人，男方这边因为这是喜事，其中也有辈分比上亲那边的大的或相同的，所以一般不下跪行礼，而若是在丧事中，那么这边的孝子哪怕是面对比他们小几辈的小孩子也要下跪拜礼。这些上亲就是日后丧事中的后家，也是丧事中最尊贵的客人。关于这一点我已在《源村的丧事》一文中详述过，此处不再赘述。

在上亲和柯斧未到之前，接待其他客人与此略有不同。接待其他客人只需两班辈的人即可，新郎自己独立成班，仍然是站在正房门口的西边。地上的毯子铺开有两种形式，一种是完全摊开的，这样的话就表示在新郎行跪拜礼时客人也要跪拜还礼。另一种则是完全摊开后，把毯子东南角折起来，这就意味着进来后站在东边的客人在新郎行跪拜礼时是不需要下跪以跪拜礼还礼的，只要作揖还礼即可。但是有的客人为了表示恭敬，在新郎行跪拜礼时也会行跪拜礼以示还礼，这时如果是辈分比新郎大的，那么站在旁边的陪宾则要伸手拦住，如果是与新郎同辈的可以随意。如果客人是内行的而且想以跪拜礼还礼，他会亲自把折起来的毯子的东南角摊开，这时下跪陪宾就不会拦住。有时，还有一些与新郎或新郎家特别要好的人要对新郎表示祝贺的话，会邀请新郎站到东边去，他们自己退到西边来，但这时新郎要佯装谦让然后再站到东边，这就叫“升东作贺”。

新郎行跪拜礼时的跪法也颇为讲究，一般是先站在西边朝客人作揖行礼以示意，然后再退到毯子的西南角，先出左脚，往西北方向前跨，与右脚成约 45 度角，先出右手朝客人示意，似迎客状，然后合拢成拳，左膝先弯下跪倒，右脚随后跟着跪下，然后左脚要收回来，左脚跟与右脚跟合拢，同时，拳头不能散开，跪好后弯腰拜一拜，再站起来，立定后拳头才能松开，如果跪下去拳头就散开则意为“撒手而去”，这是丧事才用的。

客人也有两种，一种是“请客”，即新郎家亲自登门请的或发出请帖的或打电话请的，总之是新郎家主动邀请来的；另一种是“贺客”，即没有经过邀请而主动来的。贺客又分两种，一是来吃中饭的贺客；二是不来吃中饭只是晚上来“提茶”的贺客，提茶的意思就是祝贺，如同我们说的茶话会，并不是真的提着茶或茶叶来。在礼金上，请客与贺客中的第一种贺客没有太大的区别。贺客中的第二种一般也就叫作提茶的，所送的礼金通常会比前两者要少。从关系上说，请客是关系很好的，一般都是血缘关系比较近的亲戚或很好的朋友，贺客的第一种则次之，提茶的则更次之。因此，对于迎客的方式，请客与贺客的第一种是一样的，对于提茶的因为是晚上，一般就是陪宾直接打个招呼然后吃点东西，大方点的是水菜酒，一般的则是吃点果品。

接完上亲后，开始请客人入席吃中饭。一般而言，源村的婚事中，酒席都是开两席的，这里所谓的席是指开饭的次数。第一席的桌席比较多，一般是先来的客人和急着要走的客人，第二席则专门为上亲和柯斧而设，第一席因桌席坐满而没有吃饭的客人就会在第二席吃饭，但是，通常情况下，第二席的桌席比较少，所以主要的客人都会安排在第一席坐完。第一席时也有比较重要的客人，但是他们的席次一般直接由陪宾去邀请或在桌上大家主动按照辈分排定，八仙桌的东西两边一般是不会坐人的，专门等陪宾安排好主要的客人的位次，桌子南北两边则可以随意。在第二席时，除上亲和柯斧外，还有非常重要的客人也需要用迎客的方式邀请入席，这些重要客人一般就是新郎的外公舅舅他们。邀请这些客人入席的仪式如下：邀客的陪宾大声宣读需要邀请入席的名单，比如上亲中的人，如前文所述的陈姓，就可以喊“恭请陈府某翁或某佬亲家先生入席”，称“翁”是对年纪和辈分比较大的人，年轻人则可以称“佬”。然后，引客的则把该客人迎接至新婚夫妇处作揖行礼，再仍然像之前的迎接他们一样按各班辈次行礼，礼毕，引客的则将其引入排好的桌席和位次，其他人等均同于此。同时，桌的摆放也有大小，以正房（即大厅）为例，东北角的那一桌即为一号桌，上面坐的第一位和第二位分别为上亲中辈分最大的和新郎的外公。西北角则为二号桌，第一位和第二位一般为上亲中的二号人物和柯斧先生。

大家都坐定后，开始上果品和凉菜，一般是六盘或八盘，凉菜一般占两盘，大多数时候为卤猪耳朵和卤猪肝。吃完果品后，开始上第一道菜，酒席的吃法为“至席”，具体如前讨论酒席时所述。第一道菜上来后，客人并不能立即就用菜，菜用碗盖盖着。一会儿，陪宾带着新郎前来，到各桌上揭盖。陪宾叫一声“新郎公”，该桌的客人就齐齐站起抱拳至胸前齐呼“高升，高升”，新郎则把菜盖揭开再盖上，然后陪宾说“请坐”，客人则落座，这样客人就可以开始用菜了。新郎揭盖的规矩在第一席同样适用，换句话说，婚礼当天中午所有桌上的第一道菜都需要新郎揭盖才能食用。新郎揭完所有桌上的第一道菜盖后，自己则坐在正房中一号桌上的第五位，意即陪上亲用餐。而新娘则坐在靠近正房的另外一间房的桌上，坐在第一位。从这一刻开始，其实就有了新婚夫妇男女分工，看起来很像是男主外，女主内的传统婚姻要求。

上亲吃完饭后，休息半个小时左右，一般就要开始起程回家了。于是，新郎家便又摆一桌酒席，这种席是用两三张桌拼起来的，以便桌子足够长，一般是摆比较好的果品。然后把上亲和新郎这边的陪宾以及新郎新娘和新郎的父母、外公等叫在一起，上亲坐东边，新郎这边的人坐西边，大家一起说说话，主要表示感谢，祝福之类的，然后新郎这边的人再敬点酒，这就叫吃“起马盅”，表示上亲要开始上马回家了，吃完起马盅后，上亲直接由吃起马盅的房子里往外走，开始回家。这时，新郎这边的人开始送上亲，举行欢送仪式。与接上亲不同，送上亲时，新郎这边的人站在东边，上亲则由西边往外走，排班时，新郎这边辈分最大的站在最外面，最里面的是辈分最小的，新郎与新娘独立成班。陪宾先把上亲中辈分最大的一班迎到新郎新娘面前，作揖行礼，新郎新娘这边仍然是先出右手，然后再抱成拳作揖，不同的是，此时他们的手心朝外，意为送客。依次到最后一辈行礼完毕，新郎再上前朝上亲的所有人作一个揖，然后跪下行跪拜礼。新郎行跪拜礼时，上亲这边的人仍以作揖还礼，然后上亲那边辈分最大的人在新郎起来时会给新郎一个红包和一筒书，这个红包就叫“回郎礼”，“郎”即是“女婿”的意思。回郎礼有时回的是钱，多少不一，有时是东西，现在最流行的东西是摩托车，一般就把钥匙放在红包里给新郎。而这筒书则叫“回门书”，回门书的内容主要是邀请新郎和新娘回娘家的，出嫁时对于新娘而言就是“出门”，所以，再次回娘家就是“回门”。回门在结婚的第三天，即举行婚礼后的第二天，比如初一结婚的话，初三就是回门的日子。新郎和新娘回到娘家后吃一顿中饭，这就叫“回门饭”。回娘家时，新娘还要带一些果品糖之类的，以便回到娘家后把这些零食分给娘家的小孩。

结婚的当天晚上还会有“提茶”的贺客，一般持续到晚上十点左右，此后即是闹洞房。闹洞房通常有两个环节，第一个是老少皆宜的“抬茶”环节，第二个是只宜于年轻人的“耍”的环节。两个环节，一个雅，一个俗，雅俗共赏。抬茶环节的主要内容是：新娘把果品用茶杯装好，要装很多杯，同时新娘还要泡好很多杯茶，一般泡的茶里面放有炒熟的黄豆、芝麻和姜末，同时还放点砂糖。然后新郎和新娘把茶和果品放在茶盘里，两个人就抬着茶盘在众人面前走动，参与的人如果想要茶盘里的茶或者果品，就要说恭维新郎新娘的好话，这种话类似打油诗，要求要押韵，比如“新小娘新又新，生个儿子坐北京”，“茶碗放下叮当响，生个儿子当省长”之类的，这些话统称为“彩头”，说这些话即叫“喝彩”。说完了之后，新郎新娘表示感谢，然后抬着茶盘到喝彩人的面前请他用茶或果品。第二个“耍”的环节的主要内容为：抬完茶后，年纪大的或辈分比新娘大的人会主动走开，接下来耍新娘和新郎则是年轻人的世界。耍的办法各种各样，而且所耍的节目都必须是新郎与新娘默契地通力合作才能完成。比如，用一只啤酒瓶装满水，然后在里面放一根筷子，要求新郎新娘用舌头把筷子顶出瓶外，这个节目就叫“二龙戏珠”；或者要求新郎闭上眼睛，然后女性成员则在新娘身上放一粒花生米，通常会沿着新娘的脖子放进衣服里面，放好后要新郎在新娘身上搜出那粒花生米，这个节目就叫“深山探宝”，还有很多节目，如“鲤鱼产子”“高山流水”“马王推磨”等。如果新郎或新娘不按照要求完成任务，就会受到惩罚，罚喝冷水，或喝那种由胡椒粉、辣椒粉、姜末、蒜末、酱油、味精、盐、糖等混合泡的水，或者用荆棘刺轻轻抽打新郎等。总之，玩的节目多种多样，惩罚的措施也是五花八门。闹洞房一般会持续到晚上十二点，最多不超过子夜一点。此后，人潮散尽，才真正是新婚夫妇二人的空间。

结婚的第二年正月，新郎会领着新娘到新郎的各亲戚家拜年，新娘也会领着新郎到自己各亲戚家拜年，这就叫“过门”。过门时，由于新婚夫妇中有一方对于亲戚来说是新人，所以亲戚会在门口放鞭炮迎接两人进门，此后，才是正式的亲戚，也就是说，可以相互之间行走了。

新娘的娘家人会邀请新郎的父母到家吃一顿中饭，而且是比较隆重地摆酒席招待，酒席为“至席”，这就叫“吃春饭”。然后，新郎的父母也会回请新娘的父母吃一顿中饭，也叫“吃春饭”，仍然是以“至席”隆重招待。

到此，整个婚事才最终结束。

（撰于 2008 年）

悬垂的核心家庭

不稳定的婚姻与不稳定的家庭心理预期会逐渐作用于人们的婚姻家庭观念，从长远来看，人们的婚姻家庭观念很可能会因此而走向个人利益至上的极端理性化和极端个人主义化的阶段。人们在家庭中变得越来越自私自利，而对于自己应承担的责任则越来越倾向于逃避，从而不可避免地产生大量无公德甚至无道德的个人。

以前我们在源村调查时不太关注家庭结构的问题，因而也很少去注意婚姻变动的情况，受最近两次在湖北京山和贵州绥阳调查经验的影响，本次调查特地留意了一下源村家庭结构的变化情况。

关于家庭结构的研究，比较有意思的发现是学界在打工经济的背景下开始观照农村家庭结构的变化，其中比较有特色的是吕德文提出的不完全小农家庭的概念和潘鸿雁提出的非常规核心家庭的概念。不完全小农家庭概念的内涵比非常规核心家庭概念的内涵更大一些，前者主要指人口流动所带来的小农家庭的不完整的现象，其范围不仅局限于核心家庭，后者则仅从核心家庭的角度出发对家庭结构的变动进行研究，其要旨仍然在于指出打工经济兴起的大潮下，常规核心家庭中的任意一方外出使得这种家庭结构模式变成了非常规的核心家庭模式。吕德文的经验支撑主要来自其在贵州玉屏和湖北英山等地的调查，潘鸿雁的经验基础主要来自其在河北定州的调查。而我在贵州绥阳的调查经验与在湖北京山的调查经验以及此次在湖南平江的调查经验都可以支撑这两种概念。这说明家庭结构的这种变动现象不是特例，而是具有较大的普遍性。因而，我们可以发现，当下中国农村的家庭结构确实经历着非常重要的变化。本文即想借由此种经验研究的路径继续往前推进，探讨家庭结构在源村的变化。

与不完全小农家庭和非常规核心家庭概念不同，我在本文中提出悬垂的核心家庭的概念。概念不同表明我要指涉的具体内容也与前两者不同。具体来说，悬垂的核心家庭是指那些有夫妻之名而无夫妻之实的家庭结构模式，与不完全小农家庭和非常规核心家庭的区别在于，这种家庭结构模式仅仅从夫妻关系的变动上来探讨家庭结构的变化，而不完全小农家庭和非常规核心家庭中的不完全和非常规则既可以是夫妻中的任意一方离开村庄外出谋生所造成的，也可以是家庭结构中的子代甚至父代外出而造成的。悬垂的核心家庭主要由外出务工导致，当然也可以包括其他因素导致的夫妻一方外出而使一个核心家庭处于悬垂的状态。所谓悬垂，是指这种家庭结构的不确定性，也就是说，它完全有可能从一个核心家庭的模式变成一个单亲家庭（残缺家庭）的模式，也有可能仍然复归于一个核心家庭的模式，除此之外，家庭里的夫妻双方和这个家庭所在的区域的人们从现实与心理两个层面都知道这个家庭有可能就此“散了”，或者也有可能就此“拢了”，人们对这种家庭模式都是没有预期的。而不完全小农家庭和非常规核心家庭是有稳定的预期的，其不完全性和非常规性完全是受生计所迫而暂时表现出来的一种特殊的家庭结构现象。为了更准确地理解我所说的悬垂的核心家庭这一概念，我们先来看一看源村的这种家庭结构模式的具体表现。

案例1 童某，46岁。1994年童某到广东务工，主要从事性服务行业，1996年曾因其公公去世回来过一次，之后再度外出，在从事性服务行业的过程中被一当地人看中，并与其共同生活，成为其情人。童某与其夫刘某只保持名义上的夫妻关系，既不离婚也不回来，中间偶尔回来两次却又不与其夫同房同宿。其间刘某将一对子女抚养成人。童某外出务工时，相对年轻，但随着自己年老色衰，情人的地位不保。不过她仍然没有回来，也没有与刘某离婚，据同在那边的人介绍说，她在那边生活的基本开销都是那里的男人给她的。因此，童某与刘某所组建的家庭其实既非吕德文意义上的不完全小农家庭，也非潘鸿雁意义上的非常规核心家庭，而是一种悬垂的核心家庭。童某的女儿这几年在外务工，同样主要从事性服务行业，并赚了不少钱，回家后筹划建房子，与家里一起商量后，向其母亲童某发出最后“通牒”，如果再不回来就断绝母女关系，并要求其父亲解除这种没有实质意义的名义上的婚姻形式。童某审慎思量后，决定重新回到源村，从而这一悬垂的核心家庭13年后又重新成了一个正常的核心家庭。

案例2 刘某，现年40岁，有一儿一女，儿子20岁，女儿16岁。2004年时，刘某与其夫陈某因家庭琐事吵架并负气出走，2004年至2006年上半年，刘某还偷偷与其子女通电话，但2006年下半年以后则与家里断绝了一切联系。刘某与陈某的夫妻关系因此名存实亡，陈某也没有提出过要离婚，一个人把子女抚养大。2009年2月24日，就在我调查期间，刘某突然从外地回到源村，村民猜测说是外面的男人不要她了，在外面失去了生存保障且又年过40，不得已只好回来，不过，据说刘某好像仍然很“嚣张”，似乎并没有因为自己出走多年有所收敛。

案例3 湛某，36岁，育有一儿一女，与其夫陈某原是源村花鼓戏团的演员，两人在同学花鼓戏的时候相识相恋并结婚。后随着打工经济的兴起，大量源村人流出源村到外面务工，地方文化江河日下，源村的花鼓戏团也逐渐淡出了人们的视野。湛某于1998年外出务工，主要从事性服务行业，因湛某颇有几分姿色，被一男人看中，养为情人，至今湛某一直未回。陈某在家一个人努力把子女拉扯大，也没有提出离婚的要求。湛、陈所组建的核心家庭事实上也就这样悬垂着。

据不完全统计，源村至少还有 4 例此种悬垂的核心家庭，其中有 2 例至今仍悬垂着，有 2 例则出于与上述案例相同的原因重新成为核心家庭。

通过案例的描述，我们可以发现，悬垂的核心家庭既可以存在一段时间，也可以存在于人们的后半生。同时，根据调查经验，这种家庭结构模式广泛地存在于我所调查的村庄，包括河南扶沟农村、山东青州农村、湖北京山农村、贵州绥阳农村、湖南平江农村以及湖南宁乡农村。尽管这种家庭结构模式在村庄内部并不是主流，然而其恶劣影响却弥散在村庄上空。

悬垂的核心家庭结构模式的产生与农民外出务工是紧密相连的。自 20 世纪 80 年代末 90 年代初打工经济兴起以来，农民大量离开村庄到外地务工，从而为这种家庭结构的形成提供了潜在的可能性。而支撑这种家庭结构变动的更深层的因素则是伴随打工经济而变化的婚姻圈或婚姻市场。原来的婚姻圈和婚姻市场是基本闭塞的，仅限于所属地的范围，而现在的婚姻圈和婚姻市场则是全国性的，婚姻资源的配置范围也因此扩大。因而，理论上全国性的婚姻圈为任何两个合适的男女结合在一起提供了可能。从夫妻纠纷方面来说，以前夫妻吵架，女性大不了回娘家，而这种对丈夫的惩罚方式因其持续的时间往往很短且在所属地的圈子内，对婚姻的损害非常小甚至无损害，也才有可能出现夫妻双方床头打架床尾和的结局。现在则不同，夫妻一旦发生纠纷，除回娘家外，外出务工也是一种选择，只要跨出自己所属地的圈子，许多事情就会变得更加复杂和不可控。从外出务工方面来说，女性和男性外出务工，改变了他们的观念和关系圈子，因而有了可以重新选择自己的幸福的机会。而女性外出务工如果主要从事与性服务有关的行业，则更容易冲破伦理的藩篱，放弃对家庭的责任，为追求自己个人的幸福而不顾一切，因此，在时代变动的大潮中，她们更容易选择逃离对她们可能不利的原有婚姻，重新去追求自己的幸福。

悬垂的核心家庭结构对农村社会将产生较为严重的影响。首先，悬垂的核心家庭结构的产生会加剧夫妻关系的裂变，且向有利于女方的方向转变。其次，女方在这种关系裂变中逐渐占据有利地位，这会进一步加剧农村代际关系的失衡。这一变动主要表现在，在婆媳关系中，媳妇越来越强势，有了在夫妻关系中的强势基础，而婆婆则越来越弱势且失去了其儿子在夫妻关系中的强势基础。最后，悬垂的核心家庭模式虽然不会成为农村家庭结构的普遍模式，但它刺激了农村人对家庭和夫妻关系的不稳定的预期，从而进一步刺激和加剧了农村婚姻家庭的动荡不安。不稳定的婚姻与不稳定的家庭心理预期会逐渐作用于人们的婚姻家庭观念。从长远来看，人们的婚姻家庭观念很可能会因此而走向个人利益至上的极端理性化和极端个人主义化的阶段，人们在家庭中变得越来越自私自利，对于自己应承担的责任则越来越倾向于逃避，从而不可避免地会产生大量无公德甚至无道德的个人。

（撰于2009年）

性别比失衡的社会风险

婚姻交换的经济成本的分化扩大，婚姻资源就会在高度分化的社会结构中不平等流动，注意，是不平等流动，而非传统意义上的所谓婚姻的梯度迁移。在高度分化的社会结构中，处于底层的人，如果没有能力改变自己的命运，从而使自己在分化的结构位置中流动到更高一级位置的话，他们很难在更为微观的婚姻市场中胜出，失败者，即是这个社会结构制造出来的大部分经济贫困型光棍。

一

19 世纪中叶，捻军起于江淮，势力波及数省，长达十余年，对当时的政治、社会、经济秩序均造成了巨大挑战。

时隔 150 年后，美国杨百翰大学政治系的赫德森教授在《光棍危机：亚洲男性人口过剩的安全启示》一书中对此进行了讨论。

赫德森认为，19 世纪中叶的中国，尤其是江淮之地，出现了严重的性别比失调现象，导致了大量成年男子无法婚配，因而产生了大规模的光棍，据估算，捻军人数达到顶峰时，参加的光棍数量在 10 万人以上。

“造反”，是弱者陷入绝境后的反击。

在当下，不存在光棍群体挑战既定政治秩序的风险，但是，在社会层面，则风险重重。

轻者越轨。

在农村调查，经常能听到光棍与已婚妇女通奸而引发的家庭纠纷故事。

重者违法犯罪。

偷盗、强奸、性侵幼女、情杀与情伤、贩卖或拐骗妇女、骗婚等违法犯罪案件层出不穷。

2011年4～5月，我到冀东北秦皇岛市某地调查，一件曾经轰动全省的情杀案件就发生在我所调查的村子。

一个40多岁的光棍，在唐山务工时与其姨表姐发生婚外情，两人回到村里，继续保持通奸关系一段时间后，女方念其丈夫在唐山务工辛苦不易，不想与这个光棍表弟继续来往，光棍杀心顿起，将这个妇女及其两个女儿和一个儿子全部杀害，并对这个妇女及其16岁的大女儿的尸体进行了奸污。

我在湖南岳阳某地调查时发现，一个光棍与人通奸败露后，与情人夫家家族厮杀，以故意伤害罪被判处有期徒刑1年。因为“买老婆”，该村涉及光棍被骗婚的至少3起。该村一个常年在外混的中年光棍甚至拐走了邻居家的女儿，与其同岁的邻居给他跪下磕头后，其才将邻居女儿放回。

电影《盲山》所讲述的光棍拐卖女大学生的故事，虽然有点艺术夸张，但所反映的问题应引起人们的重视。

云南大学法学院教授王启梁在云南省平县的调查表明，以婚姻交易为特点的拐卖妇女的情况普遍存在且比较严重，这些妇女被卖往鲁、苏、浙、湘、粤等地。

与向外攻击的越轨或违法犯罪不同，部分光棍陷入绝望后，采取向内攻击的方式，以自杀结束自己的一生。

2011年元月，我与陈讯博士（现供职于贵州省社会科学院）到湖北应城调查时了解到，有一个老年光棍，因为疾病、半失能、饥饿等生存困难，潦倒不堪，春节前，又冷又饿的他在村口变压器房外墙上吊自杀身亡，脸朝公路，惨不忍睹，让过往之人不寒而栗。

上述这些危害，尽管并未如捻军一样对宏观的政治秩序构成挑战，但足以引起我们的重视。

当然，光棍群体本身也是弱者，他们既是当下婚姻市场秩序中的受害者，同时又有可能是施害者，这无疑是一种结构性的悖论式悲剧，令人痛心的是，弱者对更弱者往往很残忍。

二

我国光棍人数到底有多少？部分披露的数据也许能够提供一些参考。

一些学者根据全国人口普查数据中的性别比推算光棍的数量，悲观者认为有5000万光棍。

谨慎且权威的数据，是以蒋正华、徐匡迪和宋健为组长的国家人口发展战略研究课题组2007年所披露的数字。他们根据出生人口性别比推算，到2020年时，在理论上，20～45岁的人口中，男性会比女性多出约3000万。

保守者如马瀛通先生根据对婚配性别比与出生人口性别比的考察，估算约有1800万光棍。

我统计过我所调查的贵州、河南和湖南三个光棍问题较为严重的村庄的情况，光棍约占这些村庄总人口的3.94%。以此推算，按8.5亿左右的农村户籍人口统计，农村光棍总数在3300万左右。根据质性调查，普遍情况为这三个较严重村庄的六成左右水平，也即是说，全国农村光棍数量在2000万左右。

2000万不是一个小数目。以全国约68万个行政村计算，平均每村有近30个光棍，平均每个村民小组有3个左右。

看似不算大的数字，放在全国的背景下就成了大数字。

三

如此庞大的光棍群体，到底是如何形成的？

要弄清这一点，我们有必要区分光棍的基本类型。

一般来说，从直接归因的角度看，农村光棍的主要类型包括以下几种。

1. 历史塑造型

这种类型的光棍主要是特定的历史原因造成的，例如，在注重政治身份的年代，择偶链条底端位置的“地富反坏右”中，有不少成为光棍。

2. 身心缺陷型

这种类型的光棍主要是身心疾病或缺陷而导致婚配无法成功从而沦为光棍，应该说，在任何一个社会空间中，都存在这种情况。

3. 缘分宿命型

在农村，总有一部分光棍，各方面条件都还可以，按照通常的理解，是不会打光棍的，却又不明不白地打光棍了，用农民自己的话说，这就是命或缘分。

4. 经济贫困型

这种类型的光棍是因为家庭经济困难而无法满足婚姻交换所需要的经济条件造成婚配难从而沦为光棍的。

目前来说，主要是这四种类型，当然，我们不排除还有其他类型的可能。

就此四种类型来看，我们又需要区分正常与病态两种情况。

身心缺陷型和缘分宿命型的光棍基本符合通常的人口学规律，因此，可以将之看作正常情况。但是，历史塑造型光棍则主要存在于20世纪80年代中期以前，而经济贫困型光棍则主要存在于20世纪80年代中后期特别是20世纪90年代中后期至今。显然，这两种类型是病态的，其背后有社会结构性因素。

历史塑造型光棍已经成为历史，我们的关注重点是经济贫困型光棍，当下，这一类型的光棍在所有光棍中的占比超过2/3，剩下的1/3的光棍，只要是在有人存在的地方就会有，历来如此。

四

从微观层面来看，经济贫困之所以产生光棍，是因为择偶者无法承担婚姻交换所需支付的经济成本。

一个历史线索似乎更能说明这一点。

在改革开放以前，婚姻交换的经济成本很低。20 世纪 60 年代末期，我的大伯母嫁给我的大伯父，经济成本仅是一只旱鸭子，其他诸如住房、彩礼等各方面几乎可以忽略不计。

20 世纪 80 年代初，我父亲结婚，所有开支加在一起在 300 元以内，而当时的劳动力价格大约每天 1.3 元，这意味着一个劳动力最多只需一年的收入即可娶上媳妇。

20 世纪 90 年代中期往后，婚姻交换所需的经济成本越来越高，但仍有规则可言，如彩礼在 3000 元左右，其后逐步上涨到 6000 元左右，讲究“六六顺”。

到了 20 世纪 90 年代末期，开始追求“八八发”，彩礼随之也上升到 8800 元左右，但 2000 年前后已跃升至 11000 元，并美其名曰“万里挑一”。

此后，以彩礼为主体的婚姻交换的经济成本一路狂飙，附着的消费项目也越来越多，如婚纱拍摄、婚礼摄影、城镇买房或乡间建房、汽车、“三金”、“四金”乃至“新三斤”（即人民币过秤称，一斤一百元面额的，一斤五十元面额的，一斤五元面额的），再往后则失去了规则，富则富办，穷则穷办。

对富者而言，子女婚宴就是一场夸富宴。例如，我们 2009 年 10 月在浙江宁波某地农村调查时，恰好碰上一村民为女儿办婚礼，其花费高达 60 余万元，仅用花轿抬着其女儿在村庄里乐游一番便支付给婚庆公司 5 万元。

因此，在这背后，实质上是婚姻消费市场的畸形繁荣。

从某种程度来看，中国的婚姻市场算是“市场化”了，比较

“自由”了。

从宏观层面来说，婚姻市场的市场化或自由化，若想不出问题，前提条件是社会结构是均质的，而非不平衡的。只有这样，婚姻匹配中，才会保证每个人从理论上可以找到自己心仪的对象。

然而，当下的情况是，在婚姻这一微观市场背后，是更为宏观的社会经济结构的高度分化。

这种高度分化的社会经济结构并非已经转型完成，而是仍处于狂飙猛进的过程中。由此产生的另外一个问题则是，原有的社会规则变得混乱不堪。

表现在婚姻交换的经济成本上就是，原来即使消费节节攀高，但基本上会维持在一个相对标准的水平，例如，以8000元为基点的话，多则达1万元，少也不会低于6000元，现在的问题则可能是少则2万～3万元，多则十几万元，甚至数十万元。

显然，6000～10000元，即使有分化，但差距不大。而如果达到诸如2万～60万元甚至更大的差距，因婚姻交换而形成的婚姻竞争势必会十分激烈。

毫无疑问，在婚姻市场上，相较于那些拿出2万元尚且吃力的底层人群来说，拥有60万元的交换或消费能力的上层人群拥有天然优势。

因此，婚姻资源就会在高度分化的社会结构中不平等地流动，注意，是不平等流动，而非传统意义上的所谓婚姻的梯度迁移。

在高度分化的社会结构中，处于底层的人，如果没有能力改变自己的命运，从而使自己在分化的结构位置中流动到更高一级位置的话，他们很难在更为微观的婚姻市场中胜出，失败者，即是这个社会结构制造出来的大部分经济贫困型光棍。

由此，作为底层的光棍，其产生实质上是一个政治经济学命题，它与所谓人口出生性别比失调可能关系不大。前者是一个社会不平等问题，后者仅是一个性别不平等问题。

五

理解上述机制，也许有利于我们理解城市的“剩女”问题。

“剩女”的另外一些叫法是“三高女”（高学历、高收入、高眼光）、“白骨精”（白领、骨干、精英）。这些叫法，实质上掩盖了她们作为婚姻市场秩序中的受害者的一面。

由于社会经济结构的高度分化，尽管大多数“剩女”可能处于中层位置，但是，如果想向上流动，客观来说，上层的所有人群的总和也没有处于中层位置的这些“剩女”的数量多，更何况，上层中还有为数不少的女性是男性不需要的，于是，在两个位置之间就产生了不对称性，不对称的实质就是一种不平等。上层数量极少的男性，即使通过一些越轨的手法如包养小三等消化“剩女”，但“消化”的能力仍然极为有限，一些中层位置的女性不得不成为“剩女”。

一些言论说，城市“剩女”与农村男光棍不同，前者是主动的，后者是被动的，我以前亦这样想，但是，深入来看，两者其实都是被动的，只不过是一个硬币的两面而已。两个空间里的不同性别的光棍和“剩女”都是婚姻市场秩序乃至社会经济结构高度分化后的不平等产物。

对城市“剩女”来说，从所谓“主动性”一面来看，似乎是，她看得上的，看不上她，或看得上她，但这个“她”超出数字“1”了，然而，从法律上来说，形式上合法的婚姻，其实质数字必须是“1”。相反，看得上她的，她又看不上，或者，即使往下看，有看得上的“他”，但“他”又害怕高攀了她。

这种焦虑和悖论，是一种文化上的焦虑和悖论，是更大程度上的超越婚姻市场秩序中的不平等乃至社会经济结构分化中的不平等以及文化上的不平等。其实质是蔑视弱者的生存价值和发展价值，甚至是蔑视弱者存在的合法性。换句话说，人们其实已经接受了婚姻市场秩序的不平等规则，也接受了社会经济结构分化后各自所在的位置，并接受了每一个合适的位置只能或只配拥有相应的资源包括婚姻资源的规则体系。

文化上的这种静悄悄的不平等，其实是更可怕的，它已经超越了个体，甚至超越了社会，具有无比强大的宰制力。知识分子，如果不能改变它，至少应该解构它。

否则，当下的光棍现象，轻则以各种社会风险的面貌呈现，重则，也许有可能如捻军般搅得整个社会“周天寒彻”。

（撰于2014年）

从核心家庭本位迈向个体本位
——关于农村夫妻关系与家庭结构变动的研究

对农村夫妻关系的变动进行研究，可以进一步加深对中国农村家庭结构变迁的理解。20 世纪 90 年代中期以来，随着打工大潮的兴起，婚姻市场发生了革命性变化，原有的小区域婚姻圈被全国婚姻圈所取代，而妇女在这种婚姻市场中占据了优势地位，这种变动反映在家庭结构的变动上就是大量离婚现象的出现。伴随越来越多离婚现象的发生且逐渐为人们所接受和理解，人们的家庭与伦理观念开始发生变化，核心家庭本位的观念开始为个体本位的观念所取代，而这种观念与伦理的变化又反过来再生产出家庭结构的变动，从而进一步加速了农村的离婚和夫妻关系的解体。

一 问题的提出

早在 20 世纪 80 年代初，费孝通先生就发现家庭结构变动的核心化趋势越来越明显（费孝通，1986）。随后，20 世纪 80 年代末期，有学者指出，20 世纪初以来，中国家庭结构就一直处于变动之中，家庭结构类型则由以直系家庭、联合家庭为主体的封建大家庭向以核心家庭为主体的当代家庭过渡（邵秦、胡明霞，1988）。近十年来，关于中国农村家庭结构变动比较有代表性的是王跃生、阎云翔和贺雪峰三位学者的研究。王跃生认为社会变革对当代中国家庭婚姻变动具有重要影响（王跃生，2002）。王跃生还认为现在农村家庭结构简化的趋势稳步增长，家庭结构向核心家庭方向发展的趋势明显（王跃生，2006）。阎云翔认为家庭权力重心移到了下一代，父母权力衰落，夫妻关系的重要性增长并在家庭中占据了中心地位（阎云翔，2006）。贺雪峰认为改革开放特别是20世纪90年代以来，中国农村代际关系失衡，并预测这种失衡的代际关系只是一种过渡现象，最终会被一种更加理性化的但更少亲情与友好的相对平衡的代际关系所替代（贺雪峰，2008）。他还指出，由原来的兄弟分家（多子分家）到现在的父子分家（独子分家）的变化说明农村家庭结构发生了很大的变动并必将对农村社会产生巨大影响（贺雪峰，2007）。这三位学者关于家庭结构变动的观点的共同之处可以概括为：从家庭结构类型来说，家庭结构进一步往核心家庭方向发展；从代际关系来说，家庭结构由过去的父子轴（或者说亲子关系）往夫妻轴（或者说夫妻关系）转化，老人的地位逐渐衰落，夫妻的地位逐渐上升。

事实上，中国农村家庭结构的变动除在家庭类型和代际关系方面发生巨变外，夫妻关系也在发生变化。然而，对于农村家庭结构中的夫妻关系变化的研究，相比于在家庭类型与代际关系方面的研究则明显不足。已有的关于农村夫妻关系变动的研究主要集中在两个方面。一是农村夫妻离婚后妇女的权益保护问题，且集中于妇女在财产和土地等方面的权益，持这一研究题域的学者有田丽洁（2007），熊小红、刘斌（2006）。二是关于农村外出青年对农村婚姻关系的影响的研究，有学者认为大量已婚农村青年外出，对农村婚姻的稳定性有一定的影响（石人炳，2006）。然而，这一研究无论是从学理分析层面，还是从经验基础层面，仍需要继续推进。

基于此，我们认为有必要对农村夫妻关系的变动进行研究，以进一步拓宽和加深对中国农村家庭结构变迁的理解。对于具体的农村社会来说，家庭是构成农村社会的基础，而夫妻关系是家庭结构组成的更为基础的因子，因而，农村夫妻关系的变动可以更深层次地反映农村家庭结构的变化。

本文以湖北省J县J村为个案，以J村的离婚现象为具体分析对象。本文资料收集方法为半结构与无结构访谈法，调查时间为2008年9月27日至10月12日。本文首先具体描述农村离婚现象在J村的具体样态，然后就农村离婚现象的具体样态展开分析，最后就农村夫妻关系、婚姻市场、伦理、家庭结构变迁等问题进行讨论。

二 结果分析

J县位于湖北省中部，地处大洪山南麓，江汉平原北端，位于鄂中丘陵至江汉平原的过渡地带。J村为J县东南部某镇的一镇中心村，现有1757人，耕地计税面积3762亩，实际耕地面积5000多亩，耕地以水田为主，人均耕地2.5~3亩。J村有14个村民小组，村组干部共9人。本部分我们将描述J村近三十年来所有的离婚现象。

首先，我们看看J村的婚姻家庭观念。一方面是对婚外情的看法，他们认为：婚外情是正常的，你情我愿。二是对择偶标准的看法，我们问村里的年轻女人，如果一个丈夫对她们很好，帮她们做饭、洗衣，甚至帮她们捶背、洗脚，对她们的指示百依百顺，却不是很富有，甚至不会赚钱，和一个很能赚钱，但并不见得会对她们好，甚至会反过来要求她们洗衣、做饭、洗脚，要求她们百依百顺的丈夫，她们愿意选择这两种中的哪一种。我们访谈的女人们都异口同声说当然选择会赚钱的，然后她们就用当地的土话奚落我们设定的那种重感情但不会赚钱的男人，说那种男人是个窝囊废，看着就会烦。

其次，我们再来看看J村具体的离婚情况。根据详细调查和全面统计，我们得到了16个案例，我们可以发现，近三十年来J村离婚共16人次，涉及15个家庭，其中有一人离了两次婚，为便于对J村离婚的情况进行分析，我们将16个案例进行数据化处理，统计成表1的形式，然后就表中的数据对离婚结果进行分析。从表1中，我们可以清晰地看出J村的离婚有以下几个特点。

表1 J村离婚情况

姓名	出生年份	婚姻时间	离婚年龄	离婚年份	孩子数量	要离婚方	离婚原因
波波	1966	1年	22	1988	怀孕8月	女方	不详
稀海	1965	1年/5年	23/30	1988/1995	孕8月/2	女方/女方	不详/婆媳矛盾
四林	1969	8年	31	2000	1	女方	男方打工外遇
某甲	1968	5年	35	2003	没有	男方	经济困难
某乙	1970	4年	26	1996	1	女方	女方打工外遇
邱祥贯	1968	不详	30	1998	1	女方	女方打工外遇
某丙	1974	不详	29	2003	1	女方	女方打工外遇
木者二	1978	不详	28	2006	1	女方	女方打工外遇
华折	1972	13年	33	2005	1	女方	经济困难
和平	1979	不到60天	25	2004	没有	双方	闪婚
四喜儿	1984	不到60天	22	2006	没有	双方	闪婚
张四狗	1975	10年	31	2006	1	女方	经济困难
某丁	1962	不详	30	1992	1	女方	女方在家外遇
某戊	1972	不详	26	1998	1	女方	女方打工外遇
某乙	1970	不详	33	2003	1	女方	女方在家外遇

一是年龄特点，有两个明显的年龄段，即1965年至1969出生的60年代的人和1970年至1979年出生的70年代的人。其中60年代中后期出生的有6人次，占目前整个J村离婚人数的37.5%，70年代出生的有8人，占J村离婚人数的50.0%。而且，70年代出生的人离婚的还可能陆续会有，我们调查期间就有两起70年代出生的正在闹离婚，据村民说，这两起基本上就只差一个离婚手续了，还有一起则是妻子跑了4年，丈夫不知道她去了哪里，一直杳无音讯的，婚姻事实上名存实亡，我们调查离开的那两天，该女突然回村，村民说现在捏不准她是不是回来离婚的。这三起不是法律意义上的离婚，因此，我们未统计进来。80年代出生的人结婚时间不长，根据发展趋势，可以想象80年代出生的人离婚现象不会减

少。年龄趋势所显示的特征，概括来说就是：50年代出生的没有离婚的，60年代出生的离婚是少数，70年代往后出生的离婚会越来越多。

二是离婚时间。80年代离婚的2起，90年代离婚的5起，其中1起是80年代离过一次婚的稀海。2000年以来离婚的有8起，占了整个离婚件数的50.00%。由此可以看出，真正掀起离婚高潮的是2000年以后，特别是近五年来，离婚件数有7起，速度大大加快。有研究者认为，如果粗略地将离婚的年代进行划分的话，中华人民共和国成立以来我们经历了两次离婚高潮，第一次是20世纪50年代初期新婚姻法颁布并实行阶段，第二次是改革开放以来。但第一次离婚浪潮其情势和婚姻法的效果都不应该被高估，真正有影响力的是第二次离婚浪潮（陈柏峰，2008）。而我们的调研经验显示，仅就农村而言，婚姻关系发生实质性改变是改革开放以来的事情，尽管我们不能排除中华人民共和国成立初期婚姻法出台的作用及其后续效应，但相比于改革开放以来婚姻市场的改变和婚姻家庭观念的变迁，国家权力对家庭结构的变动与改造不宜过分夸大。也就是说，相比于国家权力，此后的市场作用和由此而来的观念变迁对农村婚姻家庭关系变动的影响也许是更为深刻的，其后续效应也会更为深远与持久。

三是离婚的提出方。由表1我们可以看出，有13人次离婚是由女方提出来的，这里面有两种情况。其一，丈夫出了问题，女方不愿意凑合过，不愿意将就这种生活，因此提出离婚的，这只有1起，这种离婚对于女方来说是带有被迫的主动性，被迫是说这种婚姻问题不是出自女方，主动是说女方发现男方出了问题后不再将就着过日子。其二，女方自己在外打工找到了更好的，回来把丈夫抛弃了，或者发现丈夫在家里没本事没钱，因此在家时就闹着离婚，然后出去再寻找自己的幸福，或者在家里发生婚外情而要求离婚的，这种情况则有12起。也就是说，这12起离婚事件，女方都是强势的一方。双方都提出离婚的也就是那两起“闪婚”，或许这是最现代的，他们是典型的合得来就过，合不来就早点分，绝不会将就，因为他们年轻，有玩得起的年龄资本。不过，闪婚现象不在于其数量少，而在于这种对家庭缺乏基本责任的形式的出现，将会进一步冲击年轻人关于婚姻家庭的观念，使得年轻人对婚姻更加没有稳定的预期。

四是关于离婚时孩子归属的问题。这16人次离婚中，只有两起是没有孩子的，也就是两起结婚不到两个月的闪婚对象，其余的则都有孩子。在中国传统的家庭观念里，妇女应该是比男人更顾家的，特别是更眷恋孩子，但为什么这中间会有14起高达87.50%的女性会为了追求自己的幸福而不要孩子呢？这是一个非常深刻的变化。女方离婚后不要孩子的理由在村民看来是因为孩子是一个累赘，有孩子的话想再嫁就不是很方便，因此，这种“不方便”就都留给了男方。“累赘”可能对于女性再婚来说是个客观情况，不过，这个“累赘”的对象或载体是自己的孩子，女性为了追求自己的个人幸福，首先抛弃她们眼里的“窝囊废”丈夫，再抛弃她们眼里“累赘”的孩子，实质上反映了她们观念的深层次变化。一个核心家庭是由夫妻双方再加上孩子构成的，对于一个核心家庭内部的女性来说，她要处理两对关系，即夫妻关系和母子（女）关系，抛弃两者而寻求个人的幸福反映的就是家庭幸福观念向个体幸福观念的转变。

五是关于离婚的原因。20世纪80年代的两起中，一起是婆媳矛盾，一起不详，婆媳矛盾导致家庭分裂的虽然在J村并不普遍，但其影响和威慑效应则非常大，它使得任何一个男人如果想维系家庭就不得不迁就妻子，否则就有可能出现家庭破裂。正是生活中的这种经验，使得J村村民在评价这起离婚事件时说要是男方不站在自己母亲一边就不会离婚了。而90年代和21世纪以来的几年，导致离婚的则主要是婚外情，其中有8起是在外打工有了外遇或在家里有了外遇的，这其中又有7起是女性打工有了外遇或在家里有了外遇。有3起是家庭经济困难从而闹家庭纠纷导致离婚的，家庭困难中又有两起是女方无法忍受家庭困难而提出要离婚的。

六是关于婚后再婚的问题。J 村这 16 人次的离婚事件中，14 位女性离婚后均很快成立了新的家庭。闪婚的两对估计男女双方再次结婚都不会成为太大的问题，女方尤其不会有困难。也就是说，女性在离婚后基本上全部能够再嫁成功。而男性则大不一样，村民能够有百分之百的把握认为他们不会再婚的有 9 人，理由是他们年纪大了，且都有孩子，家庭条件也都不是太好，因此，想再结婚在 J 村的婚姻市场中已经是不可能的事情了。到目前为止，女方将男方抛弃后，男方再婚成功的只有 2 人，而且都是二道婚。男性再婚的困难和女性再婚的容易更加加剧了男女双方在婚姻市场中失衡的地位，男性因为害怕不能再婚而会更加迁就女性从而更加弱势，女性因为自己再婚的容易反过来会对男性更加霸道，从而更加强势（倒未必是一定要离婚）。

三　讨论

为了更好地理解前述离婚的结果分析，我们有必要讨论 J 村的婚姻市场、伦理与家庭观念，并借由这些关键词来探讨家庭结构的变动。

就婚姻圈来说，20 世纪 90 年代中期前后，J 村的婚姻圈主要限于本村，其次是邻近的归村、邓村、龚村，再其次则是邻近的应城和天门。其中，本村内部结婚的约占 80%。同村婚姻圈现在仍然维系着，且仍然是村庄内部婚姻关系结成的主要圈子。90 年代中期以后，随着打工大潮的出现，婚姻圈自然扩大，由同村婚姻圈或邻村婚姻圈变成跨省市县的婚姻圈。也就是说，此前的婚姻圈实际上是比较封闭的，因而，婚姻市场也是比较狭小的，在同样一个狭小的婚姻市场里，就像其能自给自足的经济生产结构一样，婚姻也基本能自给自足。但跨省市县的婚姻圈的出现，意味着这一封闭的婚姻市场越来越开放，其市场圈子越来越大，因此，婚姻的流动性大大增加。不过，婚姻市场的扩大也意味着婚姻的风险增加，大市场意味着大选择。特别是跨省婚姻，其风险是比较高的，对村民的心理冲击力也比较大，典型的是外省的媳妇嫁进来几年后跑掉，这让村民开始觉得娶外地媳妇没有安全感。但是，开放的婚姻市场不仅是对于外来媳妇而言的，它对本村的媳妇同样有效，甚至，在一定程度上对本村的年轻男人也有效。因为，婚姻市场的开放性不仅为出去打工的女性提供了再次追求她们自己幸福的机会，对于在村的已婚妇女来说也是能够威慑丈夫的有力武器。因此，夫妻之间出现矛盾如果丈夫不让步，女人不再像以前那样只会跑回娘家，而是会跑向远方一个让任何人都不知道的地方，然后再重新寻找她们的幸福。而这种源自她们新的生活经验的想法却像瘟疫一样在村庄里面扩散，每一个处在村落中的人都接受了这种扩散的瘟疫，因此，当看到离家出走后四年杳无音讯的女人回到村子里时，村民想到的不会是女人终于回来了，而是女人终于要回来离婚了。这种女方在婚姻市场中的优势地位正是我们在结果分析中看到的有那么多的女性提出离婚的原因，这种结构性优势决定了她们在面对婚姻挫折或通过新的婚姻可以改善自己的处境时就可能会做出离婚的选择。

从以上对J村离婚现象的描述与结果分析我们发现，男女双方关于家庭与幸福的观念其实都在迅速变化，家庭的概念在淡化，人们开始更多地考虑自己个人的幸福，只不过这种观念变化下的婚姻市场对于女性是有利的，女性在婚姻市场中占据着强势的地位。因此，尽管男性关于家庭与幸福的观念骨子里变得与女性差不多，但他们在婚姻市场中的劣势决定了他们不可能轻易地将理念付诸实践，而女性则因为在开放的婚姻市场中不仅占据优势地位，而且开始敢于去实践她们的幸福理念，在她们眼里，相对于她们个人的幸福来说，家算不了什么，孩子也算不了什么，丈夫则更算不了什么。所以，J村的人认为他们那里的男人更顾家。其实，这种认为男人更顾家的看法只不过是一种表象，是由他们在婚姻市场中的弱势这一结构性因素决定的。

不过，除这种结构性的婚姻市场因素本身对夫妻关系的变动有决定性的制约作用外，伦理、价值观念其实也是重要因素。现有的关于家庭结构变动的研究，主要是从经济基础与生产方式的变革对婚姻家庭变动的影响这一角度展开的，这一研究路径本身是可以的，但我们也不应该刻意忽视伦理与观念变化的影响。当然，伦理与观念的变化本身可能是因结构的变动而产生的，但是一旦产生以后，伦理与观念就可以再生产新的结构。从这个意义上说，结构的变动与观念的变动是互构的。阎云翔对下岬村的研究发现父母权力衰落后，夫妻关系更为重要和更处于中心位置，且年轻的夫妻开始更重视感情（阎云翔，2006）。谭同学通过对桥村的研究也指出桥村正在成为一个迈向核心家庭本位的村庄（谭同学，2007）。但 J 村的经验显然已经走到了下岬村与桥村的前面，夫妻关系之间感情并不是最重要的，而是对于金钱的追求，对于个体幸福的寻觅。正是这种观念的变化，导致很多女性在找到更符合和更有利于实现她们这种观念的机会时，会选择离开自己的丈夫而去寻找自己人生的第二幸福，J 村如此多的打工女性与丈夫离婚就是很好的证明。此外，夫妻之间，性的规制是最基本的伦理，跨越性的规制就可以视作违反伦理的行为，至少，在一夫一妻制的社会，不会有人认为乱性是一种道德的符合伦理的行为。而我们可以发现，婚外情在 J 村是普遍能够得到理解与宽容的，特别是从村民对于一位因婚外情导致别人离婚然后自己外出发家致富了的人的艳羡、理解与宽容来看，伦理观念在 J 村确实是个问题。而对于女性离婚时普遍不要孩子的做法，在一定程度上甚至跨越了伦理底线，如果说抛弃丈夫可以理解的话，那么抛弃子女去寻找自己个人的幸福则是缺乏对家庭的基本伦理责任。也因此，申端锋（2007）关于中国农村婚姻伦理出现了危机的判断是有一定的合理性的。我们认为这种婚姻伦理危机的结构基础是夫妻关系本身的变动，而伦理危机则找到了一个可以承载与支撑的家庭节点，反过来，一旦家庭结构本身的变动承载了伦理危机的现实可能，伦理危机又可以进一步加剧家庭结构变动的再生产。

四 结语

归结起来说，20 世纪 90 年代中期以来，随着 J 村大量打工人员的出现，婚姻市场发生了革命性变化，原有的小区域性的婚姻圈被随之而来的全国性婚姻圈所取代，而妇女则在这种婚姻市场中占据了优势地位，这种结构性的变动反映在家庭结构的变动上就是离婚现象的大量出现。伴随着越来越多的离婚现象的发生且逐渐为人们所接受和理解，人们的家庭与伦理观念开始发生变化，核心家庭本位的观念开始为个体本位的观念所取代，众多女性开始有了再次选择和寻找自己第二次幸福的想法，甚至付诸实践，而这种观念与伦理的变化又反过来再生产出家庭结构的变动，进一步加速离婚的出现和夫妻关系的解体。由核心家庭本位迈向个体本位的变化，是对于 J 村的男女双方来说的，只不过男性囿于婚姻市场中的劣势地位，无法实现个体本位而已，农村夫妻关系的这种变动对于中国农村家庭结构的变动必将产生更为深远和持久的影响。也许从核心家庭本位走向个体本位的变化不会成为整个中国农村家庭结构变动的普遍现象，但仅仅是这种变动现象越来越多就足以引起学者的重视，因为这种结构的变动虽然可能不会非常普遍，但它所造成的人们观念上的变化则会加速再生产夫妻关系的不稳定性，从而使得家庭潜在地存在解体的风险，家庭的这种潜在的不稳定性，会使人们失去心灵深处可以依靠的最后一道港湾，从而产生普遍的焦虑感，众多从心灵上失却家庭依靠的个体的焦虑会成为我们这个时代的焦虑，这显然是我们所不愿意看到的。

参考文献

[1] 陈柏峰，2008，《农村婚姻关系的变迁及其价值意涵》（未刊稿）。

[2] 费孝通，1986，《三论中国家庭结构的变动》，《北京大学学报》第 3 期。

[3] 贺雪峰，2008，《农村家庭代际关系的变动及其影响》，《江海学刊》第 4 期。

[4] 贺雪峰，2007，《农村家庭结构的变化及其影响——辽宁大古村调查》，《中共宁波市委党校学报》第6期。

[5] 邵秦、胡明霞，1988，《中国家庭结构历史分析》，《中国人口科学》第4期。

[6] 申端锋，2007，《中国农村出现伦理性危机》，《中国老区建设》第7期。

[7] 石人炳，2006，《青年人口的迁出对农村婚姻的影响》，《人口学刊》第1期。

[8] 谭同学，2007，《乡村社会转型中的道德、权力与社会结构——迈向核心家庭本位的桥村》，华中科技大学博士学位论文。

[9] 田丽洁，2007，《农村离婚案件探究与反思》，《法制与社会》第9期。

[10] 王跃生，2002，《社会变革与当代中国农村婚姻家庭变动》，《中国人口科学》第4期。

[11] 王跃生，2006，《当代中国家庭结构变动分析》，《中国社会科学》第1期。

[12] 王跃生，2006，《当代中国城乡家庭结构变动比较》，《社会》第3期。

[13] 熊小红、刘斌，2006，《农村离婚妇女土地流失权益的现状及其影响研究》，《农业考古》第3期。

[14] 阎云翔，2006，《私人生活的变革——一个中国村庄里的爱情、家庭与亲密关系1949—1999》，上海书店出版社。

（撰于2008年）

消除婚姻中的“贱农主义”

——答中国青年报记者杨海先生

婚姻上的“贱农主义”就是否定嫁给农民（包括农民工），进而否定嫁到农村。现在的话语体系都是“城市中心主义”的，很多价值观和决策受城市支配。但不是说城市才有这种观念，农村也有，它是全社会性的“意识形态”。现在农民自己也认可了“以农为贱”，农民也不想让自己的女儿嫁到农村。

从2009年至今，刘燕舞已经走访调查了黔、湘、鄂、豫、晋等11个省（自治区），覆盖了全国大部分区域。6年间，刘燕舞在村里驻扎时间累计达到450余天，发表了《农村光棍的类型研究——一种人口社会学的分析》《从核心家庭本位迈向个体本位——关于农村夫妻关系与家庭结构变动的研究》等重要学术论文。

他曾经提到当前年轻人婚姻观念中存在的“贱农主义”。这位近年来一直把研究放在农村的学者认为，农村剩男问题背后值得关注的是城市对农村女青年的抽离问题。

记者：为什么会关注“贱农主义”对农村婚姻的影响？

刘燕舞：过去我们常说，农村男青年受到“婚姻圈”扩大和出生性别比失调的双重挤压而有可能陷入光棍的困境，但现在，城乡差异和区域差异正成为导致农村剩男的另一个不可忽略的原因。

我们在调研时发现，江浙一带的光棍就比其他地区少很多。在那些较为富庶的地区，即便出生性别比有所失衡，光棍的比例也会低一些，因为中西部的女性资源大量流入，减低了出生性别比失衡的影响。城乡差异、地区差异的挤压，使女性资源流向更有利的高地。

这种流动产生的婚姻挤压，背后是婚姻观念层面的“贱农主义”和“城市拜物教”。

事实上，我国出生性别比失调的高峰大概在1995年，那个时期出生的人，目前还没有完全进入适婚年龄，还不是光棍的高风险年龄群体。性别比失衡对农村剩男的真正影响或许还要再等5年，甚至10年。所以，我个人并不认为，当下农村剩男问题的最主要因素是出生性别比失衡。

当然，我也不否认出生性别存在很大的地域性差异，有些地区很早就出现了严重的比例失调现象，峰值早于1995年，在那些地区，农村剩男的主要成因或许就是当初的出生性别比失衡。

不过，我认为这些都不是问题的根源，宏观层面的“贱农主义”才是造成农村剩男的最深层原因。但这个逻辑往往被人忽视。以嫁农民为贱、以农村为贱的观念是一套非常厉害的话语体系和意识形态，它不仅仅会影响到婚姻，还会影响到农村各个领域。

记者：为什么叫作“贱农主义”？

刘燕舞：“贱农主义”这个词不是我发明的。南京大学的张玉林教授曾分析这一历史转变现象：“‘贱农主义’是指当代中国逐渐形成的以农为贱的观念、话语、价值取向和政策取向。它表现为压制农民的权利、贬低农业和农村的价值，从文化上否定，从物理上消灭农业、农村和农民。”我完全赞成这种判断。

中国历史上是具有“重农主义”倾向的，“士农工商”的排列至少可以表明“农”在合法性上不存在问题。但过去100多年迈向现代化的步伐中，由于从农业国向工业国转变、农耕文明向工业文明转变一直是中国强国的诉求之路，农村忽然成了“落后”的代表。这种观念自20世纪90年代中后期以来，随着打工经济大潮的兴起和全国乃至全球市场边界的扩大而逐渐达到无以复加的地步。

婚姻上的“贱农主义”就是否定嫁给农民（包括农民工），进而否定嫁到农村。

现在的话语体系都是“城市中心主义”的，很多价值观和决策都在受城市支配。但不是说城市才有这种观念，农村也有，它是社会性的“意识形态”。现在农民自己也认可了“以农为贱”，农民也不想让自己的女儿嫁到农村。

与婚姻的贱农主义相对的，是“城市拜物教”，即指将嫁城里人或嫁到城市并从事非农职业作为一种如神灵般崇拜的婚姻追求现象。这里的“城里人”只是泛指，它的主要特点是经济物质上的富有。一个明显的现象是，贱农主义逻辑下构建了“屌丝”“凤凰男”等话语，城市拜物教逻辑下，人们制造了“高富帅”“白富美”“孔雀女”一类标签化的词语。

记者：这种文化上的认知对婚姻的影响是什么？

刘燕舞：与其他资源和市场一样，如果婚姻市场是自由而开放的，而在婚姻贱农主义和城市拜物教的双重作用下，婚姻资源因为市场的分化，会在以经济因素作为重要标杆的指向下出现严重分化。因此我们会看到，农村光棍渐多。而城市中，或以城市为代表的婚姻资源配置的高端位置中，有些人能拥有更多“妻子”，所谓“小三”“情妇”“长期保持不正当性关系”等太多词语都是对这些社会问题的社会语言学反映。

记者：如何缓解或者解决这种文化上的问题？

刘燕舞：首先要确认农村在文化上的地位，不要动不动就觉得它是落后的，我们现在的一个架构就是把农村和城市对立起来考虑，城市代表现代化，代表先进的发展方向，农村就是落后的，是要被改造的，是要被消灭的。这样的话农村只会越来越没有出路，农民也越来越没有出路。

不能否认，从硬件上来讲，我们现在的农村比历史上任何时期都要好，但是从文化地位上来讲，现在却比以往要低。在政策取向上，我们不能一直想把乡村变成城市，城镇化和“美丽乡村”两条腿都要走。甚至在某种程度上，要更加强调“美丽乡村”，只有重新树立起农村的文化地位，才能从根本上解决问题。

（2016 年）

生活好了，孝道怎么就给丢了？

从传统社会向现代社会转型的角度来看，随着个体的自主独立，特别是在财产控制上的自主独立，农村老人已缺乏传统的文化保护。子代在新的语境下，也不一定会认为自己的所作所为是不孝的行为，而更倾向于认为是不得已的正常行为。但是，无论是老人的感受，还是年轻人的实践，其后果都表明，在拥有五千年文明特别是儒家传统影响颇深的当代中国，孝道的衰落，必然会带来不太理想的后果，轻则出现老人老无所医、老无所养和老无所乐，重则出现农村老人自杀现象。

一

近几年我常在全国各地农村调查，从南到北，从东到西，一个共性的现象是，老年人的生活状况并不是太好。

他们普遍面临日常照料缺失、疾病困扰和精神寂寞三大主要问题。

而这三大问题的解决，都离不开老年人之外的社会支持，特别是来自子女的支持。

然而，现实状况表明，子女的支持普遍缺失或不够。

有一次在中部某省农村调查时，我所住的房东家是砖瓦结构的房子，我目睹了他85岁的老母亲的生活状况。那位老人居住在儿子砖瓦房后面的一间闲屋里。闲屋左边是半露天的厕所，右边是猪圈，在人粪与猪粪的双重臭味包围的不到10平方米的空间中，卧室与厨房是一体的，布满油烟污渍的蚊帐和房间中弥漫的混合着油烟气味与其他刺鼻气味的场景，让我唏嘘不已。日出之时，她佝偻着背，牵着儿子家的牛出去了，日落之时，她佝偻着背，牵着儿子家的牛回来。我在房东家住了15天，几乎天天如此，而且，我几乎没有听到老人说过话，离开或是回来，都是静默地低着头。

有些人也许会说，这说明不了什么问题，因为老人愿意这样居住，可以省却与子女住在一起的拘束，从而获得自我安排生活的自由。

而在我看来，除了人有自虐心理，否则，我宁愿相信，没有人愿意要这种自由。

因为，事实表明，即使我所住的房东母亲呈现如此一幅图画，却并非当地最差的，相反，这种水平可以算是中等。一个更为简单的事实是，如果有比之更差的，很少能够活到如此高龄，而是早早就自我了断了。

由此引发我思考的是，凭什么老年人得不到支持？或者说，从另外一个立场上讲，凭什么子女要支持老年人？

二

对子女而言，“凭什么”的背后，是他们对父母做出具体行为的合法性依据。要支持老年人的合法性依据，从传统来说，就是孝道，从现代来说，就是法理。然而，法之力所不逮是显而易见的，现代意义上的法很难真正深入传统的家的层面。所以，在农村调查时，我们看到，凡是有现代法律意识的父母，一旦采取司法渠道救济，不但没有改善自己的状况，相反，还因为与子女的关系的进一步紧张而使得自己的境遇更加窘迫难堪。例如，我在河北东部某地调查时，一位老人因为赡养问题多次起诉几个儿子，结局是，儿子恨其有“起诉”的“能耐”而更加消极应对，一直到最后，老人不得已而喝下农药死亡。

因此，从老人所需要的社会支持的角度来看，如果主体限于代际关系层面，与其诉诸现代的法，不如先讨论传统意义上的孝道。

何谓孝道？

传统的儒家学说对此有很好的界定。在儒家的视野里，孝主要包含三个层次，大孝尊亲，次孝弗辱，其下能养。但是，儒家也有自己的判断，例如，孔子就认为，如果孝仅停留在最低层次的“能养”，这与阿猫、阿狗之类的动物是没什么分别的。显然，鸦有反哺之义，羊有跪乳之恩，但人毕竟不是乌鸦，也不是羊羔。

有了这个层次性的把握，再讨论当前中国农村的孝道状况就比较好理解了。

我到过中国最富裕的农村地区，如东部浙江某地，也到过中国最贫穷的农村地区，如贵州北部和河北东北部某地，无论是富裕地区还是贫穷地区，在今天中国农村的物质水平下，能养普遍不是问题。

事实表明，中国农村的孝道确实在衰落。不说尊亲弗辱，仅能养都无法保证，在发展如此飞速和物质财富如此丰富的今天，孝道确实衰落了。

三

农村孝道衰落的后果是，农村老人的生活质量急剧下降，“觉悟”较低者，无奈而悲惨地“苟延残喘”，“觉悟”较高者，自我了断，以减轻“子女负担”。

但是，农村的孝道为什么会衰落？

从客观上来说，子女有“负担”，在今天并非一个伪命题。自从城市向乡村“开放”后，农村劳动力就源源不断地向城市流动，但从各方面的综合因素来看，能够在城市获得一份职业且能够有相对较为体面的收入，对农民而言是十分难得的。因此，一旦得到，论谁，也不得不权衡再三。回乡照顾父母，可以承欢膝下，但是，结果可能是自我生活状况急转直下。留城继续务工，虽能物质上保障体面生活，但不孝的骂名，大体是脱不掉的。所以，才会出现极端案例：“老人生病，务工儿子请七天假回家后，发现老人无即死迹象，儿子说，你到底死还是不死？我请七天假是把你丧事也算上了的。”如此，奈何，奈若何？此外，作为孝道的执行主体，农村社会里的中年人，上有老要孝，下有小要养，且关键是，较之传统时期，当今中国，养小且能养好的负担确实是很重的。在当今中国的家庭结构下，牺牲老年人，可能是不得已的“理性”选择。所以，孝道衰落的客观基础是存在的。

从主观上来说，养老、顾己和育小三者并非不可调和的矛盾。每一个时代的人，都有每一个时代的负担。“老”、“己”与“小”是三角关系，在市场条件下，前后两者都是弱者，作为相对强者的“己”，在当今中国家庭结构下，很难向小“下手”，唯一的办法，就是尽可能减少在“老”这一对象上的付出，从而尽可能增加在“己”与“小”两者上的付出。如此，父可能仍是慈的，子却未必能孝了。

于是乎，孝道要衰落，是必然的。这不是人性的问题，甚至也不一定是道德问题，而是社会从传统向现代转型的现代性问题。

四

孝道衰落，看来是难以避免的。

从传统社会向现代社会转型的角度来看，随着个体的自主独立，特别是在财产控制上的自主独立，农村老人已缺乏传统的文化保护。子代在新的语境下，也不一定会认为自己的所作所为是不孝的行为，而更倾向于认为是不得已的“正常行为”。但是，无论是老人的感受，还是年轻人的实践，其后果都表明，在拥有五千年文明特别是儒家传统影响颇深的当今中国，孝道的衰落，必然会带来不太理想的后果，轻则出现老人老无所医、老无所养和老无所乐，重则出现农村老人自杀现象。

因此，在这种主客观形势下，采取一定的措施也许仍是必要的。

当前，全社会都在弘扬社会主义核心价值观。

但是，我认为，就农村而言，无论是从意识形态的观念层面，还是从具体日常生活的物质层面，弘扬孝道都是践行中国特色社会主义核心价值观的最重要的表现形式。尽管其他诸多层面都很重要，但是，以孝道作为基本杠杆，却是最符合中华文明传统的践行措施之一。

古人说，观乎人文，以化成天下。

我想，当下中国农村的天下，想要化成，孝道自然是十分重要且必不可少的因素。

（撰于 2015 年）

侯氏之死

然而，诸如建房、养子、教育、结婚等高消费作为重担压在普通农民身上时，作为市场社会中的弱者，他们亦有可能迫不得已地将之转嫁给更弱者，如他们业已失能且无法创造经济利益的年迈父母。对于最底层的失能老人来说，他们唯有以自杀来承接子代转嫁给他们的社会压力。

一 幕启

华北C村，长城脚下。

从北京永定门汽车站出发，每天中午时分，有一趟车，约4小时可直达C村所在县城，到时，暮色已降。从县城出发再到C村，已是第二天中午。

2011年4月初，乍暖还寒。我来到C村，开始我驻村一月有余的调查。

侯千两，C村一位老年男子，2010年喝农药自杀死亡，时年76岁。

侯氏之死，引起了我极大的关注。

近四年来，我在中国十余个省（自治区）累计驻村调查近400天，接触和了解到太多中国农村老人的自杀，侯千两是他们的一个缩影。

中国农村的老人正越来越难以摆脱这条道路，或许，这是他们稀释和消化现代老龄化社会痛苦的特有方式，他们的自杀，似乎总是在必然的偶然中发生。

如果我们将视线定格在C村以外的整个中国，一些权威数据表明，自20世纪90年代中后期开始，尽管中国农村的妇女自杀率已经显著下降，然而，中国农村老年人的自杀率却一路飙升。

根据卫生部死亡登记系统的数据测算，费立鹏等人2002年在国际著名医学杂志《柳叶刀》披露，1995年至1999年，中国农村老年人年均自杀率高达82.8/100000。

此后十余年，保守估计，上述这一数字至少翻番。

我曾通过驻村调查方式，收集到湖北、河南、河北三省20个村庄的数据。1980年至2009年，60岁及以上老年人“年均粗自杀率”① 为253.55/100000，其中，20世纪80年代为60.85/100000，90年代为192.70/100000，2000年以来为507.10/100000。

对于侯氏之死，C村的村民既矛盾，又恐惧。

他们时而想不清楚，侯千两为什么会走到喝农药这一步，时而又能想清楚，除了选择这种方式以外，侯还能如何残喘度日？

“这将是未来的‘世道’。”他们说。

他们害怕有朝一日，亦会步侯氏后尘。

二　承秦高速，侯氏之死的最后稻草

一条承秦高速通过C村。

就在我调查期间，机器仍在刺耳轰鸣，道路两旁时常扬起运输车所卷起的粉尘，高速公路的施工正在紧张而有条不紊地进行。

同样紧张而有条不紊的是，C村的村民正在大张旗鼓地拆旧建新，一栋栋漂亮的楼房拔地而起。这些钱，大部分来自承秦高速占地所给予的补偿款。

---

① 规范意义上的粗自杀率是指未经标化处理的自杀率，但本文所加引号的“粗自杀率”并非此意，而是指作为计算自杀率的人口数据这一分母，因难以收集到所有年份的人口数，因此，在研究条件有限的情况下，不得已仅以2009年所收集到的人口数据为分母进行处理。同时，为尽量减少误差，我们选择“年均”的办法，并按第五次人口普查的数据进行了标化处理，实际上是更近似于标化自杀率的自杀率。当然，此处所说的自杀率均是指自杀死亡率。特此说明。

侯千两运气很好，承秦高速经过C村时，除了占其耕地，还占其林地，就连一块承受破旧老屋的宅基地亦被占了。

很多村民对此煞是艳羡。

耕地、林地与青苗一共补偿7万元，房屋与宅基地一共补偿9万元。

还没来得及兑现9万元的房屋与宅基地补偿，侯千两便因六个儿子围绕已兑现的7万元款子的分配纠纷而自杀身亡。

侯20多年前丧偶，未再婚，他一人独自抚养六儿两女成人直至成家立业。他的死，在C村轰动一时。人们茶余饭后，将之作为谈资，并悟出如今社会"多子多灾"的所谓道理。

在喝药身亡前，侯基本丧失了劳动能力，体弱多病，形同枯槁，生活亦几乎无法自理。尽管他与第六个儿子同住在一个屋檐下，但并未得到老六多少照顾。相反，在分灶吃饭的晚年生涯中，父子俩龃龉不断。

补偿款到村后，由乡、村两级干部组织在村委会统一发放。侯千两的儿子——老六——在领取自己的一份时，亦代替侯千两领走了属于侯的一份。村干部当时估计这种做法可能不妥，但考虑到这笔钱毕竟不是小数目，谅老六应不敢独吞。

然而，老六拿到钱后，在其妻的怂恿下，决定完全据为己有。其理由是，其父与自己住在同一个屋檐下，他要承担侯的养老义务。

侯千两自己不同意老六的做法和说法，他想将钱拿出一部分均匀地分配给六个儿子，女儿因为不承担养老义务，则不参与分配，剩下的一部分则自己留着养老。此前的一系列事实，让他对依靠儿子养老没有任何信心。

与此同时，除到其他家族做了上门女婿的老大没主动出来要这笔钱外，老二、老三、老四和老五等四个儿子坚决要求平分，并将矛头全部指向侯千两，认为其偏袒老六。

在与儿子们尤其是老六多次交涉未果后，侯千两喝农药自杀死亡。

三　赡养纠纷，伏笔早已埋下

作为传统意义上的一家之长，侯千两没有任何权威。显然，在与儿子们的交涉中，他始终处于下风，来回奔走，十分无奈又无力。

如果时间倒回去60年甚至更长，老年人一般能掌握财产的生产与分配，且一系列宗法制度文化保障了他们的权威。同样的故事，如果发生在60多年前，侯的儿子——老六——早就被拖到祠堂施以肉体暴力以示惩戒了。

1949年以后，国家权力向农村的渗透和扩张，使得农村社会得到了巨大的改造。作为封建糟粕的宗法制度文化及其形态表征——祠堂等——一并被扫入了历史的坟墓。

失却宗族保护的老人，在短时间内并未出现任何问题。在医疗与养老等方面，国家或集体承担了很大一部分功能。

20世纪80年代，侯千两年富力强，起早摸黑，既当爹又当妈，不断凭借出卖自己的劳动力，从市场上换取货币，以完成子女的教读婚娶等人生任务。

待八个子女全部成家立业，他也逐渐年迈。

然而，子女们却均不愿意养老，亦不愿意承担其医疗费用。作为女儿，她们在地方文化的界定中，没有养老的义务。六个儿子则根据各自的立场做出自己的抉择。大儿子认为自己早年便入赘走了，没有得到侯千两任何家产，因而没有养老义务。老四直到50多岁才结婚，认为自己家庭困难，不足以承担养老任务。老二和老三则指出，老五和老六两个最小，得到侯千两的东西也最多，因此，应该他们承担。老五和老六却认为，老大、老二、老三和老四作为哥哥，不带好头，作为弟弟，他们更没有义务。

时间倒回2008年，也即侯千两自杀死亡的两年前。

当时侯患有严重的前列腺炎。手术后，不仅未愈，反而更加严重。就在那一年，侯基本丧失了劳动能力，生存与生活均成为严重问题。

他想从儿子那里要粮食，但要不到。他想儿子们负担其生活起居，但没人愿意。他想让儿子们分摊医药费用，但没人愿意拿出钱来。

与儿子们多次交涉无效后，侯找村干部调解，但依然无效，又找乡镇干部调解，仍然无效。乡镇干部建议其走法律渠道，村里亦为此开具了证明。于是，侯便将老二、老三、老五和老六四个儿子告上法庭。

法院判决生效后的头两个月，儿子们按照法定要求履行了义务，但随后不了了之，法院也没有下来检查或监督，侯千两再次陷入困境。

因为离水源地远，最困难的时候，侯千两连水都喝不上。他与老六住在同一个院子，老六则买了潜水泵从水源地抽水到自己的水缸里。他要借用老六的潜水泵抽水，老六不同意。有一次，他实在渴得不行，就到老六水缸里舀水喝，但被老六阻止。侯千两一气之下，拿石头将老六的水缸砸了。老六在愤怒之下，将侯千两的空水缸也砸了。无奈之下，侯只好雇人挑水，但总不及时。

对于农村老人来说，无论是疾病，还是养老，如果国家或集体不承担任何责任，他们在失去劳动能力后只能依靠子女。不过，依靠子女养老所需要的老人权威，则因市场社会的冲击和价值观念的变革，早已被极大地弱化。

支撑子女承担养老义务的伦理亦日渐式微。

在市场理性面前，孝道只是个好听的音符。当市场理性成为农民的思维方式后，一些年轻人反问："养儿防老是不错，但问题是，你把我养好了吗？你没养好我，害得我现在这么苦，负担这么重，我还能管你？"

更有甚者，一些中青年妇女表示，赡养公公婆婆仅是法律规定，而不是他们应尽的伦理义务。其理由是，"他们又不是我亲生父母，没生我，没养我，凭什么要我来养？我只对亲生父母有这个义务"。

法理却又力所不逮，正是如此酿成了侯的惨剧。

空间转换至江汉平原。

我调查时，一些妇女在老人的疾病治疗与自杀之间算账。她们举例说，如果老人60岁，疾病治疗需要花3万元，假若老人治好后，能活十年，每年能为家庭创收3000元，她们会考虑选择为老人治疗，如果每年创收低于3000元，又或者，治好后只能活一两年，那么，她们会考虑让老人放弃治疗。

如此，老人实际上只能独自面对市场。悖论在于，如果能够在市场上出卖劳动力以换取货币，从而维持自己的生存与生活，那么，客观上，他们就能够自养。然而，他们恰恰是市场中失去劳动能力的弱者，年迈之时，没有任何值钱的东西可以拿来在市场上交换。

四　自杀前夕，到处求助未果

侯千两一直在挣扎。

承秦高速的补偿款下来后，侯似乎看到了一线活下去的曙光。

然而，老六代领并占为己有的插曲，再次将其往死亡之路上推了一把。

即使如此，他仍未轻言放弃。

侯千两找到主要村干部反映情况。基于对此前诸种情况的了解，村干部知道即使调解，作用也未必会有，但还是去做了工作。结果当然在意料之中，几个儿子面对村干部的劝说，针插不入，水泼不进。

对于村级组织而言，除了磨嘴皮子，他们也拿不出更好的办法，在7万块钱面前，他们再如何动之以情，晓之以理，也只能是软绵绵的。

侯找到与自己平时合得来的老头何银。何银说，侯家几个儿子的工作他做不了，他只能保证，如果什么时候侯千两饿了，想要吃饭了，或想喝酒了，就可以上他家，作为老朋友，他只能帮这点忙。

侯在何银家吃了中饭，喝了酒，酒足饭饱后，躺在何银的炕上哭了好一会儿才走。

就在自杀前的晚上，侯千两又找到一名小学老师陈启。出于人道主义，陈启动了恻隐之心，留侯在家里吃完晚饭，并答应帮忙试试。送走泪眼婆娑的侯千两，陈启主动将老六叫到自己家里喝酒，并劝说他好好养老，至于承秦高速那笔钱，陈答应帮忙去做其他几个兄弟的工作。老六也表示，只要其他几个兄弟不要那笔钱，他答应好好养老。

老六亦诉说了侯千两的一些所谓不是，比如，他举例说，年轻时，侯千两从外面买回一些糖糕就躲着他们只顾自己吃，而不分给他们做儿子的吃。他直接批判侯在自己有能力的时候只顾自己，而不管他们。

五 自杀死后

侯千两在向陈启求助的第二天早上便自杀死亡。

据老六的妻子说，她一上午都没看到老头从房间出来，于是就叫孩子去看看他爷爷，结果，孩子推开门后便发现，侯已经死亡，桌上还有半瓶没喝完的农药。

何银听到消息后，亦去看了现场。他发现侯千两饭桌上放着三根油条、两个糖糕，其中一个糖糕还咬了一口，一瓶没喝完的农药亦摆在桌上，侯嘴里吐着白沫子，房间里弥漫着刺鼻的农药臭味。

何推测，糖糕只咬一口又放在桌上，肯定是侯心里难受吃不下。

侯死后，他的那些儿子，并没有因此而表现出愧疚感。在整个做丧事的过程中，他们六兄弟在公开场合，没有一个掉过一滴眼泪。

吊诡的是，此时的老五，却跳出来要报案。其理由是：他爹可能死于他杀。他推测应是老六两口子动手杀死的，目的就是谋财害命。

旁边众多亲朋将老五准备拨打电话报案的手机抢了过来，认为都是亲兄弟，不要如此生分，毕竟老人已经死了，姑且不论老人是如何死的，就算死于他杀，难道真的要将活着的亲弟弟送入监狱？

老六的儿子亦跪在老五面前，要求他五爹看在他做侄子的面子上放过他爹，并表示自己推门进去看时，其爷爷确实死于喝农药。

众亲朋之所以做老五的工作，并不是他们真的对老六有好感。他们推测老五并不是真的对父亲的死表示伤心，其实质还是想将老六拿走的修高速的那7万元补偿款分走一部分。

就在丧事刚结束时，村民正忙于闲谈，侯千两剩下的2.4亩地则被老大、老二、老三、老四和老五各自急不可耐地抢种瓜分了。

承秦高速在C村的通过，让他们明白了土地的重要性。

兜里还揣着侯千两7万元补偿款的老六及其妻子，亦跳出来准备抢种，并与另外五兄弟再次发生纠纷。另外五位见状则扬言，如果老六两口子有本事就去报案，刚好可以趁此将老头子的死拿出来说道说道。老六两口子只好作罢。

侯的自杀，对C村的老人冲击最大，他们担心自己哪一天也会走上这条路，并据此慨叹，人这一生，活着真不值。这让我想起江汉平原的老人，他们总结说，他们晚年有三个儿子可以依靠，一个叫绳儿子（上吊），一个叫药儿子（喝农药），一个叫水儿子（投水）。

我问村民，对于像老六这样的人，发生这样的事，是否会影响他与村民今后的交往。村民说，不会有多大影响，老人自杀刚死时，大家私下还会议论一下。人已入土，一切如旧。“毕竟死的是他们自己的爹，关我们什么事呢？该来往的，还是照常来往。”村民说。

村民认为，如今社会不一样了，只要有钱，很多事都好解决。如建房子，可以直接承包，不像以前需要帮工。又如红白喜事，越来越往一条龙服务的方向发展，给钱就可以了，比以前还省事，谁也不欠谁，谁又能孤立谁呢？

六 余音

侯千两的亲家母——杜荣，也即老六的丈母娘，对侯的死发表了她的看法。

杜荣认为侯成天去找村里，找乡里，好像多大能耐似的，惹得儿子和媳妇们气不过，故意想治他。她说，开始时，鉴于侯生活无法自理，就商量五个儿子轮养（老大除外），结果，在第一家即老二家，吃了不到五天，侯就不去了，因为老二媳妇除了骂他以外，天天都给侯吃稀饭。

而对于女婿不养侯千两，杜荣解释说，女婿负担很重，赚钱能力不行，养家糊口不容易。

这倒让我想起C村另外2位老人的自杀。

一位叫董江洪的男子，2009年，在他64岁时喝农药自杀死亡。董家庭贫困，大儿子要结婚，因房子破旧，女方要求必须盖新房子。在董到处向亲朋借债将房子建起来后，女方又提出必须装修，而董已完全无能为力，还有那高额彩礼，更不知从何而来。眼看婚事将要告吹，其大儿子焦急忙乱之中，与董发生争吵，董认为是自己无能拖累了儿子，一气之下，喝药自杀。

冯桂芬，2008年在她60岁时喝药自杀死亡。她到自家梨树地里摘梨，从梨树上摔下，震荡了脑部，且腿落下了残疾，她想到儿子还没结婚，治病需要花太多钱，且儿子会因为给她治病花钱而结不起婚，因此，喝农药自杀死亡，以免拖累儿子。

由此看来，也许侯的亲家母杜荣所做的解释有些道理。然而，诸如建房、养子、教育、结婚等高消费作为重担压在普通农民身上时，作为市场社会中的弱者，他们亦有可能迫不得已地将之转嫁给更弱者，如他们业已失能且无法创造经济利益的年迈父母，对于最底层的失能老人来说，他们唯有自杀来承接子代转嫁给他们的社会压力。

即将离开 C 村时，我在一位 80 岁高龄老人的陪同下，来到他的一名在解放军南下战斗中牺牲的烈士哥哥坟前祭奠。因与他谈起死亡，就顺便问他是否相信鬼神。

他说，他是个唯物主义者，只信科学。

这又让我想起在江汉平原调查老人自杀时的遭遇。一位老年妇女对我们的调查者说，如果真有鬼神存在，她要化成厉鬼，把她儿媳妇搞死，然而，她不相信有鬼神存在。就在接受我们的调查员访谈三天后，她在家里喝药自杀身亡。

七　幕落

调查结束，离开 C 村时，我再次仰头望了一眼远处的野长城。

烽火台的斑驳古迹，依稀可见，连绵起伏，亘古未变。

长城脚下的 C 村，人心浮动。

人心，既是最大的政治，也是最大的社会。

（出于学术伦理，文中人名、地名均做了技术处理）

（撰于 2013 年）

十五封留守儿童给父母的信

留守儿童的另一问题就是他们缺乏父母之爱，家庭教育对于他们而言是断层的，突出的表现就是孩子们对在外务工父母的无尽思念，他们渴望父爱和母爱，但他们得不到，因此，他们会将这种受伤的感情以特别的方式进行表达，以2008年秋季学期的期末考试为例，其中小学四年级学生的语文作文题是：给爸爸或妈妈的一封信。留守在家的孩子在试卷上表达了他们的心声。

留守儿童，众多村民认为这是令他们最头疼的一个问题，同时，这也是令学校最头疼的一个问题，鸣村小学的校长说，他们工作的最大困难就是留守儿童的问题，尽管他们采取了一系列的应对留守儿童的措施，但是效果始终不理想。而对于在外务工的父母来说，令他们最头疼的也是留守在家里的孩子的教育的问题。

鸣村小学校长说，他们真正感觉到留守儿童成为一个大问题是在2002年，2006年绥阳县教育局亦开始重视这一问题，并要求学校想办法采取相关措施，同时，要求各学校每一学期开学初要统计留守儿童的人数并进行上报。以鸣村小学为例，2008年春季学期开学初时的统计情况是，全校一共211个学生，其中留守儿童一共有148人，春季学期统计数据时将父母只有一方在家的也计算为留守儿童。2008年秋季学期开学之初，学校改变统计办法，只将父母双方全部外出务工的孩子统计为留守儿童，同时，由于部分家长因受金融危机影响返乡，留守儿童暂时有所减少，211名学生中留守儿童数为

78 人，此外，还有 131 名本应在鸣村小学就学却因为各种情况（其中父母外出务工是最主要原因）而在外地就读的儿童。2007 年统计时，鸣村小学留守儿童一共有 118 人，校长说，最多的一次是 2006 年的第二个学期，一共有 181 名留守儿童。校长说，最直观的感受莫过于开家长会的时候，“来开家长会的家长大部分都是拄着拐杖的”。

留守儿童的教育主要在于祖父母对他们的溺爱，以做家庭作业为例，校长说，如果年轻的家长在家的话可以进行辅导，当小孩玩性重时可以严格督促，但祖父母不行，限于知识水平，年迈的祖父母一般不能对小孩的课程进行辅导，这对低年级学生影响尤其明显，因为一般而言，如果没有家长在旁边辅导，他们最大的困难便是不能看懂题意，因此，尽管布置了家庭作业并再三交代意思，但一到家很多孩子便忘光了。而对于那些不认真学习的孩子，祖父母的态度一般是只要孩子不出事，喜欢玩就会让他们玩。

留守儿童的另一问题就是他们缺乏父母之爱，家庭教育对于他们而言是断层的，突出的表现就是孩子们对在外务工父母的无尽思念，他们渴望父爱和母爱，但他们得不到，因此，他们会将这种受伤的感情以特别的方式进行表达，以 2008 年秋季学期的期末考试为例，其中小学四年级学生的语文作文题是：给爸爸或妈妈的一封信。留守在家的孩子在试卷上表达了他们的心声，全部照录如下，其中括号中为笔者所作注释。

信 1 敬爱的爸爸：您好！爸爸，女儿好想您。巴不得让您马上回来，但是您要在外面打工，挣钱供我读书。爸爸，您放心的工作吧！女儿虽然原来不懂事，但现在我长大了，有出息了，能帮爷爷奶奶干活了。爸爸我要问您：“您的老毛病还在犯吗？要是在犯就去医院检察（查），我想您不会反对的，拿点药就拿点，花点钱就行了，怕什么怕，重要的是要安全，不要出事，出了事，女儿就非常担心您。”爸爸，您寄回来的好多信我都看过了，其中有一部分是：

春雨，你现在懂事了吗？能帮爷爷奶奶干活了吗？其实，爸爸我早就懂事了，早就已经在帮爷爷奶奶干活了。爸爸，我希望您快点回来，这样您就能每天陪我玩。祝工作顺利，身体健康。您的乖女儿小贤 2009 年 1 月 5 日。

信 2 敬爱的爸爸：您好，您身体好吗？工作还顺利吧！女儿好想您哇！快过新年了您什么时候回来呀？难道您不想我吗？我现在学习成绩不是很好，您不会责（怪）我吧！您放心从此时此刻起我要好好学习，快考试了我感觉一点也不紧张。可我现在就是想把成绩提高起来。我现在生活很好，妈妈每一次上（赶）集都要给我买东西回来。在家里我是很恨他（她）的一回家有时叫他（她）做作业他（她）都会骂我。就写到这吧！下次再写给您。祝身体健康，笑口常口（开）。乖女儿：小艳 2009 年 1 月 5 日。

信 3 亲爱的妈妈：您好。您最近身体好吗？我和姐姐都非常想您，您什么时候回来呀！您在电话里说，您非常想回来，您要回来就回来吧。您在广东打工注意点，每天吃有营养的东西，我想您肯定在那里吃得一点也不好吧，可是，如果您不吃有营养的东西，会非常累的。虾和鱼要多吃点，而且还要吃一些维生素 C，您回家来的时候也要注意一点，看着点自己的东西，防止被小偷偷去。我在家里很乖，学习成绩也比较好，就是觉得拼音有点难。我会在家里听爷爷的话的，您就不用担心我们了，您要注意您的身体啊！。忘了，爸爸也在外面，您要替我照顾他，希望您和爸爸早点回来，我等着您和爸爸。祝身体健康。

信 4 亲爱的妈妈：您好 近来身体好吗？生活愉快吗？工作顺利吗？妈妈我有很多话对您说：最近我的学习下降了很多，是为什么呢？我是不是上课没有专心呢？我经常爱搞小动作，又喜欢讲话，妈妈这些老毛病我一定会改正的，将来我一定要做一名优秀的一名学生，妈妈我一定不会让你失望的，我相信我一定能做到的，到了半期考试我总是做不起，妈妈你说我该怎么半（办），妈妈说：不要谎（慌），要慢慢思考。听妈妈的没有错，做完了在（再）要检查一片（遍），看有没有错的地方，如果有错的地方，在（再）改写一片（遍），也不要看别人的，要慢慢的（地）思考。祝身体健康。您的乖儿子：汤海。2009年1月5日。

信5 亲爱的妈妈：您好！您的身体好吗？您走了半年我们在家里过得很好。爸爸说今年等您回来才杀猪那头猪很大，可能有四百斤了。爸爸可会养了。您快回来吧！我们都想您，您一定要关心身体。如果您要回来就给我们打一个电话，如果你不回来也要给我打电话。我们才放心。对了爸爸这几个星期在五爷爷家干活爸爸，身体也不太好常常不舒服。家里很好说说我吧！我的成绩，数学可以，语文可以，您放心吧！家里一切都好。祝工作顺利，笑口常开。女儿玉儿　2008（2009）年1月5日。

信6 亲爱的妈妈：您好您的儿子在家里认真完成作业，听爷爷奶奶的话，晚上9点准时睡觉。妈妈我听了您的话多穿衣服，现在我再也没有感冒。妈妈您在那里的生活好吗？冬天快要来了，您要多穿一些衣服啊！我们这里在下雪了，您（你）们那里在下吗？您好多保重自己的身体。妈妈您的工作顺利吗？吃得好吗？穿得好吗？我希望你吃得好穿得好，您不用省吃减（俭）用的，因为我希望你不要瘦了。您在那里的活累吗？如果累了就什么事也不忙做，先休息是重要的，不要把自己累坏了。祝工作顺利、万事如意　您的乖儿子小伟　2009年1月5日。

信7 敬爱的爸爸：您好！您的身体还好吧！胃病还好吧！工作顺利吗？我的成绩非常不好，我估计期末考试成绩会很不好，因为我的成绩是越来越差。我每次考试的成绩都上不到80分，我每次考试的成绩为什么都是60分呢？到底是为什么呢？您能帮我解开这个问题吗？您不是说：只要谁得到一张奖状就给20元钱；姐姐们得一张奖状您就给50元钱，对吗？我们的生活非常的美好，对了奶奶快没有钱拿给姐姐们了。弟弟不在（再）打我，姐姐也不欺负我了，只是弟弟还是有点不听话，好了我们就说到这儿。祝身体健康，工作顺利　乖女儿　小民　2009年1月5日。

信 8 敬爱的爸爸：您好 爸爸工作还顺利吧！要保护自己的身体。我现在很想念您！爸爸你工作还顺利吧！现在工作加班吗？如果加班您要多休息，不要睡觉都想着工作，这样对身体很不好。记住要保护自己的身体。不要随便吃点东西，记住要多吃点肉和蔬菜，不要记（尽）吃些没有饮（营）养的东西。现在天冷了，记住要多加衣服，如果没有保柔（暖）的衣服，就去买一件保柔（暖）的衣服。我现在好想好想您呀，爸爸。我告诉您，现在弟弟没有以前那样讨厌了。现现（在）只有您没有好好的（地）照顾自己了。爸爸我想让您好好的（地）照顾自己。爸爸我希望您能够保护自己！祝爸爸工作愉快。2009 年 1 月 5 日。您的女儿小城。

信 9 敬爱的爸爸：您好 爸爸，最近您的身体还好吗？天气越来越冷了，您要多穿点衣服啊！工作还算顺利吧！自己（从）您走了之后，我在家里很听话。每天放学回来还要打一背（篓）猪草，才能吃饭。虽然奶奶对我的要求严格，但我觉得应该多做点事。现在我已经是四年级的小学生了，不再是以前的小辉了。妈妈还是很关心我的。有一次，我放牛，在一旁看书，牛一下子冲过来了，妈妈奋不顾身的把我从牛角下拉了过来。那时我就已经觉得妈妈是很爱我的。至于我的学习，语文比数学好一点，几次考了高分，但期末不知怎么的，成绩一下子降了许多。但没关系的我专心学习就是了。数学总是考不好，您好（说）我怎么办呢？您能帮我渡过难关吗？敬祝身体健康。2009 年 1 月五（5）日。您的儿子小辉。

信 10 亲爱的妈妈：您好！您最近过得好吗？我非常想念您，您什么时候回来，您在那里一定很辛苦吧！一定要保重身体，什么都不重要，身体才是最重要的，您做什么事总是坚持不懈，那样会对身体不好的。您的工作顺利吗？睡觉要盖好被子。您不用担心我的学习。我今年考试考得不是很好，请您不要担心我的学习，我一定会努力学习的，我晴天的时候放学我就帮外婆砍柴，下雨的时候就在家里做作业。请您不要担心我。如果想念我的时候，就可以跟我打电话。祝工作顺利、身体健康。女儿小梅 2008（2009）年 1

月5日。

信11 敬爱的爸爸：您好！近来工作顺利吗？您的身体好吗？出门在外一定要注意安全。爸爸，您不要担心家里的生活，因为我们现在的生活比去年好多了，起床时打开窗户能呼吸新鲜空气，窗外的竹叶多，起床背课文记忆力好，精神充足，学习就轻松了。但还是得继续这样坚持下去，这样学习就能很快进步。对了，爸爸，过不了几天，我们就要期末考试了，我一定要努力复习，为您取得好成绩。爸爸，再见了，下次再说。祝工作顺利，身体健康。2009年1月5日 您的女儿：小秋。

信12 敬爱的爸爸：您好，您最近身体可好？在外有没有想我们，听妈妈说您生病了，还在外不停地干，您该休息就休息把身体养好了再干。家里钱够用，我们成绩您也不用担心，我还是原来那样。对了您在外住不好，吃不好就回来，不要受那份罪，奶奶说了找不到钱可别把身体累坏，身体最重要。您还是对我们成绩不心心（放心）对吗？因为你认为我们的成绩再（在）下降，不是的话就是妈妈对你说我的成绩不好。您放一百个心，我一定会提高成绩，超过我原来的成绩。爸爸您回来帮一下姐姐，她的成绩也在下降，这次期末考试最多得了四十几分，您不再（在）家，妈妈也对我们不严厉，不骂我们不做作业，我看电视妈妈也不管，还跟我们一起看电视。只有我们一天都看电视妈妈只管一下，就行了。不骂我们对我们温和，希望您挣大钱。祝身体强壮，快快乐乐。您的乖儿子小腾 2009年1月5日。

信13 新（亲）爱的妈妈：您好，妈妈您在那里习贯（惯）吧！我在家很听话，每天都起来的也很早。只（只要）一起来我就干活，每天吃饭吃的（得）很晚，可是我走路也走的（得）很快，就怕迟到了。妈妈您在那里是不是吃饭的（得）很晚，是不是也迟到过。我现在的语文还可以，数学就很差了，有很多数学问题回答不起。需要您指教，如果您不回来的话，我就把题写在上面，您就给我讲方法，不要讲答案。如果您也做不起的话，那您就请教爸爸，爸爸还有可能做的（得）起。因为我的数学成绩不好，请您不要悲伤，但我还是能努力加油的，但我不能骄傲。祝身体健康，笑口常开。您女儿小玉 2009 年 1 月 5 日。

信 14 亲爱的妈妈：您好。您现在身体好吗？如果不好，就不要在（再）往家里寄钱啦！您要多注意自己的身体，您可别忘了您的身体可不是铁的。现在您的工作顺利吗？如果不顺利，就回来过年吧！妈妈您要回来吗？如果您要回来，就打个电话来吧！我想问您爸爸还有没有在抽烟喝酒？如果有，就要让爸爸尽量少抽少喝。因为吃多了会对身体有害。所以要少抽少喝。家里一切都好，我和姐姐的学习都还不错。我想问您今年过年的前一天是什么日子，过年的那天是什么日子。我告诉您吧！前一天是爸爸的生日，过年的那天是我的生日，我对不起您。因为我不知道您的生日。我很想念您，今年要回来吗？祝身体健康，笑口常开。乖乖儿：小欢 2009 年 1 月 5 日。

信 15 亲爱的妈妈：您好。您在外面工作顺利吗？我在家 8 点钟睡觉，您在外面放心把（吧）！妈妈，家里的（确）有点穷，您寄 100 元回来，姐姐的自行车买得起了，剩下的钱来买衣服。妈妈家里杀了一头大肥猪，我希望妈妈早点回来，能吃上一块肉。祝身体健康，工作顺利。

（撰于 2009 年）

政治

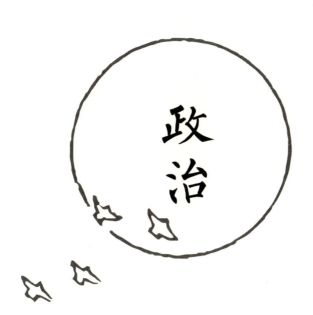

一个乡村妇女的故事*

在如何处理朱莉叶求援的事情上，有关各方显然缺乏有效手段，更谈不上解决机制。这种处理人民内部“小事”的乏力与无方最终在互动中逐步将公权力也绑架进来了。因此，被求援者最终戏剧性地却又有几分必然地成为求援者的被告对象。

朱莉叶，女，现年70岁，一位执着的上访者。从2004年开始第一次上访，一直持续至今。

在乡村场域的语境中，她是一位地道的“神经病人”。

朱莉叶作为“神经病人”的社会身份，在村落里至少是成立的，尽管到目前为止，仍没有权威渠道确定她的“神经病人”的医学身份。

驻村调查近一个月，在她所在的村以及附近两个村，我们接触到的人都表示，她是一个“神经病”。当我们提出要面对面地与朱莉叶访谈一个上午时，包括村干部在内的很多人都觉得不可思议，他们的眼神似乎在问：你们居然找一个“神经病人”访谈，你们的“神经”是否也出了问题？

在和朱莉叶的一次访谈中，朱对我们说，她丈夫以及她的三个儿子和儿媳也都认为她是个“神经病”。幺儿子和幺儿媳还以替她治风湿病为由将她带到医院检查。当她得知是检查神经病时，她笑着讥讽幺儿媳，平时不管她，此时却愿意花钱给她看病，才是真的有神经病。

---

* 与魏程琳合作。按照学术惯例，文中人物为化名。

一 报警及与警察产生纠纷

朱莉叶进入我们的视野，始于2013年7月我们到江南省湖西市江洲乡派出所的一次调查。

所长介绍说，朱莉叶是该所近年来唯一一例涉警上访案例。

在当前的上访研究谱系中，大多属于涉法涉诉部分的研究，涉警上访方面的研究相对较少。

2012年4月8日，朱莉叶打电话到江洲乡派出所报警，说是自己的金耳环、金项链和玉手镯被盗。接电话的是警察小王，朱要求派出所所长亲自下来处理。所长说，他正在外面处理案子，实在脱不开身，问朱莉叶能否缓几天。

朱并非第一次为家里失窃之事报警，她从2004年起就开始向江洲乡派出所不断报案。

因此，朱此前与所长有过多次照面。对于所长的话，她无法判断真假，只好作罢，但要求其他警察必须到场。

警察小王和村治保主任一起到朱莉叶家察看了现场，东头的门确实撬坏了，从家里的场景来看确有失窃的可能。

一个星期后，朱莉叶来到派出所，她找到所长问东西是否找到以及人抓到了没有。所长解释办案有个过程，并戏言，要不请朱把人抓来。

朱则反唇相讥，如果她能抓到人，要警察干什么？

半个月后，朱再次来到派出所询问，并十分气愤。她认为派出所办案拖拉，敷衍她。

没有得到理想的结果，她就待在派出所门口不走。

派出所民警老曹问她又来干什么，她不接腔，装作没听见。

老曹就嘟囔了一句“滚”。

朱听后非常气愤，并质问老曹凭什么要她滚。

她说，这派出所是共产党盖的，不是老曹私人的，她是到共产党的派出所来办事的，不是到老曹私人家里办事，老曹没有权力叫她滚。

朱的质问很有趣，其背后反映了普通人对中国共产党的认同，以及要求党的干部为民办事的理直气壮。显然，即使是乡村场域中所“建构”抑或“真实”的一个“神经病人”，也善于运用国家的意识形态话语为自己说话。

因为朱莉叶此前长时间的上访和不断找派出所报案，老曹与派出所的同事心里其实都憋着一股火。朱的质问，让曹一时竟无言以对，便索性粗鲁起来，大吼：“你给老子滚，你滚不滚?”朱回应说：“我硬是不滚。”

曹的粗鲁同样是由于他对朱作为一个“神经病人”的认定。

于是，他的粗鲁加码：“你妈的个×，一个神经病。”

这激怒了朱，她上前与之理论，被曹“推了一下”左肩。

这个在曹眼里的“推了一下”的动作，在朱的说法里是“打了一掌”。

究竟是“推了一下”还是“打了一掌”，是很模糊的，而这种模糊为纠纷发生的双方提供了各自的解读理据。

一般来说，上访者之所以上访，大体上总还是“权利”多少受到侵害。但并非所有“权利”遭到侵害都会引起上访，两者没有必然关系。即使如朱莉叶这样一个在几乎所有人看来都是“神经病人”的上访者，也是在她的“权利”受到警察老曹的“侵害”后，在与整个派出所的互动中发生的。

老曹“推”的时候，所长刚好出来看到，朱莉叶对所长寄予了“厚望”，要求所长证实老曹“打”了她，并要替她“出气”。

让朱的“神经”受到强烈刺激的是，所长说没有看到。

在派出所，这一刻，朱近乎“绝望”。于是，她想到了上访。

二　涉警上访

朱首先到县城的法医鉴定中心做了鉴定，花了400元，但没有验出什么伤情。

朱将法医鉴定结果作为证据。先是带着这份“证据”返回派出所，要求派出所赔偿她到县城的路费和鉴定费。

派出所无人搭理她，于是，她找到乡里，先是找书记，书记要她找分管的副乡长，副乡长要她找主管的综治办主任，综治办主任不断跟她说好话，很亲热地姨妈长姨妈短跟她做工作以安抚她。但在朱看来，好话一箩筐，并没有什么实质作用，不过，她觉得综治办主任的“敷衍技术”让她舒服很多。

在得不到有效解决的情况下，朱莉叶开始了上访。

上访的诉求很简单，一共三条：一是要求老曹赔偿她400元法医鉴定费和往返县城的100元路费；二是要让有关方面都知道有个叫曹××的警察打了她；三是有关方面应该对曹进行教育，以帮她出气。

上访的第一站是县公安局。

第一道阻力便是门卫，将她拦在外面，不让她进。

这让她很恼火，她大声质问，这是你门卫个人的公安局吗？这是人民的公安局，你凭什么不让人民进去？她说，她又没有背炸药，她进去是办事，不是要炸公安局。

朱的意志和毅力以及她援引的宏大话语，让她成功进门，但上访仍然未果。

此后的一个月，她天天往县城和市里跑。

她显然没有再计算她每天跑的路费和误工，甚至问题得不到解决所带来的身心疲惫的成本。因为，这一成本远高于她要的500元。这也说明，她不纯粹是为了钱。“出气”似乎是挑拨她“神经”的更为重要的考量，而这种“执拗”进一步加深了人们对于她作为一个“神经病人”的界定。反过来说，“神经病人”的社会身份又更加无助于她的问题得到解决。她的任何真话，在没有铁的证据面前，都很容易被人们当成胡话和笑话。

法医鉴定的结果，让朱莉叶明白一个道理，即她的“维权”仅能从上访这一特殊的途径中得到满足，而解决的可能性又取决于她不断地重复上访的坚持程度。

除了县公安局外，朱莉叶陆续到过县信访局、县政府、县检察院、县法院。在没有实质性进展的情况下，她又上访到了市检察院、市纪委、市信访局、市人大、市公安局。在市一级的上访，结果基本上都是让她回县里找相关部门解决问题，而在县里的上访，则基本上都是让她回到乡里解决问题。

然而，正是因为乡里“无法”解决她的问题，她才会到县里和市里上访。

吊诡的是，导因于维稳的“神经”，县、乡两级对此均感受到了巨大的“压力”，他们甚至将朱莉叶纳入“特护期”中的重点包保稳控对象之一。

三　家庭纠纷

应该说，涉警上访的发生，是朱莉叶的访中访，既是偶然，也是必然。

朱莉叶说她是个苦命的孤儿。

八个月丧母，十岁丧父，十一岁丧祖母，此后，朱莉叶跟随一个出嫁了的姑妈生活。

或许，童年安全感的缺乏，为其在花甲之年后迈向上访之路埋下了种子。

个人安全感的缺乏，有时与对社会安全感的缺乏可能是同步的，寻找一种确定性成为人们克服不安全感的日常生活实践。

朱莉叶在姑妈所在的村子长大，并与该村一位民办教师恋爱结婚。刚结婚时，她十分勤劳本分，她丈夫的主要精力是教书，而她承担了大部分家务与农活，并生育了三儿一女。

这些后来都构成朱莉叶针对丈夫上访的苦难诉说材料。

步入中年后，村民发现，朱莉叶的精神开始间歇性地有问题。

有三个指标，基本反映了朱的不正常状态。一是在与人争吵后，朱会缠上人家，陷入无休止的争吵中，直到别人见到她就躲起来；二是她开始偷东西，而且是喜欢偷小东西，如村民家里的瓜果，集市上的鱼；三是生活中有不检点的嫌疑。

这三个指标，让朱的丈夫如芒刺在背。夫妻俩因此陷入冷战与热战相结合的漫长过程中。

2003 年，朱的丈夫退休，因为早期转成了公办教师，退休后，她丈夫有一笔退休工资，到目前为止，每月约有 3000 元。

在朱看来，这是一笔不小的钱。

朱的三个儿子均在市区买了房子，且生活条件相当优越，女儿远嫁广东，生活条件同样很好，孙子亦已成家立业，且也有很好的条件。因此，她判断，丈夫的钱既然不给她，又不可能给子女，就有可能给别人，这个别人最有可能是外面的女人。

这个判断让她抓狂。

最早的时候，朱发现家里的一个垃圾桶不见了，她怀疑是丈夫偷给了情妇。

于是，夫妻俩大吵，她丈夫觉得莫名其妙，并对她大打出手。结果是，夫妻在同一个屋檐下，各自生活。

但夫妻分家的结果更加让朱怀疑丈夫偷家里东西给别的女人，无论她丈夫如何解释，她都认为是狡辩，并更加相信自己的判断。

朱自己的生活作风更为“放荡”，但她以为是“秘密”，实际上，在邻近几个村都传为笑谈，她被远近村民讥讽为“每周一哥”，而这些“哥”大都是村里的老光棍，他们每次给朱支付数额不等的微薄费用。

2004 年初，朱发现又丢了一个垃圾桶，她报警，并怀疑是她丈夫偷的。

后来，她又发现自己要做衣服的一块布不见了，这让她“千真万确”地“判定”是她丈夫偷了给了别的女人，她再次报警。

然而，警察不可能因为一个女人打电话报警说她丈夫偷了家里的垃圾桶或者一块布就出警，因为这在正常人听起来会觉得滑稽。可是，在朱看来，她的垃圾桶和她的布是天大的事，她将自己等同于人民，认为人民的事，不管多小的事，人民警察都理应管管。

显然，朱对一个全能型政权乃至政党的期待，与现实无法完全吻合，这种张力，因为她的“神经”问题而被放大到了极致。

四　涉夫上访

因为一些稀奇古怪的事情，朱的丈夫与她的儿子媳妇们对她都无法忍受，儿子媳妇们认为她给他们丢了脸，她丈夫最后搬到儿子那里住。

这一举动，让朱莉叶更加“坐实”了她丈夫在外面有女人的“想象”，而且，她坚定了丈夫和子女都不管她的判断。因而，她开始找丈夫要“工资”，她说她早年含辛茹苦帮他生养四个子女，且承担了几乎所有家务和农活，现在老了，丈夫有退休工资了，理当管她。但朱的丈夫认为自己的钱要养儿子和孙子，这让朱觉得很搞笑。

一个要，一个不给。

于是，朱莉叶开始了漫长的上访之路。

她先给乡里派出所不断打电话报案，要求他们处理她丈夫，理由就是自己的东西被她丈夫偷了给别的女人了，这些东西，主要是垃圾桶、布以及一些日常生活用品。派出所开始还派警察下来察看，但通过从村民以及村干部那里了解，他们认为这个“神经病人”的话无法确信。

面对派出所的“消极态度”，朱开始到派出所上访。

派出所告诉她，上访要到乡里去找综治办。于是，朱便不断到综治办上访。

对于朱提出的很多啼笑皆非的诉求，综治办当然无法满足。

朱便开始找乡里的书记和乡长以及分管业务的副乡长。刚开始时，他们都能耐心接待，并做她的思想工作，但渐渐无法忍受。

乡里亦曾派人会同村干部到朱莉叶家里进行调解，但是，朱的丈夫无法接受调解。他说，她就是个神经病，你们也信她的？

乡里建议，如果朱想找丈夫要钱的话，朱可以走法律诉讼渠道，他们告诉她，上访无法解决她的问题。

关键在于，她不仅要丈夫给她钱，而且还要求政府出面解决她丈夫在外面“有女人”的问题，她要求政府惩罚她丈夫，帮她出气。

所以，乡里的态度让朱莉叶很诧异，也很不满，她认为政府不可能解决不了她的问题，分明是被她丈夫收买了，不想帮她解决问题。

在乡里僵持不下后，她便开始到县里上访，在县信访局、县教育局、县公安局、县委、县政府、县妇联等单位跑了几圈后，县里找乡里了解情况，乡里如实进行汇报，开始时还为了让县里确信朱莉叶是一个“神经病人”，带着朱的儿子一起到县里接访。

县里也逐渐对她“疲惫”了。

朱的丈夫和儿子们，更加忍无可忍，认为朱的作为，让他们在全县都颜面扫地。朱的丈夫要求和她离婚。乡里的领导亦建议朱可以与她丈夫离婚。

但朱表示，现在在还没有离婚的情况下，她丈夫都不管她，且在外面还有女人，如果离婚了，她丈夫就更加不会管她了，也就彻底会跟“野花”好上了。她认为她不干这种傻事，她说，只要她不和丈夫离婚，她丈夫就得管她，“野花”也就始终是“野花”，总有一天会被风吹走的。

在朱看来，县、乡两级都“坏”透了，竟然不管她的问题。

她相信，往上走，总有个说理的地方。

于是，她便开始到市里上访。

从市信访局开始，她走遍了市政府、市教委、市法院、市公安局、市妇联等部门。市教委说她丈夫已经退休了，无法管他的事，她很纳闷，她认为退休了也是教育战线上的退休职工，作为主管单位怎么就管不了呢？其他部门基本上都是批转到县里，县里再批转到乡里。但市妇联的领导到她家察看了情况，并叫来她丈夫，对双方进行调解，尽管问题没有解决，但市妇联的领导给她送了100元慰问金和1个水杯。

市妇联的“善举”让她相信自己上访是对的，更加坚定了她往市里跑的信念。

朱莉叶长期往市里上访，让市里很“疲惫”，市里不断批转到县里，让县里“压力”很大，县里不断批转到乡里，让乡里“愁死了”。

在不断上访后，经县法院调解，从2005年开始，朱的丈夫答应每月给她300元生活费。

到2009年时，朱认为丈夫兑现不及时且赖账，于是继续上访追加讨要，并提出要像粮食直补一样直接打在她卡上以留证据。后经县、乡调解，朱的丈夫答应标准上浮且打卡，后来，标准上浮到400元每月，但打卡支付的承诺实际没有兑现。

因此，朱继续上访。

伴随着朱莉叶不断臆想着丈夫偷了她的东西，她的诉求亦不断追加。

她现在要求：一是丈夫给她的生活费要上浮到500元每月且每半年结算一次，要求钱直接打到卡里；二是她丈夫躲着不见她，她要求政府帮她把丈夫找回来；三是要求她丈夫回来后写一个保证书，内容写“凡是朱莉叶家里的东西丢了，都保证是丈夫×××偷的”，并要求乡村干部在保证书上签字公证。

与此同时，因为频繁臆想失窃，频繁报案，派出所不胜其烦，于是才有了本文开篇时与派出所警察老曹冲突的故事。

由此，从2012年开始，朱莉叶增加了针对江洲乡派出所警察老曹的上访。

五　其他

目前来看，朱的诉求显然是公权力无法解决的。因此，朱莉叶的上访仍会持续。

朱莉叶的上访也许是一个极端的个案，但恰恰如此，它才具有韦伯意义上的理想类型的深度。因此，朱莉叶上访案例本身就具有理解当前农民上访的方法论意义。

我们很难说朱莉叶的上访不是在维权，尤其是在她上访后期。但我们也分明能够看到，她的上访并非维权那么简单。而当前学界在上访问题研究上却主要且普遍地停留于对维权的想象。

不得不说的是，朱莉叶上访之初并没有任何针对公权力的意图。其初期上访的动力机制实质上是家庭内部纠纷的延伸，其真实含义是求援。如果我们硬要以一种类型以名之，或许可以叫作求援型上访，其背后反映的实际上是一个再普通不过的家庭纠纷问题。

然而，在如何处理朱莉叶求援的事情上，有关各方显然缺乏有效手段，更谈不上解决机制。这种处理人民内部“小事”的乏力与无方最终在互动中逐步将公权力也绑架进来。因此，被求援者最终戏剧性地却又有几分必然地成为求援者的被告对象。

要想解决这种问题，我们要做的事情其实还非常艰巨。那就是，在公权力与普罗大众之间应该构建一个清晰的合理的边界。当务之急，也许可以做两件事：其一，公权力本身需要受教育，它必须明白，面对如此纷繁复杂的镶嵌在社会结构中的无数个体，它无法做到全知全能；其二，公民或者说群众同样需要受教育，他们也必须明白，公权力还真不是全知全能的上帝，公民或者说群众自己也不是幼稚的小孩，他们自己应该去探索自己日常琐事的解决之道。

当然，朱莉叶因其特殊的“神经病人”的特质，恰好放大了边界不清晰所带来的巨大张力。但也正是因此，其上访故事才显得十分有意义。

（撰于 2013 年）

村庄政治分层：理解“富人治村”的视角

——基于浙江甬村的政治社会学分析*

“富人治村”并没有如一些学者所想象的那样推进了基层民主的快速发展。相反，在村庄政治分层的背景下，大多数村民被动地退出了村庄政治，他们在村庄政治舞台上普遍失语，基层民主呈现萎缩的态势。村庄从治理到发展的转型以及村庄的经济分层则形塑了村庄政治分层。村庄内外形成的只有富人才能带领村庄经济发展的话语，实质上转换成了只有富人才有资格参与村庄政治的话语。这种话语体系的建构固化和维系了村庄政治分层的合法性，从而也就固化了“富人治村”的合法性及富人权威的合法性。

一　问题的提出

2009 年 9 ~ 10 月，我们在浙江宁波农村调查时发现，“富人治村”在当地成为一种普遍现象。另外，浙江省民政厅统计显示，目前浙江全省三分之二以上的行政村由企业家、工商户、养殖户等先富起来的人担任村委会主任或村党支部书记。华中科技大学中国乡村治理研究中心在其他省份农村的调查也发现，“富人治村”有成为

---

* 与桂华合作。

全国趋势的可能。① “富人治村”也被称作“能人治村”②，目前关于这一现象的研究主要有三种视角。

一是权力结构－民主理念视角。仝志辉和贺雪峰从权力的人格化角度将村民区分为体制精英、非体制精英、普通村民（仝志辉、贺雪峰，2002：158）。吴毅分析了体制精英以外的村庄“政治人”的公共参与和公共意识，认为“在市场经济中崛起的经济大户，尤其是那些勤劳致富，既富又仁的大户，也在公共参与中占有重要的地位”（吴毅，1998：97）。他们的研究对于村庄政治中的权力结构与基层民主的运作状态均有独到的分析，特别是对权力构成与政治演绎过程的分析具有重要意义，但这类研究对于富人是如何利用自己的经济资源参与政治并影响村庄政治形态，却有待进一步的深入探讨。徐勇则认为能人治理促成了社区经济社会的迅速发展，能人治理下的社区有可能比其他社区更快地实现向法治型治理模式的转换（徐勇，1996）。我们认为，在村民自治话语的主导下和民主关怀的影响下，这种分析有走向以理论的自我建构替代实证研究的可能。

二是“村庄治理”的视角。这种视角主要把农村经济能人的崛起和政治参与作为村民自治的重要变量，并由此来分析村庄治理结构和过程的变化，阐释当下中国农村经济能人治村的优点和缺陷，揭示能人治理模式的特点和运行机制。卢福营认为个体私营企业主通过多种途径和方式，积极参与村庄领袖的竞选，表现为一种基于社会理性和经营理念的政治行为。投资增值成为村庄治理的主要目标，利益导控成为村庄治理的主导原则，务实理性成为村庄治理的重要策略（卢福营，2006：Ⅱ）。戴冰洁借鉴了卢福营所倡导的村庄

---

① 在湖北省大冶市和江西省金溪县农村，自2003年以来，新加入共产党的成员一般是比较富裕的村民，同时有越来越多的富人担任村级组织要职（刘燕舞，2009a，2009b，2010）。

② 本文所探讨的“富人治村”主要指东部发达地区农村，具有企业主性质的富裕村民担任村支书和村主任治理村庄的现象。

治理框架，分析了“富人治村”的基础及其利弊（戴冰洁，2007）。应该说，村庄治理视角突出了对治理中的实际问题的探讨和关注，不过，其最终落脚点仍然是政治民主与经济发展。

三是功能－发展视角。陈潭与刘祖华运用博弈框架对村庄精英竞争过程与村庄政治运作实态进行了分析，他们认为，自主机制缺位和制度供给短缺等因素导致了村庄治理陷入亚瘫痪状态（陈潭、刘祖华，2004）。项辉、周威锋则认为农村经济精英在村庄经济发展与村级事务决策中发挥了主要作用（项辉、周威锋，2001）。功能－发展视角通过分析“能人治理对农村稳定与经济社会发展所产生的双重效应，探讨了经济能人主导的能人治理取代传统政治精英主导的能人治理的发展效应，认为能人治理必然有转向法治型村庄治理模式的发展趋势”（卢福营，2006：Ⅱ）。党国英则认为，东部地区农村的经济社会结构发生了巨大变化，乡村居民对民主政治家有强烈需求；并且乡村社会中崛起的富人阶层所具有的社会性质，将会承担起这一历史重担，为民主政治发展提供可能性，并指出富人群体是先进生产力的代表，他们治理村庄可以减轻农民负担，实现农民增收，带动农村经济与民主政治飞速发展等（党国英，2003，2004）。

本文亦从功能－发展角度来考察“富人治村”对基层政治的影响。根据实证调查，我们发现在我们所考察过的村庄中，“富人治村”并没有呈现民主的景象与民主政治推进的可能性。相反，我们看到的是大部分村民在村庄政治中的失语，基层民主呈现萎缩的态势。党国英等学者过于简单化处理了“富人治村”这一重大政治社会现象。事实上，这仍然需要回到一个经典的命题，即经济发展是否必然会推进政治发展？如果说“富人治村”带来了经济发展也造成了基层民主的萎缩，那么这种结果背后的机制又是什么？本文试图通过对一个案例的研究来回答这一问题。

案例所要呈现的是，在革命话语消退与以新农村建设为代表话语的农村治理转型的背景下，富人是如何走上村庄政治舞台并建构其权威的；他们的出现对村庄政治形态及村庄政治秩序和基层民主造成何种影响。目的是揭示村庄经济发展并不必然带来村庄政治发展，或者说“富人治村”并不必然带来村庄政治民主。当然，我们深知个案具有的局限性，无意于将从个案得出的结论推及全国农村，而是要通过对个案的呈现来揭示“富人治村”的有异于部分学者所看到的另外一种面相。

本文所调查的甬村①为浙江省宁波市下辖的一个行政村。甬村有172户居民，共476人，是一个规模较小的村庄。其中，95%以上的家庭属于王姓，其他几个小姓分别为龚、李、张、石等，这些小姓多是迁移或入赘到本村的。甬村有水田面积370亩，旱地200亩，山林面积1150亩。自1997年之后，全村的水稻田与部分条件较好的旱地和山地都种上了花木，部分村民还到附近其他村庄租地种花木。如今，全村花木种植面积达3700亩，年产值约1700万元，人均年收入保守估计在9000元以上。不过，虽然村民比较富裕，但村集体每年却只有2万元的集体收入，主要靠集体山林与厂房出租。

二　村庄政治分层与“富人治村”的后果

在特定的政治社会生活“场域”（皮埃尔·布迪厄，2003）中，“当人们与政治的关系成为一种稳定的和重复的关系，且不同人之间存在着相当的差异，而这种差异由于社会的评价有着地位上的高下贵贱之分，那么人与人之间就形成了政治性的社会分层了，这就是政治分层”（毛寿龙，2001：267）。在村庄政治生活中，我们可以发现，村民所具有的知识、个人能力、经济基础、社会关系、生活态度等所有方面均有不同程度的差异，从而导致了他们在村庄治理中扮演着不同的角色并发挥不同的作用。本部分将结合甬村的新村建设及不同的村民对这一工程的态度来展示村庄的政治分层。

① 按照学术惯例，本文中市以下的地名和人名均做了技术处理。

2008 年甬村“两委”开始实施新村建设工程，计划用 5 ~ 10 年的时间完成旧村改造，建设一个家家都能住别墅，水电、道路和娱乐等公共设施健全的新农村。该工程牵涉征地、宅基地置换、旧房补贴、别墅建设、迁坟岗、河道整治、小产权房开发等多项非常复杂的工作，难度非常大。通过对这些与村庄政治有关事件的观察，我们发现，不同村民在村庄政治生活中具有不同的表现。依据村民在村庄治理中的参与程度、影响力，以及他们发挥作用的具体方式，我们将其区分为五类“政治人”，或者说五个政治阶层。[①] 这五类人分别为“富人”书记、其他村干部、普通村民、“钉子户”和边缘群体，以下分而述之。

1. “富人”书记

现任村党支部书记龚耀平是本镇较有名气的富人。他拥有一个砖瓦厂和一个铸造厂，总资产在 7000 万元以上，年收入超过 500 万元。未当干部之前，龚耀平并不常回村里，他在镇里、市里均有房子。2000 年以后，甬村所在的街道办事处在任用村级干部上倾向于那些致富的能人，在此背景下，龚为街道和村两级干部看好，都邀请他回村任职，希望能够利用他的社会关系，带动村庄发展。另外，许多村民也希望他能回家乡效力，带领群众致富。刚开始时，龚耀平一口回绝，认为担任村干部会影响自己的事业，后经街道党政领导持续动员和村干部多次邀请，同意回村效力。

在回村之前，作为龚耀平好友的代理村主任李某就许诺将主任的位子让给他。2002 年换届选举中，龚耀平回甬村参加竞选，在群众的期待与李某的宣传鼓动下，高票当选为村主任。[②] 按照原村委班

---

① 政治人即由在公共政治生活中的角色和态度所体现的人的政治特征（吴毅，1998）。严格来说，本文所描述的政治群体比政治人的色彩要浓，但确实又形成不了严格意义上的政治阶层，而是介于这两者之间。

② 1999 年村委换届选举之前，前任村主任王某因生意上的事情繁忙主动提出不参加竞选，但结果还是被选上，一年后辞职，由李某代理村主任。在 2002 年换届选举之前，李某多次说服龚回村担任职务。李某意在龚任村支书后两人共同做一些大事，2008 年实施的新村建设就他们筹划的大事之一。

子与街道办事处领导人的计划，等龚任满一届村主任后便担任村支部书记。但到2005年村支部换届选举时，原书记不愿意退下，请求龚让他再任一届，龚同意了原书记的要求，退出了竞选。2008年换届选举时，原书记仍不愿意退下，龚颇为不悦，开始公开地与原书记竞争。龚在担任两届村主任期间已经建立了一定的群众基础，又有街道办事处的支持，故而在村支部内部的推选中击败了原书记而当选。①

自从回村担任主要职务后，龚耀平为甬村的建设和发展付出了很多时间、精力甚至大量金钱。砖瓦厂的业务基本交由其弟弟管理，铸造厂则主要由其妻子管理。他每天早上6点半到公司去处理完重要事务后，8点左右就赶到村委上班。龚自己介绍说，自担任书记以来，他70%的精力主要花在村庄发展的工作上。② 在担任村主任期间，龚耀平每年为村级组织的正常运转贴钱约10万元，且带头捐款5万元并筹集了部分资金新建了村两委办公楼。担任书记以来，他估计一年需要贴进去20万元以维持村组织的日常运转。③

自担任村主任以后，龚耀平基本主导了村庄的一切事务。原书记还在台时，略微对他有些制约，而龚担任书记以后则基本垄断了村庄一切事务的实际决策权。关于甬村的新村建设工程酝酿已久，2008年当上书记之后，龚便立刻组织实施他的村庄发展规划蓝图。就我们调查了解到的情况来看，新村建设工程凸显了龚的个人意志和理想。无论是项目设计，还是具体规划，基本上都是龚一个人拿方案并敲定决策。现在，村两委工作主要围绕新村建设项目展开。对于这一项目，村干部指出，只有龚耀平这样的富人才有这样的魄

① 这次竞选中，李某站在龚耀平一方，他自己也参加了村主任竞选并当选。之后，二人正式联合主导村政。

② 我们在调查期间发现，除非是到街道开会，龚耀平每天与其他村干部一样准时到村部报到。村民与其他的村干部都反映，龚为村庄事务耗费了不少精力。

③ 龚每年到底为村庄贴多少钱无据可查，他自己也没记账。但村民与村干部都认为，龚每年拿出10万～20万元是真实的。

力和能力，其他人即使有这样的想法，也会因为经济条件而不具备如此胆量。

2. 其他村干部

村两委除了龚书记之外还有 7 位村干部。从“富人治村”的大格局来说，包括龚书记在内的所有村干部其实都是村庄中的富裕群体。其中，村主任拥有一个上百亩规模的花木生产基地，年收入 50 万元；其他几位村两委成员家庭年收入也都在 20 万元以上。鉴于龚的压倒性优势以及其他村干部在村庄事务中迥异于龚的态度和行为，我们将其他村干部区分为一类政治阶层。

在 2008 年换届选举过程中，鉴于龚耀平与原书记之间的竞争形势，其他参加竞选的人都主动站到龚一方或原书记一方，他们结成派系动员村民投票。在此基础上，通过村民投票选出两委委员之后，龚书记根据每个人的能力，再从两委成员中安排村主任、治保主任、会计、妇女主任等人选。实际上，甬村村干部的产生是基于选举基础上的“组阁制”，其他村干部相当于龚书记一人之下的“阁员”。其中，村主任就是 2002 年多次动员龚回村的李某。

新村建设工程规划提出以后，在村两委会、村两委扩大会议、党员会议、村民代表大会上，没有遇到公开的反对意见。村干部描述村庄规划两委会议的情景时指出：在会上，龚书记简要介绍了他的设想和规划后，让与会代表提意见，但与会者都以装睡似的状态点头说好。而实际上，与会者都明白，龚书记开会的目的并不是要讨论，而是为了让他们表示赞同并在相关决定上签字，从而便于他推行理想蓝图。开会签字能够消除可能出现的反对意见，以便形成政治合力，从而将他一人的主张以“民主”的名义贯彻下去。

在谈到对龚书记这些做法的态度时，村主任说，龚书记能力强，财大气粗，他自己甘愿配合书记的工作。尽管龚书记有时因工作的事情错误地批评他，但他也不会反驳。原因有三：一是龚是个十分要面子的人，当场反驳让他下不了台，就会让自己下不了台；二是龚是自己与原书记一起请来的，现在反对龚就意味着否决他们自己原来的做法；三是如果不与龚书记一条心，村里的工作就会搞不好，那样他自己也就没有必要当主任了。因此，村主任表示，他在处理两委关系上，是以扮演村支书“老婆”的角色来给自己定位的。他说要学会与这位“富人书记”打交道，就要像他的老婆那样学会忍耐。

除村主任外，其他村干部虽然都是村庄中的富裕户，但相比于龚的财富均是“小虾”。加之他们职位的获得均来自龚的“组阁”，因此基本上是龚的忠实支持者，尽管也有许多不满，但在公共场合甚至私下场合都是失声的。

3. 普通村民

除“富人”书记和其他村干部等顶端群体外，其他大多数是沉默的村民，他们构成村庄中的一个政治阶层。或许有人会说，中国历史上大多数小农就是这种沉默的大多数，在一般情况下，他们本来就对政治没有热情，对权力没有渴求。但是在现实环境中却并非如此，我们所调查的甬村，人们内心都是有着强烈的政治参与热情的。不过，因所处的位置，使得他们将政治参与的主观热情暂时压抑住了。也就是说，这些村民在村庄政治事务上更多是被动地压制自己，被动地退出村庄政治领域。比如，在新村建设工程的事情上，我们会发现经常有人在村里的小商店里悄悄议论，能明显察觉到他们内心有一种想要表达的冲动。但当村干部出现时，他们会转而以“鲜明”的态度表达对新村建设工程的支持，仿佛他们的不满从来没有发生过。如对于新村建设中的“温泉”规划方案，村民私下里会说：“哪里有温泉呢?”因为村庄中确实没有温泉资源，除了村口有水库、河道外，其他都是旱地。但从来就没有村民敢去“质询”村干部。书记表示，确实没有村民来反映过这个问题。他说，在新村建设规划一事上，村干部和村民表现出少有的支持和团结，没有任何人提出反对意见。其实，书记所看到的只是阳面，而阴面的“大多数村民的失语”湮没在这种村庄政治分层中。

4. “钉子户”

每个社会中都会有少数难以被“治理”的群体，与大部分沉默的村民相比，这一群体是令乡村干部最头疼的，可以说，乡村干部的日常工作中有一大部分是与这类人打交道，解决他们的问题。这少数难治理的群体就是“钉子户”。从人数上来说，“钉子户”可能还不能称为一个阶层，但其能量比一般的政治阶层更大。因此，我们仍将其作为一类政治人来讨论。

即使甬村整个新村建设规划工作得到了众多村民“失语”式的支持，也并不是一帆风顺。在征地与宅基地整理过程中，村干部便碰到几个比较难以处理的“钉子户”。有两户村民的自留地在公路旁边，位置很好，他们准备作为宅基地来造房子。村里要求将地统一征收后建成别墅，再卖给村民。然而，这几户村民不同意，因为以后被分到的别墅位置可能不好。村干部前后去了六次，最后“软硬兼施”，才将问题解决。在拆除村里的老房子进行土地平整时，村干部也碰到了类似的困难。有一户不同意出让废弃的老房子，理由是他家中房子面积小，老房子拆了就没有地方放农具，要求村委先解决其困难。后来村委让他将农具放到村办公楼，并答应在建别墅时优先卖给他，工作才做通。不过，这位“钉子户”对我们说：“搞村庄建设是好事，我不反对，但是实在是个人有困难。”原书记被选掉之后，内心对龚书记有些不满，并知道村里与村民签订的征地合同有不清晰的灰色地带。但是，他并没有就此事向龚书记提出意见，只是每次开会时借故不去，或去了后装作不知道。龚私下为此给原书记送了两条“软中华”，并在征地过程中采取调换的方式却按征地的规格给予补偿。因此，原书记在村庄事务中也不过于充当“钉子户”，偶尔会发出“虚弱”的声音以获得一些好处。有趣的是，与我们在其他许多地方调查的情况不一样，甬村的“钉子户”没有“传染性”，其他人并不会群起效仿。此外，“钉子户”也不像很多地方农村那样是“硬钉子”，而多是见好就收的“软钉子”。

5. 边缘人

与“钉子户”有点类似，但基本成为村干部的支持者的是另外一类群体，即村庄中的边缘人。甬村有四个“查罗”（与混混的意思相近，但又不同，村民认为对村庄没有太大危害），他们都是未婚或离了婚的“老光棍”，年龄最大者52岁，最小者40岁。用村民的话说，这些人“好吃懒做，整天四处晃荡”，有借钱不还、“小偷小摸”等行为，因而为村民看不起。但他们是为数极少的参与到村庄政治生活中的群体。不过，他们的参与似乎主要不是为“自己的政治”，而是为“富人的政治”，是被利用的对象。在2008年选举时，他们帮“富人”书记拉选票。平时有事没事便到村委办公室晃荡，目的在于能揽到一些小工程。村委在修祠堂与修桥时，就曾将一些几万元的小工程承包给了他们。龚书记解释说，“这些人可怜，村里应该给他们帮助”。不过，总体来说，作为被利用的对象，他们的影响力也很小，并不会对村庄政治格局造成实质影响。

李强通过对中国宏观社会结构的分析指出，改革开放以来，我国社会中政治地位不平等现象减少，政治歧视现象消失（李强，1997，2008）。他是从社会身份上定义政治社会现象的，其结论主要是基于统计数据上的研究，因此，所谓的政治歧视现象消失可能仅仅是统计学上的现象。事实上，如果我们回到村庄这样的微观场域中，并从行使政治权力的实态来理解政治意涵的话，就会发现村庄中明显的政治分层形态。从本个案来看，除“富人”书记具有“寡头”式政治色彩外，村庄的其他政治阶层基本处于失语状态。这种失语并不是意味着政治更加平等了，相反是更加不平等所导致的。在这种村庄政治阶层越来越成型的今天，除富人阶层外，其他群体越来越被动地退出村庄政治前台。①

① 村民说，在人民公社时，“每天会集聚在大队前面，讨论劳动分工、工分值等事情”，除了少数“坏分子”，普通村民均能对村庄事务发挥作用，敢于议论村里的公共事情，也敢质问干部的“不公”。

《中共中央关于推进农村改革发展若干重大问题的决定》指出，“要注重从致富能手中选拔村干部”。在地方，各级政府均不断强调“双带”“双强”，如中共江苏省委要求“加强农村基层干部和党员队伍建设，提高带头致富、带领致富能力……拓宽农村基层干部来源，注重从政治素质强、发展能力强的‘双强’型党员中选拔村干部”。《中共浙江省委关于认真贯彻党的十七届三中全会精神 加快推进农村改革发展的实施意见》也指出，“要注重从农村致富能手中选拔村干部”。但是，如果说“富人治村”的后果是除富人之外其他人不可能参与到村庄政治的话，那么这种政治就不再是民主政治了。

三 富人权威的基础及其合法性建构

在描述了村庄政治分层及这一背景下“富人治村”的一些后果后，我们需要关注，在村庄政治中处于顶端的富人，其权威的基础是什么，其权威的合法性又如何建构？也就是说，需要理解村庄政治分层的机制是怎样形成的，这种分层形成后又是如何固化和维系的。

1. 富人权威形成的基础

我们认为，富人权威形成的基础主要有两个方面，一是转型基础，二是经济基础。其中，第一个方面既与村庄紧密相关，又与外在于村庄的国家政策有关，第二个方面则主要是村庄内部所形成的经济分层。

首先，从转型基础来看，像甬村这样的东部发达农村，正处于从维持村庄秩序的治理阶段转向促进农村经济生产与村庄建设的发展阶段的过程中。

从国家的宏观形势上看，20 世纪 80 年代至 2000 年前后，特别是取消农业税以前，大部分农村面临的主要是治理问题，其主要任务是如何确保农村的稳定，从而为国家现代化建设的快速发展提供有力保障。具体来说，这段时期农村要解决的问题主要是收取农业税、搞好计划生育、调解村民纠纷、维护治安秩序等。因此，村庄带头人需要具备强有力的治理村庄的能力，其思想观念的“先进性”、头脑的灵活性、谋划村庄发展的能力可能不一定需要特别突出，但必须有策略和能力维护村庄的稳定。在这种形势下，富人并不一定能解决问题，甬村也不例外。在20世纪80年代，甬村计划生育难度仍较大，富人虽然有钱，但在这种工作面前，金钱并不能起到实质作用。村民表示：“那个年代你村干部有钱有什么用，你能帮我生儿子吗？你有本事让我不生儿子吗？”另外，80年代末期以后的十年间，甬村掀起了建房高潮（目前村里95%以上的楼房是当时建造的），相继发生了许多宅基地纠纷，父子兄弟之间关于分家分财产的矛盾也时常发生。用当时的村治保主任的话说，“天天都有吵架的等着去调解”，“全村没有哪家我没吃过调解饭的”。

2000年以后特别是取消农业税以来，治理问题在甬村这样的东部农村得到较大程度的缓解。国家取消了农业税，意味着国家结束了直接向农村汲取资源，与之相伴，国家与农民之间的紧张关系得到缓解。同时，经过20多年的计划生育工作以及社会的变迁，甬村村民的生育观念也发生了很大转变，一些村民甚至说，“现在即使鼓励生第二胎都没有人愿意生了”，与此相关，以独子家庭逐渐增多为背景，关于分家的纠纷也大幅度减少。另外，经过90年代的争吵与纠纷，邻里之间包括宅基地在内的财产关系逐渐明晰化，财产纠纷大大减少。总之，维持村庄秩序与稳定等治理工作的重要性相对降低，甬村面临的任务主要是在城市快速发展的背景下实现自身的飞速发展。

在此背景下，对于农村带头人的选择也随之转变，重点需要一些思想解放、头脑灵活、谋划能力强、经济实力雄厚的富人来带领村民建设和发展村庄。在这种发展话语主导下，当地政府和村民都希望富人来带领村庄建设。就甬村来看，其所在的地方政府并不缺钱，关键问题是钱投往哪些方面能取得实效。一方面，富人可以利用其丰富的社会资本和较强的运作能力从政府那里获得村庄发展所需要的资金与政策支持。另一方面，又因为富人自身经济富裕，不在乎一些蝇头小利，从而能将获得的资金落到实处，让村庄建设取得实效，这在甬村都是客观事实。地方政府看到了实效，也就更愿意支持这样的村庄的发展，而地方政府与农村基层组织之间形成良性互动，更加有利于村庄的发展。不过，这种对富人依赖性强的发展却严重抑制了村庄政治发展。从村庄全面迈向现代社会的角度来说，“富人治村”对村庄是喜是悲还很难说。

其次，从经济基础来看，村庄的经济分层构成了富人政治权威的重要基础。

甬村的经济分层情况比较明显，约10%的家庭通过大规模种植花木、办厂、开公司等方式，获得较高的经济收入。他们的年收入一般都在20万元以上，少数几户在100万元以上，村支部书记属于村中最富裕的家庭，年收入在500万元以上。除此之外，则是大量的中间阶层，他们的年收入一般在4万~6万元，这类群体约占整个村庄的80%。剩下的约10%则是村庄中的穷人，他们的年收入均在3万元以下。

在经济分层的基础上，富人通过多种方式完善其权威建构。比如炫耀性消费，以及“亏欠式”治理村庄。我们调查期间，正赶上村支部书记的女儿结婚。他在村中设宴，全村80%的家庭都被请去吃了两天酒席。婚礼场面很壮观。通过婚礼，书记在向村民展示自己经济实力的同时，还展示了他的社会关系。普通村民不仅没有能力操办这样豪华的婚礼，甚至都是第一次见识这样壮观的场面。书记通过这种“大操大办”，以壮观的场面、豪华的仪式、广阔的人脉关系与恢宏的气势，建构了自己在村庄中的社会地位。

实质上，这也是富人通过炫耀性消费、扩大人情圈子等方式，将经济分层转化成社会分层，进而转化成政治分层，从而树立自己权威的手段。龚书记工作的优势首先在于他强大的财力支持。在集体缺乏收入时，如何能够筹到资金是村庄发展的关键。上级政府有钱，但不是随便投向任何一个村庄的。村支书必须通过拉关系甚至送礼的方式，从上级部门争取项目和资金。据龚书记介绍，他每年贴 20 万元给村里的大部分都是用于支付这方面的开销，而请客吃饭的花费从来都不让村里报销。此外，每到逢年过节时，他还会将自己的每月 1200 元补贴全部贡献出来，并再贴上一些钱购买礼品送给村里的老人，每年仅此一项就要花费 2 万元。“亏钱”成为治理的手段，同时也具备了政治内涵，在村中逐渐形成了“唯有亏钱的干部才是好干部，亏不起钱的人理应退出”的氛围。

龚书记为村庄发展投入大量时间、精力与金钱，并且似乎“不求回报”，其表达的责任感与道德感，对于大多数村民具有很强的说服力。在这种“无私的奉献”行为面前，每个村民都会暗里思忖自己是否能够做到。在这种有意无意的比较中，龚书记治村的政治优势、经济优势和道德优势就都被凸显出来，并转化为他的政治权威。

2. 富人权威的合法性建构

基于体制性政治资源与个人的经济实力，富人书记通过各种方式和策略树立了自己的政治权威。在此过程中，他既依托于村庄既有的话语体系，也会重构这种话语体系，从而维系其在村庄政治分层、经济分层与社会分层中的优势地位。①

在富人的主导与努力下，村庄的面貌确实发生了变化。富人治村的社会效果，使得“村庄最重要的是要有一个富裕的带头人”成为一种普遍话语，无论是上级政府还是普通村民，多将乡村的前途寄托在富人身上。富人通过各种途径向村民宣传他的政治抱负，为村民描绘一幅美好的村庄前景。当村民的“胃口”被调动起来之后，村庄经济不发展就是政治不正确。

① 一般来说，社会分层实际上涵盖了政治分层和经济分层，但本文所谓的政治分层主要是就人们在村庄政治资源配置中的位置而言，经济分层则主要就他们的收入而言，社会分层则主要就其声望、面子等而言。按照经典的社会分层理论，这实际是从权力、经济、声望三个维度来阐述。

在以经济发展为导向的村庄政治话语中，以经济实力为表征的个人能力构成了参与村庄政治的最基本条件。客观上普通村民既不具备掌控村庄发展的魄力，也不拥有支撑这种发展所需求的经济与社会资源。甬村所在镇另外一个村的书记，经济条件一般，当了多年的书记，现在每次到镇里开会还要找镇政府报销车费、误工补贴，镇党委书记因此说："这样的书记怎么能将村子搞好呢?"村民也说："一个人如果连自己家的经济都搞不好，怎么能指望他将村庄搞好呢?"无论是上级政府还是村庄内部村民，都形成了一种只有富人才能承担发展的政治话语。

有趣的是，不仅基层政府和村民都认同和实践这样一套话语，而且许多学者也持此种话语。通俗地说，这种话语就是，只有富人才能当政，穷人自然是没有资格的。"你自己家都这么穷，你还好意思竞选村干部吗?"也就是说，普通人无法参与村庄政治，不仅是因为他们无法为村庄贴钱，也因为他们作为"穷人"，没有资格参与村庄政治。"富"与"穷"不仅是一种经济描述，也是一种政治话语，一种政治道德词语。没有钱就没有社会地位，穷是没有"能力"，甚至是没有"人格"的表现。穷既被人看不起，也就更不可能形成在村庄政治中的权威了。

四　结语

与党国英等人对"富人治村"现象研究的结论不同，本文关于甬村的经验研究表明，基层民主并没有在"富人治村"中实现，也难以得出富人参政会推动基层民主进程的结论（党国英，2003）。相反，围绕富人权威所建构的政治话语，将普通人排斥出了村庄政治舞台，大多数普通村民在这种背景下被动地退出村庄政治。富人的绝对权威与村民的集体失语，构成村庄政治形态的一体两面，反映了基层民主的萎缩，且富人书记凭其一枝独秀的压倒性经济优势和能力，有可能成为村庄政治中的寡头。如此一来，基层民主不仅没有在“富人治村”的情况下快速推进，相反可能往寡头化的方向演变。村庄从治理到发展的转型以及村庄经济分层的凸显，都构成了村庄政治分层形成的重要基础，进而影响到“富人治村”的后果。而村庄内外形成的只有富人才能带领村庄发展的话语，实质上转换成了只有富人才有资格参与村庄政治的话语。这种话语体系的建构固化和维系了村庄政治分层的合法性，从而也就固化了“富人治村”的合法性及富人权威的合法性。由此可以看出，村庄经济发展并不必然推进村庄政治发展，相反，如果村庄之外与村庄之内都形成一种“富人治村”的政治话语的话，未来的基层民主进程实在令人担忧。

参考文献

[1] 布衣，2002，《义乌乡村：农民富了要参政》，《中国改革·农村版》第8期。

[2] 陈潭、刘祖华，2004，《精英博弈、亚瘫痪状态与村庄公共治理》，《管理世界》第10期。

[3] 戴冰洁，2007，《能人主导的村庄治理结构》，浙江师范大学硕士学位论文。

[4] 党国英，2003，《民主政治的动力：国际经验与中国现实》，《战略与管理》第5期。

[5] 党国英，2004，《论乡村民主政治的发展——兼论中国乡村的民主政治改革》，《开放导报》第12期。

[6] 金太军，2002，《村级治理中的精英分析》，《齐鲁学刊》第5期。

[7] 李强，1997，《政治分层与经济分层》，《社会学研究》第4期。

[8] 李强，2008，《改革开放30年来中国社会分层结构的变迁》，《北京社会科学》第5期。

[9] 刘燕舞，2009a，《村委会资本化》，《第一财经日报》11月15日。

[10] 刘燕舞，2009b，《警惕村干部的“离村化”》，《第一财经日报》12月1日。

[11] 刘燕舞，2010，《当前农村基层组织演变的四种现象》，《中共宁波市委党校学报》第1期拟刊稿。

[12] 卢福营，2006，《个私业主主政的村庄治理——以浙江永康市为例》，华中师范大学博士学位论文。

[13] 毛寿龙，2001，《政治社会学》，中国社会科学出版社。

[14] 皮埃尔·布迪厄，2003，《实践感》，蒋梓骅译，译林出版社。

[15] 仝志辉、贺雪峰，2002，《村庄权力结构的三层分析——兼论选举后村级权力的合法性》，《中国社会科学》第1期。

[16] 吴毅，1998，《村庄中的政治人：一个村庄村民公共参与与公共意识的分析》，《战略与管理》第1期。

[17] 项辉、周威锋，2001，《农村经济精英与村民自治》，《社会》第12期。

[18] 徐勇，1996，《由能人到法治：中国农村基层治理模式转换》，《华中师范大学学报》（社会科学版）第4期。

（撰于2009年）

当前农村基层组织演变的四个现象

税费改革以来，农村基层组织出现新的演变动向。就7省10村的调查经验来看，我们发现农村基层组织向四个方向演变：一是向资本化的方向演变，二是向私人化的方向演变，三是向离村化的方向演变，四是向半官化的方向演变。这四种演变现象的背后都反映出税费改革以后，农村基层组织因缺乏治理资源而产生了一系列困境。推动农村基层组织向这四个方向演变的村民则恰好利用了这一系列困境，从而为个人或小群体谋利。如果长久地任由农村基层组织向这四个方向演变，将会危害党和国家在农村的组织基石。

税费改革以来，农村基层组织出现了几个新变化，这种变化的动向值得我们重视。从笔者近一年来在7省10村的调查经验来看①，当前农村基层组织演变主要存在以下四个新现象：其一是农村基层组织的资本化演变现象，其二是农村基层组织的私人化演变现象，其三是农村基层组织的离村化演变现象，其四是农村基层组织的半官化演变现象。农村基层组织资本化的演变主要表现在换届选举中，私人化演变现象主要表现在向上跑项目的过程中，离村化演变现象主要表现在村干部的居住方式中，半官化演变现象主要表现在合村并组的实践中。本文拟对这四种演变现象进行描述，并试图探讨这种演变的内在机理及其可能产生的危害。

① 这7省分别为河南、山东、湖北、湖南、贵州、江西、浙江。

一 农村基层组织的资本化现象

关于农村基层组织的资本化现象，已有学者关注过，在现有学术话语中，一般是指对富人治村或经济能人治村的研究。如党国英认为富人群体是先进生产力的代表，他们治理村庄可以减轻农民负担，实现农民增收，带动农村经济与民主政治飞速发展等（党国英，2003：96～108，2004：23～31）。卢福营认为个体和私营企业主通过多种途径和方式，积极参与村庄领袖的竞选，事实表现为一种基于社会理性和经营理念的政治行为。投资增值成为村庄治理的主要目标，利益导控成为村庄治理的主导原则，务实理性成为村庄治理运作的重要策略（卢福营，2006：Ⅱ）。戴冰洁借鉴了卢福营所倡导的村庄治理框架，分析了富人治村的基础及其利弊（戴冰洁，2007）。这些学者的分析均有一定的道理，但过分夸大了富人治村的积极效应，而且极少有人注意到富人治村背后的资本的影响。

就本文的研究来说，我们可以分别从村委会的资本化现象和村支部的资本化现象两个方面进行探讨。其中，村委会资本化现象主要表现在换届选举的运作过程中，而村支部资本化现象除换届选举运作外，还表现在党员发展工作中。

（一）村委会的资本化现象

我们先看一个笔者在江西陈村的调查案例。

陈村的村主任徐某是2008年12月村委会换届选举被选上的，其上台轨迹基本可以清晰地显示基层组织资本化的演变逻辑。这个案例仅仅是笔者所调查的7省10村中最有代表性的一个，除此之外，湖北丰村、山东刘村和浙江甬村等经济较为富裕的村庄均出现了类似现象。

徐某之所以要竞选村主任，是因为他和他所在的村砂石厂其他股东，想在2010年时，获得村砂石厂下一轮的10年承包权。他们获得民意的策略主要从公共品供给开始，具体来说，徐某及其砂石厂股东主要做了两件事。

其一是筹资重修村庙五皇阁。

五皇阁是陈村老人经常敬神的地方，也是陈村每逢节日上香的地方。2005 年时，五皇阁因为破旧需要重修，但老人们动员了几个月也只筹集到 3000 元。徐某为此主动牵头，到厦门去找自己的一些朋友，以及在那边种菜的本村村民筹集款项，此次共筹集了 1.5 万元。回村后，徐某再发动其他人捐款，最终以 5 万元的费用将五皇阁重修好了。

其二是筹资修建通往镇上的道路。

陈村到镇上的道路一直没有修好，其原因主要是税费改革后，陈村没有足够财力。徐某看好了村民对修路的迫切心理，便与砂石厂的股东商量要将这条路修好。2007 年时，几大股东在一起商量并达成共识，各自当场捐资 1000 元，并动员村民集资，共筹资 3 万多元。徐某又通过自己在石厂的朋友关系，以较低成本价格从石厂运来石料，并动员自己的一个有挖掘机的朋友来免费推路。最终，徐某几人绕开村委会和村支部，以民间力量的方式将一条宽 7 米、长 250 米的毛路修好了。

经此两件“实事”，徐某为自己今后的选举铺下了民意之路。伴随民意高涨的同时，徐某因为砂石厂的经营，经济基础越来越雄厚。且因为砂石厂的业务关系，经常与镇领导接触，为顺利参选赢得了良好的政治条件。于是，在村民的“渴求”下和镇领导的“邀请”下，徐某 2008 年正式出来参加村委会主任竞选并最终赢得选举。他的选举口号很简单：“村里近几年来没有办什么实事，自己应该出来带领村民办一些事情，改变一下村庄的面貌。”选举过程中，徐某邀请各组长、各村民代表以及在各自家族里有威望的人到县城“吃饭旅游”，选举当天，为感谢村民前往投票，徐某给每位选民派发“金圣吉品”香烟，而所有这些费用则均由各股东均摊。

徐某担任村主任后，便筹划运作村级公路路面硬化的事情。因为陈村在税费改革后所拥有的治理资源严重缩水，因此并没有钱修路，修路款仅仅指望明年承包砂石厂的费用。徐某便鼓动自己砂石厂的股东带资修路，即今年由砂石厂的股东自己带钱、带设备、带水泥、带石子来修路，路的费用在38万元左右，县交通局会拨款15万元配套，剩下的约23万元则由村民自筹。税费改革以来，农村公益事业建设事实上是很难从村民那里筹到钱的。因此，修路款只能由农村基层组织自己想办法。而徐某自己实则与股东合伙，获得带资修路的中标权。实际上，这是资本投资权力的第一轮回报。徐某计划明年从银行贷款40万元，用来获得砂石厂的下一轮招标，再将这笔钱用来支付修路款。

因此，我们会看到这样一个资本运作线路图。

A. 资本运作修一条毛路和盖一座庙以获得民意的支持。

B. 然后资本运作村庄选举让推选出的资本的代表能够顺利当选。

C. 当选后的权力代表——村主任为了回报自己以及自己朋友的资本投资，将路面硬化一事招标给自己和自己的朋友们（即砂石厂的那些股东）。

D. 因为今年修路陈村不可能有钱支付，因此，一般的承包商不可能轻易来承包这条路，这是招标能够顺利地将标的招给徐某自己及其在砂石厂的股东的前提条件。

E. 然后徐某再通过从银行贷款将砂石厂的招标权获得，继续把持砂石厂下一轮10年的运营。

F. 最后，将从左手贷款得来的钱再转给自己的右手，支付自己2009年修路的钱。

这虽然是一个小小的案例，却将资本投资权力，从而使得村委会资本化演变的过程演绎得淋漓尽致。不过，这种情况对于村委会的发展是不利的，对于村民也是不利的。经过一段时间的资本化演变后，村委会离其真正要服务的对象——村民会越来越远，而与资本的结合则越来越紧密，这显然有违社会主义基层组织的初衷。

（二）村党支部资本化的现象

陈村支部书记王某说，10 年前，他要发展那些经济能人入党，但经济能人不感兴趣。而现在却觉悟过来了，经济能人对于入党有着非常迫切的要求。王书记介绍说，当前全村共有 30 个从事各类产业的老板，年收入均在 10 万元以上，其中有 15 个递交了入党申请书。让王书记为难的是，众多递交申请书的经济能人让他不知道应该发展谁才好。

不仅仅是江西陈村，我们在湖北丰村调查时也发现，自 2000 年以来，村党支部发展的 20 个党员中，有 12 个是村中的经济能人，他们的资产均在 100 万元以上，大多都是矿山老板或在镇上经营公司的企业家。

而笔者在浙江甬村的调查同样显示，自 2000 年以来，村党支部新发展的 8 名党员年收入均在 20 万元以上，他们是村中最富裕的群体。

同样，我们在山东刘村的调查也发现，村干部几乎全是村中最富裕的老板，包括在市区投资房地产的老板，在镇郊开办石灰厂的企业家等。

10 年前，这些经济富裕的村民都不愿意入党，今天为何入党愿望如此迫切呢?

王书记说有三个原因："一是，这些'资本家'越来越相信我们这个党会长期执政。二是，当前中央对基层党员的一系列优惠政策让这些'资本家'也有点心动，如超过一定党龄的党员可以享受一些生活补助等。三是，这些'资本家'也想来参加选举，也想担任村支部书记。或者，退一步说，这些'资本家'即使没有担任书记的野心，但至少也想控制支部书记，因为他们一旦成为党员，他们手中就有选举书记的一票。"①

---

① 这三点原因均是王书记的原话，笔者访谈他的时候，他正好应付完一些经济能人的饭局回来，谈及 2008 年换届选举差点被这些经济能人选掉时，他有感而发。

这三点原因中，第一点与第三点是最重要的。第一点最为根本，正是因为相信我党会长期执政，有了一定经济基础的经济能人才不甘于自居于党外，因此，才会想到要加入党组织，这是积极的一面。

问题是，入党的第三个原因，可能会改变农村基层党组织的性质。当拥有投票权越来越多的经济能人加入农村基层党组织的阵营中时，农村基层党组织所代表的就不是基层最广大人民群众的利益，而可能仅仅是代表这些经济能人的利益。他们会通过这一票作为条件来交换他们所需要的资源，如通过投票选举书记，来获得砂石厂的承包权或其他工程项目，如修路等。

取消农业税后，伴随农村基层民主与自治的稳步推进，村支书已经越来越对下负责，而非税费改革前主要是对上级乡镇政权负责。这种转变决定了任何想担任支书的人或已经在担任支书的人，都不得不考虑下层的意见。王书记说，现在的情况是，村支书的产生已经与乡镇没有关系，只要基层党员不选自己，自己就不可能当上书记。这本来对于进一步积极健康地推进农村基层社会主义民主政治是绝好的时机，然而，新的形势变化使得这一情况不是太乐观。而村中那些有钱的经济能人之所以要加入这个阵营，并不是说他们一进来就那么容易当上书记，而是可能会通过选举来控制书记。

去年的换届选举已经初步彰显了资本的魔力，因为，王书记在资本面前差点“丢官”，砂石厂一名入了党的经济能人仅差一票就可以取代他。

正是基于这种“教训”，王书记总结说，支部书记“必须会培养人”。

因为从长远形势来看，这些有经济实力的经济能人要入党是必然的，是大势所趋，而入党了就意味着他们可以用手中的选票来控制自己，为他们服务。而自己反控制的最后挣扎，就是要尽最大可能地将经济能人培养成“他自己的人”。经济能人入党并通过党员这一身份来获得选举书记的权利，从而可以利用这一选票牵制书记，或者说牵制农村基层党组织。王书记能够感觉到自己将来的“生杀大权”就捏在这些经济能人手里，因而，他不得不注意要好好培养人。

可问题是，党的性质决定了我们农村基层党组织干部的政治生命的获得，应该且必须是来自最广大人民群众的利益代表者，而不仅仅是经济能人。不把握好这一点，我们的农村基层党组织可能会离人民越来越远，离资本越来越近。

二 农村基层组织的私人化现象

所谓农村基层组织的私人化，是指农村基层组织成为村干部个人的工具。

农村基层组织私人化演变现象与资本化有相似之处，其差别在于这种私人化的结果不一定是由资本运作所致，而仅仅是税费改革后因农村基层组织各种治理资源萎缩，村干部为获得新的治理资源来治理村庄时所发生的异化现象。

笔者在湖南源村、星村调查时发现，取消农业税后，村干部的中心工作逐步由计划生育变成了“化缘”。所谓“化缘”，原本是指庙里的和尚没饭吃要到外面去讨饭的说法。取消农业税后，农村基层组织这座“庙”没有了原来的“香火钱”——提留，仅靠上面下拨的财政转移支付无法维持日常运转，且大多数时候，财政转移支付很难到达村庄。因此，这座“庙”里的“和尚”——村干部，为了维持农村基层组织正常运转，就不得不去外面化缘——跑项目和跑部门。起初，这种想法和做法都是好的，是积极行政的思路。然而，在化缘的过程中，这些“和尚们”发现，他们不化缘，“庙”上面的组织也并没有怪他们，而化来的“斋饭”——各种项目拨下来的钱，跟村民好像也没有关系，而是自己辛辛苦苦“化来的”，有些甚至是自己通过私人关系要到的钱。因此，慢慢地，村干部理所当然地将这些化来的钱变成自己的钱，供自己使用。也因此，他们原本是想“化”点钱来办点事的，结果一旦将化来的钱变成自己的后，就不再做事了，而是想好一个项目，然后天天用同一个项目只是以变换项目名字的形式，不断去找各个部门和各色人等化缘。所以，当前农村才会出现“一口水井是好几个项目建成的”的现象。甲项目来了简单地在水井上刷点漆，写上甲项目的名称，乙项目来了再在水井上刷点其他颜色的漆，然后再写上乙项目的名称，剩下的钱则揣进村干部自己的腰包。最后，出现了化缘的村干部“能化多少，就能花多少”的现象。

农村基层组织在村干部化缘的过程中变成了他们私人生财的工具，这就是农村基层组织私人化的表现。与资本化一样，私人化的农村基层组织同样离村民越来越远，村干部这些“和尚们”则越来越念歪了“经”——心思不放在村庄治理上，而放在如何利用税费改革后农村基层组织缺乏资源的现状去谋个人之财上。农村基层组织私人化的演变方向，最终会导致农村严重的腐败现象。国家加强农村建设的资金最终会无法落到实处，不改变这一局面，一切支持农村发展的措施，包括以城带乡、以工哺农都很难取得实效，基层政权也会因此不断内卷化。

三　农村基层组织的离村化现象

当前农村基层组织演变的第三个现象，即是村干部的不在村或者说农村基层组织的不在村，我们将其称为离村化现象。

离村化现象与前述资本化和私人化又是有着密切联系的。农村基层组织资本化和私人化越来越严重后，他们也越来越青睐经济能人。而当前农村的经济能人则越来越不住在村庄，他们的房子基本都在城镇或城市。村干部不在村，实际上就使得农村基层组织空心化了，农村基层组织仅仅是在村庄中挂了一块牌而已。因此，在某种意义上，我们可以说村干部的不在村实际上就是农村基层组织的不在村。

村干部不在村或农村基层组织不在村的现象在全国许多农村均开始出现。笔者在贵州狮村调查时发现，一个村庄中，村支部书记住在县城，村主任住在镇上，一个挂职的村团委书记和村副书记也住在县城，仅仅是一个副主任和会计住在村里。

同样，笔者在湖北鄂村调查时也发现，村支部书记兼村主任（一肩挑）住在镇上，村民兵营长也住在镇上，村副书记也住在镇上，村里仅留了一个会计。

在湖南源村调查时，笔者亦发现，一个村的村支书经常住在乡里并兼任乡里的干部，而村主任则住在另外一个镇上，一个月往往只到村里“视察一两次”，村里也是只留了一个会计。

此外，与笔者同行调查的江西师范大学副教授李建斌博士在江西抚州其他地方的农村调查，均发现了村干部不在村的现象。①

村干部不在村使得农村基层组织实质上也不在村，而当农村基层组织仅仅是一块牌子的时候，这种演变形势必将对农村基层治理产生重要的影响。这种影响择要来说有如下几点。一是，农村基层组织和基层干部事实上离其服务的对象——农民越来越远。税费改革前，是因收取提留而引起的干群关系紧张，而现在这种离村化现象所导致的则是干群之间没有了关系。二是，离村化现象导致国家对农村的实际情况尤其是某些大的事件的变化动态难以准确掌握。举例来说，禽流感暴发时，上级到某村检查工作，问村干部村里死了多少只鸡，村干部私下开玩笑说：“现在连村里死了多少个人都不知道，哪还晓得死了多少只鸡呢？”三是，基于前两点，如果时间持续很久，那么，农村在碰到某些突发事件时有可能会陷入失控状态，村民委员会不在村了，党在农村的组织也不在村了，会产生什么后果？我们可以想象。

① 笔者与李建斌博士、宋丽娜博士于2009年4月至5月在江西陈村就当前农村基层组织的演变等问题展开了调查，讨论期间，李建斌提到他在江西其他许多农村的调查均发现了类似问题。

四 农村基层组织的半官化现象

农村基层组织的第四个问题即是其半官化的现象，所谓半官化，也就是说农村基层组织更像一级准政府组织。

农村基层组织半官化变化的趋势显然是与村民自治相违背的。半官化出现的原因，也与税费改革特别是取消农业税以后，农村基层组织缺金少银、资源短缺以致无法运转有关。因此，为了节省和合理配置资源，以提高基层组织效率的“撤并建”开始流行于中国农村。对于撤并建所造成的一些消极后果，已有学者进行了研究，如陈柏峰探讨了这种措施背后对乡村纠纷调解的消极影响（陈柏峰，2006：34）。但对于农村基层组织合并后组织本身的变化的研究则相对较少。就我们的调查来看，在贵州、湖北、山东、江西、浙江、湖南、河南等地，均出现了大规模的合村并组、撤乡并镇的现象，基层组织一个个变成巨无霸。

如以笔者调查的贵州一个村庄为例，2006 年该村由三个行政村合并组建而成，人口近 7000 人，原来三个村的干部缩减成一个村的干部数量，即书记、主任、副书记兼副主任、会计、民兵营长，再加上一个聘任的计生专干。

2008 年笔者到山东刘村调查时发现，该镇部分村庄合并现象严重，且乡镇组织也大规模合并，有的一个乡镇的人口规模达到 12 万人。

此前，笔者在浙江农村调查时也发现，有些村庄合并后人数达到甚至超过 1 万人，接近一个小乡镇的规模。

农村基层组织的干部数量减少后，鉴于村庄变成了大村，其管理形式也不一样了，村干部对于另外的行政村的村民来说成为陌生人或至少是半陌生人。而乡镇合并后，某些人员需要分流，因此，部分乡镇干部则被安排在合并后的农村基层组织担任支部书记，这样，农村基层组织的书记就实现了国家干部化。相应地，农村基层组织的办公地点则选择建在多村交界的村口，村干部也正式像国家干部一样开始在村部“上班”办公，村委会和村支部俨然成为一个原来意义上的半乡镇化的组织。而村支书，则是流水的兵，每三年一任，流动于各个素不相识的“营盘”——半官化的农村基层组织中。

农村基层组织半官化后，因为作为国家干部的村支书是乡镇派下来的，因此其权力比原来意义上的支书的权力要大。而作为按照村民委员会组织法选举出来的村主任，则面对作为国家干部且原本就是自己的上级领导的村支书时，其权力的实际运作能力与原来相比就大为弱化了。由此带来的问题有四个。一是出现新的两委关系矛盾。二是村支书因为是下派的国家干部，往往“不求有功，但求无过”，且对于村庄来说，他们本来就是一个陌生人。因此，他们与原来熟人社会里“撑不走的土船”的村支书不一样，对村庄没有期待，也没有担当，完成任期就走人。因此，他们在村庄事业与村庄发展上容易短视，且容易不顾后果。三是农村基层组织半官化后，其自治结构实际上已经被打破，村委会自治与村党支部官治的局面并存，这种并存局面时间长了会严重危害村民自治。四是农村基层组织半官化后，与资本化、私人化、离村化的后果一样，离村庄越来越远，离村民也越来越远。

五　简短的结语

当前农村基层组织出现的这四个新问题，对于农村基层组织运行与发展的负面作用无疑是巨大的。而这四个问题的出现均与取消农业税后农村基层组织治理资源严重萎缩有必然关系。第一，农村基层组织失去了原有的通过收取提留而积累的经济资源。第二，农村基层组织也失去了原本因收取税费而可以借用乡镇政权的某些能力的政治资源。第三，目前的财政转移支付实际上因各种问题而很难到达村一级。因此，农村基层组织事实上陷入了空转的局面。因此，出现上述四种现象也就不足为奇了。然而，我们如果不改变现有局面，而任由这四种现象发展，农村基层组织最终会向两个坏的方向发展：一是可能沦为资本“洗劫”农村的工具，二是可能会走向名存实亡。而这两种演变结果显然与中央要求大力加强农村基层组织建设的战略是不相符的，长此以往，会危害党和国家在农村的组织基石。

参考文献

[1] 陈柏峰，2006，《论乡村体制改革对纠纷解决的影响》，《中共宁波市委党校学报》第3期。

[2] 戴冰洁，2007，《能人主导的村庄治理结构》，浙江师范大学硕士学位论文。

[3] 党国英，2004，《论乡村民主政治的发展——兼论中国乡村的民主政治改革》，《开放导报》第12期。

[4] 党国英，2003，《民主政治的动力：国际经验与中国现实》，《战略与管理》第5期。

[5] 卢福营，2006，《个私业主主政的村庄治理——以浙江永康市为例》，华中师范大学博士学位论文。

（撰于2010年）

泡沫政治：观察村庄选举中的贿选现象

村庄选举中参选人采取贿选的方式参加选举，在选举初期，既要考虑能否被选上，又要尽量降低自己贿选的成本，因此，贿选的对象必然是有选择性的。然而，第一次选举可以这样，第二次选举则必然要扩大贿选对象的范围。否则，众多第一次没有被贿赂的选民会在第二次选举中用选票来教训参选人，依次类推，在经过若干次选举后，从理想的角度来说，贿选的对象必将涵盖所有选民。

笔者所谓的泡沫政治仅就村庄政治而言，它指的是村庄选举中参选人采取贿选的方式参加选举，在选举初期，既要考虑能否被选上，同时又要尽量降低自己贿选的成本，因此，贿选的对象必然是有选择性的。然而，第一次选举可以这样，第二次选举则必然要扩大贿选对象的范围。否则，众多第一次没有贿赂的选民会在第二次选举中用选票来教训参选人，依次类推，在经过若干次选举后，从理想的角度来说，贿选的对象必将涵盖所有选民。因此，参选的成本在贿选单个成本不变的情况下，由于贿选对象的范围扩大，其选举的总的成本基数也必将伴随每一次选举而不断扩大，同时，第一次选举的贿选的单个成本也会在后续选举中不断加码，选民的胃口越来越大，因此，贿选的单个成本的增加也必然会进一步促使因贿选对象范围扩大的基数成本不断扩大，并最终达到参选人无法承受的地步，最终放弃选举，这种选举就像泡沫一样，从一开始被吹起来，就需要不断往里面吹气，泡沫越大，所要吹的气也就越多，直到泡沫最终破裂。

笔者在某村的一次调查中观察到了这种泡沫政治的初步演变并意识到了其对村庄政治发展造成的非常恶劣的后果。

先从贿选的对象说起。海选过程中，即村级组织换届选举的第一轮，是贿选在一次选举中的第一次表演，也是整个泡沫政治的起点。这一次贿选对象的范围往往是整个泡沫政治中最小的。以某村的经验来说，海选过程中贿选的对象主要是各自然村的小组长和村里有威望的老党员。贿选的办法往往是给这些人送香烟（每条香烟在250元以上）或者送猪肉（每个受贿对象猪肉20斤）。这一轮的贿选成本无论是从单一成本还是从总体成本上来说，都是最低的。参选人在泡沫政治的起点上往往是先试试，如果顺利进入第二轮，再考虑扩大贿选范围，如果没有进入第二轮，则这种单个的参选人的泡沫提前破灭，但整个选举的泡沫则刚刚开始。第一轮海选中，票数过半的参选人会成为下一轮选举的候选人。

第二轮选举开始之前，候选人开始第二轮贿选。此一轮贿选的对象会伴随自己被选上的希望的增加而扩大。以某村的经验来说，此一轮的贿选对象的范围则由各村民小组的小组长和部分有威望的党员扩大至老干部、所有党员、每个自然村内有影响力的非体制精英、各姓氏中的有影响力的人物。第一轮海选的贿选对象大约是20人的规模，而第二轮的贿选对象的规模则会达到80人至120人不等，人数的多少取决于不同的候选人的不同选择。某村第二轮选举中，有的候选人所要贿选的对象每个自然村大约是15人，而有的则高达25人左右，而全村共有6个自然村。贿选的内容则比第一轮选举更加丰富，某村的经验是，第二轮选举前，候选人争相请自己贿选的对象到酒店吃饭、到茶座喝茶、到按摩店按摩，给贿选的对象送更贵的香烟，如由25元每包的香烟转换成35元每包的香烟，还有具体的每人200元的红包。这些内容中，除到按摩店按摩的对象比较有选择性外，其他的则基本是所有要贿赂的对象都有份。

本次换届选举中，根据村民的估算，仅现任村主任一人花在贿选上的成本便远超 1 万元，其他候选人的贿选成本均在五六千元。整个村两委换届选举，所有候选人花在贿选上的成本都会超过 5 万元。

选举过后，关于贿选一事，书记说，在村中刮起了“台风”，村民茶余饭后既鄙夷又失望地“津津乐道”。同时，一些没有被贿赂的选民则怨气颇重，认为自己的选票没有如其他村民一样换来参选人的好处，并扬言下次选举如果仍遭参选人“忽视”的话，则不参加投票。至于将谁选上去，对于占村庄主体的经济条件不足以支撑他们参选的村民来说，是一件无所谓的事情，因为，“皇帝不管谁当，明年总是不会轮到自家”。自己能做的就是在没有经济实力支持自己参加竞选的情况下，利用手中的选票“敲竹杠”。

因此，参选人及村民都在预测下一次换届选举中贿选的成本需要多大。这种攀升有三个方面的原因：一是贿选对象范围的扩大；二是贿选花在单个要贿赂的对象上的成本增加；三是贿选出手较小气从而被贿选比较大方的对手击败的候选人意识到了自己输掉选举的原因，在下一次选举中会增加自己贿选的成本。

而上述三个原因，都会使整个选举像启动的机器一样疯狂转动。整个选举也会越来越泡沫化，每一次选举中的每一轮选举的成本都会大大增加，如下一次选举的第一轮海选的成本也许就是这一次选举中第二轮选举的成本。多次选举中每次的选举成本也会螺旋式地上升。然而，这种泡沫最终必然会在多次选举中破灭。

村庄选举中的泡沫政治后果极其恶劣。

其一，泡沫政治使得民主的理念在这种恶劣的选举状况下化为泡影，农民对民主的理念虽然理解不深，甚至根本不理解，但对选举本身会彻底失望。因此，我们在调查时经常碰到这种情况，一谈起某村的村庄选举，村民都直摇头甚至嗤之以鼻。尽管他们对原来村干部的产生机制也有意见，但是，他们还是感慨：“没有想到选举搞成这个样子，这样也叫选举吗?”

其二，泡沫虚耗了村庄资源。对于选举的个体而言，那些落选的人则感叹“亏死了”，期待下一次东山再起。那些被选上的人，则不会将主要心思放在村庄建设与发展上，而是想着如何从村级资源中“收回成本并攫取利润”，村庄的干部完全蜕变为生意人，当干部也完全变成了投资与回报的经济学意义上的行为。

其三，泡沫政治破坏了村民自治，击碎了村民自治的美好梦想。加强和健全村民自治是推进基层政治民主发展的有力武器，而泡沫政治的不断上演必然会破坏村民自治的形象。

其四，泡沫政治会使村庄最终陷入失序的状态。当选民的激情被耗尽，当参选人无法承受选举所要付出的成本时，村庄政治就会陷入村民不愿意参加选举的尴尬境地，基层民主的实践就会成为泡影，基层民主政治的发展也就无从谈起。

（撰于 2010 年）

治理

农地制度实践与农村公共品供给

——基于三个地域个案的比较分析

农地产权过于模糊容易导致公地悲剧。农地产权过于清晰又容易导致反公地悲剧。产权明晰的私有化路径的西方经验在解决公地悲剧的同时也陷入了反公地悲剧的困境。当前中国农地制度安排正在重复西方的老路，农村公共福利供给中由公地悲剧到反公地悲剧的困境正在中国农村上演。实现由公地悲剧与反公地悲剧向公地喜剧跳跃的唯一办法是加强和完善改革开放之初所建立的农村基本经济制度，使农地产权的两级构造的每一级都能继续发挥作用，使统分结合的统的组织保障能够实质性地运转，使基于农户对村社集体的责任在被取消后可以通过中央财政转移支付的手段继续维系。唯有如此，方能实现正常、高效且低成本的农村公共品的供给。

一 引言

农地制度实践的核心是其产权安排。当公共资源被过度使用的时候，便会造成哈丁所说的公地悲剧（Ostorm，Elinor，1990）。如何避免公地悲剧，一直是智者们思考的重要问题。总体来说，关于公地悲剧的解决之道，比较有共识的策略是通过产权明晰来化解困境，办法就是将公共资源私有化（Paul A. Samuelson，1954）。然而，我们在现实中又会经常发现，当所有人对公共资源都有清晰的产权的时候，在同样的土地上想创造公共福利时，必然会与分散的每一个拥有私有产权的个体打交道，结果就是，单个的私有个体只要有一个不同意或要价过高，就可以使得整个公共福利无法提供，从而形成反公地悲剧（迈克尔·赫勒，2009）。国内关于公地悲剧的研究有较多的成果。如有的学者认为，公地悲剧源于公共资源的私人利用方式，因而需要改革传统的政府主导型的实现方式，创造灵活多样的受益人自主组织的实现方式，以提升土地利用的综合效应（祝美华、潘云华，2007）。刘新平与罗桥顺则运用公地悲剧的理论对新疆耕地利用进行了新的解析，认为有主之地也存在公地悲剧的现象（刘新平、罗桥顺，2007）。薛莉等通过对农田灌溉用水的集体供应机制的研究，认为产权模糊、所有者缺位、责权利不明产生了公地悲剧的问题，从而影响了灌溉水资源的可持续利用和集体用水设施的良性运行，并提出要通过明晰产权和建构制度约束来解决这一问题（薛莉等，2004）。袁庆明通过对公地悲剧类型的划分，认为除公地性质本身导致悲剧的发生外，消费者的需求、生产的技术状况、社会的平均工资水平等因素也造成了公地悲剧的发生（袁庆明，2007）。国内关于反公地悲剧的研究主要是专利产品的研究（高洁、陆建华，2007），这其中又尤以专利药品的反公地悲剧研究居多。他们认为，在专利药品涉及多项专利权且专利授权难以进行的情况下，将因专利权人相互牵制或欠缺互补导致无人可有效实施从而陷入专利药品的“反公地悲剧”（陈欣、余翔，2007）。相较于对公地悲剧的研究，反公地悲剧刚刚进入人们的视野，如何避免反公地悲剧，至今未达成共识。本文试图运用地域个案比较研究方法通过对三个地域村庄个案的公共品供给的比较分析，探讨如何在公地悲剧与反公地悲剧之间通过农地制度创新来避免公地悲剧困境，从而获得公地喜剧的效果。

本文所选取的地域个案来自笔者此前的田野调查。其中，反映公地悲剧的个案选自笔者在湖北省沙洋县的田野调查，该县地处汉江之滨、鄂中腹地、江汉平原西北部，个案所在村庄地形以丘陵为主，人均耕地约2亩，务农与务工为主要收入来源，户均年收入在3万元左右，该村农地自1983年分田到户以后每隔5年便进行一次大调整，最后一次调整是1997年。反映反公地悲剧的个案选自笔者在贵州省绥阳县的田野调查，该县地处贵州省北部，与土地制度改革试验中的“湄潭经验”发源地湄潭县毗邻，个案所在的村庄以喀斯特地貌为主，人均耕地约1亩，务农收入有限，务工收入为主要来源，户均年收入在1.5万~2万元，该村自1984年完全分田到户以后至今一直未进行过任何调整。反映在公地悲剧与反公地悲剧之间寻求破解悲剧困境之道的个案选自笔者在湖北省洪湖市的田野调查，洪湖市地处湖北省南部，位于长江与东荆河之间，个案所在村庄地形以平原为主，人均耕地约2亩，务农与务工为主要收入来源，户均年收入在3万元左右，与反公地悲剧的个案村庄一样，该村农地自1984年分田到户以后至今未进行过任何调整。

二　农地制度实践的三种形态

我们先以三个地域个案的基本情况来简要介绍农地制度实践的三种形态，然后再对之进行比较分析。

（一）“公堰漏公路瘦”的公地悲剧

在沙洋调查时，笔者发现公地悲剧的案例俯拾即是。而且，取消农业税后，只要是“公地”（或公共财产）就一定会遭遇公地悲剧。这其中尤以堰塘、机耕路、渠道的“过度”甚至“毁灭性”破坏使用最为严重。

对于堰塘的过度或毁灭性使用主要有两种类型。一种是在村庄内部势力相当的时候，村民对这些堰塘进行瓜分，形成所谓的“格子堰”或“堰中堰”。另一种是在村庄内部势力悬殊的时候，强势的一方往往对堰塘进行独占。对堰塘进行瓜分的时候，因为势力相当，所遵循的规则是“谁先下手就是谁的”。而对堰塘进行独占所遵循的规则是“谁的拳头硬就是谁的”。以贺村为例，该村村集体所有的5亩以上的堰塘有10口，其中有8口被瓜分完毕，有2口被独占。同样，贺村

1组集体所有的堰塘原有7口，有2口被独占，5口被瓜分。贺村4组集体所有的11口堰塘，有3口被独占改为农田，另外8口则由各家各户瓜分成一个一个的小坑。其他各组和邻村的情况基本相同，所不同的仅仅是地点和堰塘大小及数量。

堰塘因其灌溉功能，本来是不能瓜分的，一旦被瓜分成几小块后便无法灌溉。一些面积小的堰塘分成几块后，基本丧失了其原有的功能。一些面积大的堰塘被瓜分后也仅能作为灌溉运水的中转站。被独占的堰塘往往要么改为农田，要么用来养鱼，从而也丧失了其原有的灌溉功能。

不仅堰塘如此，其他公共产品如渠道、机耕路等同样面临公地悲剧的困境。渠道有的被村民截成几段，私自筑渠成坝，形成“渠中堰”。有的则是渠道两侧的堤岸和堤面被刨土种植，或被取土建房。机耕路则是被靠近路的农户不断蚕食，很多原来4～6米宽的机耕路现在绝大部分均已被蚕食到不剩0.5米。

由此造成的结局就是公地悲剧的广泛产生。对于单个农户来说，增加了他们的个体福利，如将机耕路占了可以多种点农作物等。但对于集体来说则是，原有的旱涝保收的水利系统被彻底破坏，从而陷入下雨便是涝灾，不下雨便是旱灾的尴尬窘境。同时，机耕路的破坏还导致农业机械化无法推行，既有的收割机等一类的农业机械已经无法进入田间。集体的公共福利被破坏的巨大损失最终其实都转移到了个体农户身上。然而，深明其理的农民却还是乐此不疲。

（二）“少数决定多数”的反公地悲剧

如果说沙洋村庄因为“公地”的“产权”模糊，以至于出现“公地悲剧”的话，那么，贵州省绥阳县农村则恰好是另外一番景象。作为毗邻土地改革试验区——湄潭县的绥阳县，其农村土地从分田到户后至今一直未调整过。因此，过去这30年的没有变动过的土地使用权加上未来40年也不会变动的土地使用权使得绥阳农村的土地近似于“私有化”，土地也更像是农民的一种私有财产。实际上农民在具体的生活实践中也确实将农地当作“私产”在处理，如事实上的土地买卖一直存在。取消农业税后，土地完全成了一种没有责任的权利了，因此，个体都拥有清晰的“产权”。于是，在需要诸如修路等公共设施建设的过程中，就出现了大量少数决定多数的“反公地悲剧”现象。以笔者所调查的鸣村为例进行说明。

近几年来，鸣村大力修建村级公路和组级公路，然而，因为涉及土地问题，所有道路均碰到少数决定多数的现象。鸣村所有道路修建在资金、劳力等条件都具备的情况下，都可能因为一户农民不同意土地被占用而无法进行。我们以该村J组与H组2009年的道路修建为例进行说明（见图1）。①

两个组修路的最佳线路方案即是如图1中虚线所示的走向。H组与J组共同经过由村级主路至屋主A处，然后在屋主A的屋后进行分叉，H组则沿虚线箭头直插屋主C的屋后，然后到达该组，J组则经田块1到达J组，次优方案则是经过田块2到达J组。但最后因为途经的每一个农户都有土地的“私有产权”而从中阻隔，因而，最后只好选取了实线部分的最曲折和成本最高的最差方案。

第一，村级主路到屋主D处长约190米的路已由A、B、C、D等9户农户于2008年修建好了。因此，H组与J组2个组必须先补偿这一段路的费用，通过与9户农户“艰苦卓绝”的谈判，最后确定以2000元的价格进行补偿。

第二，J组经田块1时，田块1约有1亩，田主1在广东打工，J

① 从H组和J组两组修路简图中，我们有必要对途中的部分图标做些说明。图1中实线箭头表示路的走向，虚线箭头表示路本来可以经过且属于整条路修建中的最佳方案而未能付诸实践的路线。平行四边形表示田块，A、B、C、D表示房屋和屋主。图1中由H组到J组的虚线的距离只有60米，因此，如果走其中任一条线路然后再从虚线处过到另外一个村子，对于两个组来说，都是最合算的事，因为双方合作可以省掉很多成本。但是，如果从现有的H组的线路走再从H组穿插到J组的话，J不同意，因为对于J组的人来说，出行相对来说没有那么方便。如果沿现在J组的路线，那么，对于H组的人来说，出行相对也不方便，因为也要绕一段路走。因此，两组讨论许久未达成共识。最后就各自选择了现在的最不划算的线路。

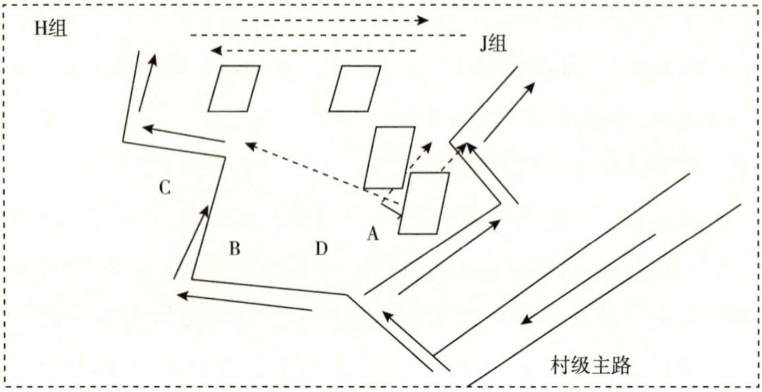

图 1　鸣村 2009 年 J 组与 H 组道路修建状况

组修路需要占用 0.5 亩。而田主 1 则提出“捆绑销售”的要求，即如果要从田块 1 通过，则 J 组必须全部“买下”田块 1，而不能只要 0.5 亩，否则，他宁愿田块 1 荒在那里。然而，J 组无此财力，于是，J 组考虑走田块 2。田主 2 倒是同意了，但屋主 A 要求 J 组赔偿从他屋前经过占用的土地 5000 元，并要求 H 组从那里通过也需要赔偿 5000 元，而在鸣村这个地块的赔偿费用在 2000 元比较公平合理，也即两个小组各分摊 1000 元。但屋主 A 认定两个组必须从他屋前经过，因此“少一分钱都不同意”。

第三，H 组即使能从屋主 A 通过后直插屋主 C 的屋后，但屋主 C 要求 H 组必须沿 D—B—C 的线路，否则屋主 C 就不同意屋后的田块“卖”给 H 组。屋主 C 之所以这样，是因为这样一来，他就可以获得从 B 到 C 这一段路的赔偿费用，这样，加上其屋后的土地的“卖出”费用，他就可以获得更多。

第四，在屋主 C 要挟 H 组，屋主 A 要挟 J 组与 H 组的情况下，两个小组只好选择了实线线路。

第五，由 D 到 B 的一段约 15 米的路为屋主 B 所修，他要求 H 组补偿 3000 元，而由 B 到 C 那一段约 10 米则补偿了屋主 C 共 2000 元。

第六，由 B 到 C 的拐角处有一处约 10 平方米的荒地，该荒地由村民李某栽种，因而时间一久实际上也就成了他的“私地”。经过此处时，李某要求H组必须答应两个条件：一是赔偿2000元①；二是给他母亲弄一个低保，否则就不答应。如果不答应李某的条件，那么，这个转角的地方就太窄，车子无法通过，还有一个办法就是将屋主B在转角处的猪圈拆掉一点，但屋主B又不同意拆猪圈。

正是因为上述各种阻拦，这条路几乎无法修成了，工期耽搁了大半年。最后在没有任何办法的情况下，只好满足了各种不合理的要求，且选择了成本最高最差的线路方案才开始动工修路。根据笔者的调查，自取消农业税后，鸣村村组两级公路在修和已修的共8条，全部遭遇上述“反公地悲剧”的困境。

（三）“划片承包”的公地喜剧

在上述“公地悲剧”与“反公地悲剧”之间“突围”的是另外一种情况，即在分田到户时通过以三代以内的家族为单位的“划片承包”方式避免因产权过于模糊从而造成公地悲剧同时又可以通过亲缘关系和土地成片避免因产权过于明晰所形成的反公地悲剧。笔者所调查的洪湖市水村即是如此。

1981年时，水村共有6个生产队，当年开始松动分田，由于民众不敢一次性分到户，就采取了先分到组的办法。于是，全村就由6个队先分成12个小组，每个队各平分成2个组。田则首先按这12个小组分。

1983年时，这12个小组按照家庭联合体的形式进行了进一步的细分，每个小组分成更小的组。如1小组分成更小的6个小组，3小组分成更小的2个小组。田则相应地按片划分，承包到每个更小的小组。也即1小组的田继续分成6片，3小组的田继续分成2片。

1983年分田的单位——家庭联合体，其范围在三代以内，且以两代为主。也就是说，这种家庭联合体仅限于堂兄弟以内，且以亲兄弟为主。

与此同时，水村在划片的时候还考虑到了部分单家独户的情况，

---

① 鸣村道路修建占地按照当地规定，是按25元每平方米的田地和20元每平方米的菜地给付的。因此，李某和我们文中所说的其他屋主实际均是“漫天要价”。

这种情况一般按照朋友或亲戚的关系归纳到某一家庭联合体中。

这种划片承包，是水村村民自己偶然想出的一种巧合性制度创新。我访谈他们时，他们都谈到并不是有意而为，只是当时觉得一家人的田分在一块“要保险一些”，而且因为要一起在这块田里劳作，农业生产与收入都是共享的，如果掺杂进过多的非血缘关系，合作将会相当困难。

1984 年，政策已经完全可以预期了，因此，以家庭联合体为单位的农业生产再次分解，也即彻底分田到户了。恰好，因 1983 年是按三代以内的家庭联合体单位进行划片承包的，因而，1984 年的分田到户所分之田仍然在一块，实质上，这种分田到户的形式有点相当于“分家析产”的形式，而不像是将集体所有的田“分到个体”。

这种制度创新的最大好处在于利用了血缘关系这个亲缘网络，解决了因“实质性的产权”变动而带来的合作中的一系列纠纷。如用水灌溉时，总有部分“钉子户”不愿意缴纳水费或偷水，这种矛盾往往能在一个“家庭联合体”内部以“家庭”和“自己人”的名义当作“家庭矛盾”解决好。

三　农地制度实践三种形态的比较分析

在叙述完三个地域个案的简要情况后，我们再对之做一些比较分析。

（一）公地悲剧、反公地悲剧与公地喜剧

第一个地域个案所反映的是公地悲剧的经典案例。由于产权过于模糊①，在取消农业税以后，这一地域个案所在的地域普遍出现了

① 虽然“集体产权”也是一种“清晰”的产权，但相较于“私人产权”，还是“模糊”的，不过，问题其实还并不在此，我们下文会更加清晰明了地看到这一点。如果严格地执行强有力的集体产权，则一样不会引起所谓的公地悲剧与反公地悲剧的麻烦，这种悲剧的性质实际上是由我们不断弱化集体产权却又还要打着集体所有的旗号从而形成的制度性模糊造成的。

强占与瓜分公共产品从而无法有效供给公共福利的困境。

第二个地域个案所反映的则是与第一个地域个案刚好相反的反公地悲剧。由于产权过于清晰，在取消农业税后，每个农户都有权决定自己的土地是否被征用来建设公益事业，因而造成公共事业面临与各个分散的权利主体谈判交易成本高企的问题，进一步，我们还会发现，只要任一权利主体不同意其土地被征用或借此阻拦，那么，再好的公益事业也无法达成。

第三个地域个案所反映的则是介于上述两种情况之间的，笔者姑且将其叫作“公地喜剧”。相较于公地悲剧与反公地悲剧都无法实现公共福利的有效供给而言，这种个案所体现出的自创制度安排能够有效供给公共福利并能有效调节其中的纠纷矛盾，因而确实可以称得上是一种“喜剧”。公地喜剧的要义在于，产权既不过于模糊，又不过于清晰。说其模糊时，其近似于某一群体单位的公共财产；说其清晰时，其又近似于农户个体私有。既不公得太彻底，也不私得太过分。

（二）悲剧为什么普遍出现于取消农业税后？

在笔者看来，“三个和尚没水喝”的困境不在于“水”本身，而在于缺乏一套硬性的平衡——“三个和尚”利益的制度安排。公地悲剧与反公地悲剧均主要存在于取消农业税以后，这两种地域个案所体现出的时间上的共同性能够反映平衡机制被破坏后所造成的后果。

对于第一个地域个案而言，堰塘在取消农业税前以村组集体的名义共管，或承包给个人后由个人支付相当于税费的租金进行管理。这两种管理方式都能利用农业税费作为杠杆来平衡村组集体内部各利益主体的利益，因而，堰塘的管理相对有序。取消农业税后，村组集体均失去了调节和平衡各利益主体利益的杠杆。而作为农户，因为不需要再承担农业税费了，承包堰塘的农户个体不再支付相当于税费的租金，而是继续霸占堰塘，没承包堰塘的农户个体则开始对此前村组共管的堰塘进行瓜分。因此，缺失调节利益平衡的杠杆后，堰塘之类的公共设施便似成了无主的产品，公地悲剧得以形成。

对于第二个地域个案所反映的反公地悲剧而言，亦同样如此。取消农业税前，第二个地域个案所在地域的公共品供给普遍采用“占地抬粮”的办法，也即占谁的地，就将被占地所要承担的农业税费均摊给每一个直接的公共品受益户，从而可以实现无论占地与否，都能达成各利益主体之间的利益平衡，农业税费仍然从中起到了杠杆作用。然而，取消农业税后，与上述第一个地域个案既不同又相同的是，第二个地域个案所在地域的农户所拥有的农地使用权，因其不再需要承担任何责任，在过去近30年来从未调整变动过土地的历史与未来40年仍然不会调整变动土地的预期且有法律保障的情况下，这种土地的使用权更加进一步发展成实质上的“私有产权”。因此，一方面无法达成利益平衡，另一方面又因为每一利益主体可以运用手中的“私有产权”，从而使得反公地悲剧普遍形成。

（三）为什么有的地域能实现公地喜剧？

与公地悲剧和反公地悲剧相反的是，将地域个案所在地域的传统资源嵌入土地制度安排中，从而实现自发的制度创新而达成第三个地域个案所在地域的普遍形成的公地喜剧。这种制度创新，使得即使同样是取消了农业税，且在土地调整与变动中与发生反公地悲剧的地域的制度安排基本相同的情况下，仍然因为传统资源的被开发与嵌入而避免了困境。

一方面，如第二个地域个案一样，经历了近30年土地未调整变动且在未来40年仍然不会调整变动的情况下，第三个地域个案也同样有着类似“私有产权”的“土地使用权”。但是，由于灌溉与排涝等农田水利均具有很强的公共性，因此，要么采用某种办法如收取农业税费平衡承包各方的利益，要么模糊产权意识，让合作中的各利益主体自认“吃点亏”也没关系，否则就会形成第一个地域个案的公地悲剧或第二地域个案的反公地悲剧。“划片承包”的制度创新就在于将血缘、姻缘、趣缘等地域传统资源特别是血缘因素嵌入了具体的制度实践中，从而可以使得在“产权明晰”后所带来的“反公地悲剧”中采用模糊策略来化解纠纷，也即运用“血缘”中的“吃亏”逻辑对抗“产权”中的“不吃亏”逻辑。

另一方面，由于这种以血缘为基础的“划片承包”，短期内缓解了不调整土地所造成的土地占有的非均衡状态所带来的不公，从而客观上维护了当前刚性的农地制度的稳定。就水村来说，从分田到户至现在，一直没有调整土地。其结果就是，约 30% 的农户人多地少，约 30% 的农户人少地多，剩下约 40% 的农户土地占有与人口结构的变动基本持平。这说明人口结构的变动与土地的不平衡的比例实际达到了 60% 。但是，因为“划片承包”，土地的占有不均仅仅表现在一个家族内部，且家族内部因为务工或农转非等因素的变动，实现了比较频繁且有效的土地流转。由此造成的结果就是，那 30% 的人少地多的农户本来就没有什么意见，而另外 30% 的人多地少的农户虽然有点小意见，却因为从家庭内部流转进了部分土地，补足了他们缺地的差额，因而，对土地调整的诉求也就不如很多没有开展划片承包的地方的农户那样迫切。这种平衡实际上也是如农业税费作为杠杆一样的平衡各利益主体的策略，否则，同样会出现公地悲剧与反公地悲剧。如第二个地域个案所在地，因土地 30 年来未进行任何调整，且又非划片承包，土地占有不均的格局无法达成各利益主体的利益平衡，由此造成的后果就是，对于那些人多地少的农户来说，取消农业税费后如果涉及占用他们的土地，则公共品的供给几乎无法达成。

（四）如何实现由悲剧到喜剧的跳跃？

从本文所描述和分析的三个地域个案来看，似乎按照将血缘等传统地域资源嵌入农地制度实行划片承包可以实现从公地悲剧与反公地悲剧到公地喜剧的跳跃。然而，现实告诉我们，第三个地域个案的喜剧性质仅仅取决于该地域农户分田到户时有意识的巧合，现在总结这种直接的经验对于当前刚性的土地制度安排而言，已经基本丧失了完全普及的可能性。至少，《农村土地承包法》所规定的

"在承包期内不允许调整土地"一条就会使划片承包无法付诸实践。而且，从笔者近三年来在全国十余个省（自治区）驻村调研300多天的经验来看，即使实现修法从而允许土地调整，在实践的过程中因为多年来已经形成的制度惯性和路径依赖，调整农地的政策几乎丧失了实施的条件。

事实上，只要我们细心分析就会发现，我们其实已经建立起了一套十分有效的农地制度可以改善公地悲剧与反公地悲剧的困境，从而实现由悲剧到喜剧的跳跃，这就是改革开放之初所形成的"统分结合、双层经营的家庭联产承包责任制"。理解这一点，也是在上述平衡机制的讨论基础上，进一步理解公地悲剧和反公地悲剧均出现在税费改革以后特别是取消农业税以后的原因。20世纪80年代初期的这套制度，其创新之处就在于产权的两级构造——所有权归集体、使用权归农户（温铁军，2009），恰好避免了此前人民公社时期产权过于模糊的弊病，也避免了《农村土地承包法》和《物权法》通过以后产权过于清晰的弊病。因而，这套农地制度安排为20世纪80年代和20世纪90年代农村公共福利的供给事业建设提供了坚实的制度保障，基本有效地改善了长期困扰西方制度经济学上如何解决公地悲剧和反公地悲剧的巨大困境，从而使得公地喜剧在这一段时期内较为普遍。然而，近30年来的经验表明，这套产权的两级构造的制度安排逐渐地往事实上的一级构造——私有产权靠近，特别是最早以湄潭土地试验经验为蓝本的贵州地区（刘燕舞，2009），其农地的集体产权其实已经没有任何意义，更多体现的是已经私有产权化的刚性的不可调整的农地使用权一级。因此，反公地悲剧在此类地区十分普遍也就在情理之中了。在税费改革特别是取消农业税以前，之所以没有出现普遍问题，是因为这套制度中的"统分结合"两维与"责任"二字既从组织上保障了作为所有权主体的村社集体能够积极作为，又从利益上保障了分散的农户主体之间的利益平衡，通过具有"统"的能力的村社集体调节"分"的农户基于对土地和集体的"责任"而间接地继续发挥这套制度的功效，从而使得农村公共福利的供给能够持续地有序、高效且低成本地运行。税费改革特别是取消农业税以后，伴随《农村土地承包法》和《物权法》的出台，这套制度安排的产权两级构造已经接近消亡了。同时，“统分结合”也体现出“分有余而统不足甚至无法统或无统”的局面，对土地与村社集体的“责任”也已经被取消了。因此，在产权仍然有模糊空间的如沙洋地区就出现大量的公地悲剧，在产权已经清晰的如绥阳地区就出现大量的反公地悲剧，仅仅是基于分田到户时的巧合而实现的以划片承包这一自发的制度创新为特征的洪湖地区才侥幸残存着公地喜剧。

所以，如果要真正解决公地悲剧与反公地悲剧的困境，实现由悲剧到喜剧的跳跃，就必须回到改革开放之初所制定的农村基本经济制度上来，舍此，不仅无西方经验可供借鉴（他们既困于公地悲剧中无法自拔，也困于被他们发明的解决公地悲剧的私有化所带来的反公地悲剧中无法自拔），就是我们自己的伟大创造也会逐渐被我们遗弃。

四　基本结论

根据上文对三个地域个案农地制度实践形态的描述与比较分析，本文可以做出如下几点总结。

第一，农地产权过于模糊确实造成了不利于公共品供给的大量公地悲剧的出现，而农地产权过于清晰又确实造成了不利于公共福利供给的大量反公地悲剧的出现。将传统的如血缘、姻缘、趣缘等地域资源以划片承包的形式嵌入农地制度的实践中，从而实现虽然产权清晰却因为传统资源的作用，使得各利益主体的利益能在“吃亏”的自己人逻辑之下得到家族内部的平衡，从而避免了公地的两种悲剧实现了公地喜剧。

第二，公地悲剧历来是西方制度经济学研究中无法逃脱而试图努力逃脱的困境，其试图从产权明晰的私有化角度解决困境的办法却是按下葫芦浮起瓢，从而又造成了一个无法解决的反公地悲剧的困境。因此，中国要解决公地悲剧或反公地悲剧，无现成的西方经验可资借鉴。改革开放初期所形成的农村基本经济制度既能有效解决公地悲剧问题，也能有效解决反公地悲剧问题，从而实现由悲剧到喜剧的跳跃。然而，支撑这套制度保障公地喜剧的产生和持续的制度因素正在被持续地破坏，产权两级构造向一级构造的走向、统分结合由统向分的过度蔓延、基于对土地与村社集体的责任的被取消均使得我们继续面临西方困境的老路，在解决公地悲剧的同时，也会引起更多的反公地悲剧，仍然无法实现公共福利的正常、高效且低成本的供给与持续。

第三，中国要逃脱公地悲剧与反公地悲剧的困境，从而提供正常、高效且低成本的公共福利，唯一可行的办法只能是继续完善我国农村基本经济制度，使农地产权的两级构造的每一级都能继续发挥作用，使统分结合的统的组织保障能够实质性地运转，使基于农户对村社集体的责任在被取消后可以通过中央财政转移支付的手段继续维系。唯有如此，方能实现由悲剧到喜剧的跳跃。

参考文献

[1] 陈欣、余翔，2007，《专利药品“反公地悲剧”探析》，《科研管理》第6期。

[2] 高洁、陆建华，2007，《专利丛林引发的反公地悲剧及对专利政策的思考》，《科技进步与对策》第6期。

[3] 刘新平、罗桥顺，2007，《“公地悲剧”理论在新疆耕地利用的新解析》，《生态经济》第11期。

[4] 刘燕舞，2009，《反思湄潭土地试验经验》，《学习与实践》第6期。

[5] 迈克尔·赫勒，2009，《困局经济学》，闾佳译，机械工业出版社。

[6] 温铁军，2009，《“三农”问题与制度变迁》，中国经济出版社。

[7] 薛莉等，2004，《农用水集体供应机制中“公地悲剧”问题分析》，《山东社会科学》第9期。

[8] 袁庆明，2007，《资源枯竭型公地悲剧的原因及其对策研究》，《中南财经政法大学学报》第5期。

[9] 祝美华、潘云华，2007，《“公地悲剧”的治理之道》，《江南大学学报》第2期。

[10] Ostrom, Elinor. 1990. *Governing the Commons: The Evolution of Institutions for Collective Action*, Cambridge: Cambridge University Press.

[11] Paul A. Samuelson. 1954. "The Pure Theory of Public Expenditure," *The Review of Economics and Statistics*, Vol. 36, No. 4.

（撰于2010年）

当前农地纠纷的基本形式及化解办法

当前农地纠纷处于高发期，根据农地用途处置不同，农地纠纷主要有农地流转纠纷、农地征用纠纷、国土整治纠纷、农村建设用地纠纷四种形式。当前农地纠纷多发与相关政策法律变动、农地利益释放和农村资源输入分利等因素有关。化解当前农地纠纷的关键在于继续完善农地政策和法律制度，增强政策与法律预期的稳定性，构建合理的平衡农户利益的平衡机制，严控分利集团参与农地利益分配。

中共十八大报告再次强调要以改善民生和创新社会管理为重要抓手来推进社会建设。我们知道，加强和创新社会管理工作最重要的环节之一就是化解矛盾纠纷，调节利益冲突。对于农村社会来说，同样如此。当前农村社会管理所面临的突出问题就在于农村社会已处于矛盾纠纷多发期，各种利益冲突增多。而在这些矛盾纠纷和利益冲突中，涉及农地纠纷的情况占了一半甚至更多。因此，比较全面地了解当前农地纠纷的基本形式并寻找化解办法就显得十分重要，也是加强和创新农村社会管理的题中应有之义，本文试图就这一问题展开探讨。

一　当前农地纠纷的基本形式

当前农地纠纷形式多样，根据不同的标准可以划分成多种类型。如有学者从农地纠纷主体的角度将之划分为农户与农户之间、农户与集体之间以及农户与国家之间等几种基本形式（郭亮，2010：10～15）。本文根据农地用途处置将农地纠纷划分为如下四种基本形式。

（一）农地流转纠纷

我们知道，政策界部分人士或学界一些学者总是试图制定或设计从而推动出台政策文件以刺激农地流转，尤其是刺激农地流转后能够大规模集中从而形成所谓高效、高产和高收益的规模经营。事实上，农地自发流转在民间一直广泛存在，但与规模经营的含义关系不大。民间自发的农地流转主要有四种情况。

其一，一些人少地多的家庭耕种不过来，从而以适当的价格流转给信得过的村民特别是一些人多地少的村民耕种。这种情况流转的价格一般不高，大多在每亩100斤稻谷以内，因此，这种流转带有一定的赠予性质，所引发的农地纠纷也不多。

其二，主要劳动力外出务工或举家外出务工，以口头协议的形式委托村民代耕，收益归代耕者所有，代耕者仅负担部分税费。这种流转情况所导致的纠纷也不多。

其三，在20世纪90年代中后期也即二轮延包前后，因为农业税费负担较重，一些农户为躲避税费负担将农田抛荒然后外出务工，其农地经由乡镇政府引导和村组集体具体负责流转给外来农民或本村农民尤其是本村的村组干部。由于这些流转处置在当时比较仓促，村组多未与原承包人签订严格的合同，一般以电话口头授意为主，以致在1997年二轮延包或税改前后完善二轮延包时承包关系发生了变更，此后，随着农业税的取消，农地原承包人与新承包人以及村组集体甚至乡镇政权之间发生了一系列的纠纷。

其四，在地方政府和村组集体介入下，以现代农业规模经营为幌子，而实际则是想坐地生财或套取国家惠农补助，由村内外资本采取以租代征的形式进行的带有半强制色彩的农地流转。这种流转情况在流入方能按时兑现租金的时候不会产生问题，但当流入方因为诸如土地开发、资金不足或其他不可预测的情况从而导致租金不能兑现时会引发一系列纠纷。

当前涉及农地流转而引发的农地纠纷主要是由前述后两种流转形式造成的。从农地纠纷主体来说，有本地失地村民针对外来户的纠纷，有失地村民针对乡镇政权和村组集体的纠纷，也有本地失地村民针对本地村民的纠纷。前述第三种情况所引发的纠纷主要存在于我国中西部地区的非城郊农村，第四种情况则主要存在于东部地区农村和中西部地区的部分城郊农村。

（二）农地征用纠纷

因为各种公益事业或公共事业建设的需要，农地征用不可避免。抽象来说，几乎每一起征地事件都会引发纠纷，但带有普遍性的纠纷主要有如下三种形式。

其一是农村内部公益事业建设征地引发的纠纷。取消农业税以来，农村基础设施建设加快，公共财政的投入加大，这对农村来说当然是好事，但也不可避免地产生了一些纠纷。这些纠纷十分复杂。有一些是直接针对征地补偿标准的，一般来说，这类纠纷往往也容易解决。而有一些是借征地之机要求公权力解决生产生活中的困难的，如涉及一些地块征用的农户除了要求按正常标准赔偿外，还要求获得低保指标、困难补助指标等情况。还有一些则是在村庄内部产生其他纠纷没有能力解决借征地之机要求有关方面出面解决问题的。

其二是村外公共设施建设征地引发的纠纷。近年来，高铁、高速、省道等各种交通要道的建设或改造工程越来越多，在涉及征地方面往往也会产生一系列的纠纷，而这些纠纷最主要的诉求是征地赔偿款问题。

其三是原来已经合理合法解决了的征地问题在新形势下引发的新的纠纷。一些地方，在取消农业税前便已建设了多项公益事业，如道路修建，也因而占了不少农用地，因为之前一直可以收取税费，不少地方在处理占地问题时往往由受益户来分摊被占地农户的税费负担，然而，取消农业税后，由于不需要再承担分摊的税费，而耕地的被占用又往往是长期性或永久性的，从而使被占地农户感觉吃亏或不公平，要求重新补偿因而引发了系列纠纷。

（三）国土整治纠纷

国土整治在近几年亦大幅度加快。国土整治的初衷是好的，其目的在于改善土地肥力，平整耕地，以方便农业机械化的操作，并节余部分平整后所多出来的土地，从而增加耕地面积等。国土整治从政策设计目标来说，是一项善政。然而，在具体操作中产生了一些问题，择要来说有如下两种情况。

其一，打着国土整治为农民服务的幌子不给农民补偿从而引发纠纷。我们在一些地区调查时发现，在国土整治项目中，农民不能得到任何补偿，而有关方面的理由是国土整治是帮农民“做好事”，不收农民的费用就已经不错了，更不可能有所谓补偿。然而，在操作过程中，由于国土整治会涉及土地平整后要重新建设机耕道路以及灌溉水渠，而这势必会使得有的农户的土地不被占用，而有的农户的土地则恰好被占用。因此，在即使是同样的善政框架下，由于受益与受损的具体农户不同也会产生问题，一些利益受损农户也即农地被无偿占用的农户强烈不满，他们通过诸如阻止施工、上访等措施进行抗争，其纠纷针对主体既有施工方，也有地方政府部门。

其二，因为在国土整治的工作过程中执行不到位，从而造成成事不足败事有余的窘况，引起众多纠纷。一些国土整治项目存在比较严重的腐败问题，由于项目经过层层转包，每一层转包主体又都要从中分取项目利益，到最下一层的具体施工方就只好偷工减料或敷衍塞责。这种状况最严重的在于因工作不到位而改变了农地原有格局，如农田水利被破坏、土壤肥力被破坏、机耕道路设施被破坏等，从而使得国土整治后的农地比整治前的情况更差，造成农作物严重减产，农业收益下降，农业耕作不方便等一系列新的问题，也因此而引起了一系列后续纠纷。而这类纠纷所针对的主体往往是政府有关部门，尤其是地方国土部门。

（四）农村建设用地纠纷

本文所说的农村建设用地主要指农民的宅基地。农村建设用地的处置所引起的纠纷也是农地纠纷的一种主要形式。这一纠纷情况包括以下两种主要类型。

其一，同样导因于20世纪90年代中后期的农业税费负担，一些农户采取以卖房屋的形式免费搭售耕地的办法将房屋转让给外来农民，而地方政府同样为应对农业税费的收缴难题而默认这一行为并为外来人口办理户口手续以便他们落户。但是，取消农业税后，一些卖房农户以宅基地不能买卖为由重新找买入户要回宅基地甚至包括承包地，从而引发纠纷。

其二，导因于城乡建设用地增减挂钩的政策实施，一些地方为了获得更多的城市建设用地指标，不顾自身财力而强力推进农村的集中居住和拆村运动以腾出更多的宅基地土地并将之复垦为耕地。农民在失去自己原有宅基地的时候，需要支付比补偿款更多的资金以获得集中居住地的宅基地使用权，并需要支付比其原有房屋更多的资金用于建造新的房子。这对于一些正准备改建新房的农户来说不成太大问题，但对于一些既不亟须改建新房同时也无力承担建造新房开支的农户来说就成为极其严重的问题，并因此而引发一系列纠纷。

二　当前农地纠纷产生的主要原因

在较为详细地梳理清楚当前农地纠纷的几种基本形式后，我们有必要就这些农地纠纷形成的主要原因做进一步的分析。

（一）政策法律变动

政策法律改变中的首要一点是农业税费政策的变动。

前述农地纠纷中，大部分或直接或间接或多或少地与这一政策的变动紧密相关。一般而言，自1995年开始，农业税费在各地迅速走高。如我们在湖北京山等地调查时发现，20世纪90年代中后期亩均税费在300～380元不等。当地户均耕地在12亩左右，亩平基数过高，导致户均总体承担的农业税费较重。为躲避上缴农业税费，为数不少的农户直接将农地抛荒然后外出务工，抛荒面积在一些村庄达到30%以上。当时的所谓抛荒，实际上蕴含了农户将农地承包权退还给村组集体的真实意涵。然而，这种意涵均为口头表达，或仅是行为表达。在民间的习惯法中，这种表达是有习惯法的效力的。但是，从国家法的角度来说，这种表达显然没有任何“证据”可言，也就不具备真实的法律效力。不过，当时的地方政府和村组集体为了应对补足因大面积抛荒而造成的农业税费缺口考虑不了那么多。他们想出各种办法进行补救，如吸引外来移民，安排他们落户，让他们先对抛荒地进行代耕并垫交农业税费，或者强行流转给村组干部或村中有余力耕种而缺乏能力外出务工的农户，被流转的抛荒地的农业税费则由他们垫交。1997年二轮延包时将农地承包权重新确权到抛荒地的被流转户，原承包户与自己的农地没有了任何关系。这种情况一直延续到2002年前均未出现过纠纷。2002年费改税政策出台，农业负担开始降低，一些抛荒外出的原承包户开始回来索要自己原有的承包地，农地纠纷随之出现，并随着税费的降低而逐渐加剧。取消农业税时，这类纠纷达到顶峰，有些地区甚至酿成流血冲突。2008年金融危机爆发，部分农民工开始返乡，农地纠纷再次大规模爆发（刘燕舞，2011）。目前来看，随着城镇化的加速，农地升值预期加快，部分地区可能会迎来第三轮农地纠纷高潮。

除此之外，农业税费政策的变动还影响到了征地纠纷。很多地区在没有取消农业税前，在村庄公共品供给事业上，都是由受益户分摊被占地农户的农业税费来实现的。我们知道，如果法律允许村组集体调整土地，那么，在村庄公共品建设上，如果涉及征地就可以采取调地的办法。然而，一些政策或法律事实上是越来越倾向于阻止村组集体调地的，这在农地承包时间预期比较长的地方如贵州地区尤其突出。因此，农业税费就成为一个利益调节的杠杆，从而能够平衡村庄内部各成员的利益。然而，取消农业税后，这一平衡被打破，被占地农户因而强烈不满，如以此为理由来损坏建好的公共品设施或上访等。

法律政策改变中的第二条便涉及农地的法律或政策的直接改变。

其实，每一轮农地纠纷高潮与政策调整都有一定的关系。20世纪80年代初期，刚分田到户时，由于对原有制度体系预期的改变，在如何分田的过程中产生了一系列纠纷。随后，因为政策调整逐步到位且开始巩固，纠纷开始减少。1997年二轮延包政策开始实施时，同样导因于政策预期的改变，农地纠纷开始增多，但因为当时高额税费的压力，农地纠纷不是非常突出。2002年开始启动费改税和《农村土地承包法》的出台，使人们对承包期的长期不变的预期更为清晰，从而引发了新一轮的农地纠纷。2006年取消农业税后，围绕农地承包而发生的纠纷进一步加剧。此后，《物权法》的出台，使得农地承包权成为一种用益物权，农地纠纷再次加剧。此外，《物权法》的出台，因为强化了附着于宅基地上的建筑物的农户权利，实际上也间接地使得宅基地使用权物权化或准私有化，这样所形成的后果是，一些废旧建筑物无法拆掉，因为面临高额赔偿问题，而新的宅基地无法供给，以致引发有宅基地建房需要的农户与村组集体之间的纠纷，这在我国北方农村尤其突出。总体而言，在政策与法律调整的同时，原来持观望态度的农民逐渐意识到，农地承包权或农村建设用地使用权一旦放弃或失去就可能很长时期内不会再拥有，因而，对农地权利的伸张，不管是合理的还是不合理的，突然急剧增多，纠纷亦随之而来。

（二）农地利益释放

引发农地纠纷的第二大主要原因就是农地利益的释放，包括如下两个方面。

其一，农地升值带来利益释放而引发农地纠纷。

伴随经济加速发展与城市化速度加快，农地价值亦连年跃升。农地不断升值会改变农民的土地观念以及农民对农地变现的预期。一些地区，在农地升值没有预期之前，农地仅可能用于农用而获得有限的土地收入，因而，农民对农地的观念也相对淡薄。然而，当大量基础设施建设或工商业建设用地需要征用土地时，相较于仅能用之于农用从而获得有限的土地收入而言，农地的工商业用途转变的可能性或现实性就会刺激农民的利益神经。因此，一些地区在风闻农地有可能被征用而还远没有征用时，就开始为被征用而做准备，如此一来，涉及农地各种权利的界定或获得而引发的纠纷就开始增多。而征地一旦开始，农地升值变现在即，围绕利益分配而展开的纠纷就更加在所难免。尤其对于一些农地的所有权和使用权均属于集体的情况，围绕农地升值的利益分配的纠纷更为剧烈。每一农户都想将自己的利益最大化，以致任何一个分配方案都会遭到部分农户的否决。我们曾经就某条高铁所经过的五个乡镇的众多村庄做过调查，结果发现，每个村庄都存在围绕集体土地被征用后的利益而产生的分配纠纷，且每个村庄都存在征地赔偿所得无法分配下去从而只能“挂”在银行账上的情况。也因此，每个村庄的村组干部都为此焦头烂额，工作十分棘手。任何一种分配方案都会面临诸如上访、自杀的威胁或斗殴暴力的实践。

其二，外来资源输入分利而引发农地纠纷。

中国已经进入以工补农和以城带乡的阶段。也因之，在这样的阶段，输入农村以扶助农村发展的外来资源日益增多。然而，如何分配这些输入的资源以及农民是否能够真正获得这些资源是一个极其现实且严肃的问题。就我们的调查来看，当前农村的实际情况是，众多自上而下的资源并未能直接分配给农户，而是被各种分利集团瓜分掉了（贺雪峰，2011：47～56）。更严重的还在于，一些分利集团在瓜分这些资源利益的同时，还会打着为农民输利和服务的幌子而侵害农民的利益，如国土整治中的诸多猫腻即是如此。调查发现，国土整治项目中，农户不仅无法获利，甚至还会受损。因国土整治原有的农田水利破坏、农地土壤改变使农业生产的便利性大打折扣，乃至造成农产品减产的现象层出不穷。而真正能够分食这部分利益的是涉及国土整治的部门和地方黑恶势力。一般而言，地方土地部门包括国土局和国土所会分得其中的大部分利益，乡村两级组织会以管理费和协调费的名义分得部分利益，一级承包商会分得部分利益，二级甚至更多级承包商也即工程层层转包的承包商会分得比一级承包商略少的利益，利益链末端的负责具体操作实施的黑恶势力会分得底端的部分利益，农户不仅无法获得赔偿，还会因为慑于黑恶势力的直接威胁而受到各种损害，因而纠纷不断。除此之外，诸如小型农田水利工程、一般的修路铺桥等公共品供给的建设过程中，均存在此类现象，尽管形式不一，但是各种分利集团排斥农户对自上而下输入农村的各种资源的分利的实质是相同的，并因此而造成各种涉及农地的纠纷。

三　当前农地纠纷的化解办法

针对当前多发的农地纠纷，我们认为可以从以下几个方面入手进行有效化解。

其一，进一步完善农地政策与法律制度，重点是加强农民对农地政策与法律预期的稳定性。

事实证明，每一轮农地政策与法律的调整都会带来一系列农地纠纷，相反，每一次农地政策和法律的稳定和巩固都会使得农地纠纷数量下降。过去的实践表明，政策法律的调整过于频繁，围绕农地利益的预期被不断改变。这也从另一个角度揭示出，我们在制定相关的政策制度或法律时既应符合现实情况，又需要有一定的超前思维。否则，每一次政策法律的制定都会在很短的时间内面临多次调整的命运。这一方面降低了政策法律的公信力与合法性，另一方面也容易形成利益冲突和纠纷。

农地政策与法律制度完善的基本策略是，既要尊重历史，也要照顾现实，还要顾及未来发展的方向。所谓尊重历史，就是要对过去众多形成既定事实且在过去的具体实践中没有争议的问题进行确证和保护，而不容推翻。如对祖业权的伸张（陈锋，2012：

68～75)，就不应受法律保护，对于据此伸张权利且无理上访的部分农户，完全有理由按相关法律法规进行处理，而不必担心其影响社会稳定而随意迁就，以致形成示范效应。如果一切关于祖业权的伸张都能够获得不得已的保护，那么，中华人民共和国成立以来的所有农地制度都将失去基本的法理基础。又如对于税费时期修建公共设施而以平摊税费来完成村落内部征地的，就应该肯定当时的实践的正确性，否则，同样上溯历史，每一过去的历史时期总有具体的实践远慢于当下现实的情况，如果都否定过去，那么现在也将没有合理性和合法性。所谓照顾现实，就是要看到某些现实权利诉求的合理性，并给予积极回应。如当前的各种国土整治项目的实践，从宏观方面来说，其基本立意和出发点都是好的，但是不能因此而损害农民的利益，对于农民的合理诉求应该正面回应，并应有相应的政策和法律进行保障。又如农地流转中的纠纷问题，对于那些当年确实因高额税费而迫不得已抛荒以致丧失农地承包权的，在当前的现实情况已经改变的前提下，应该有合理的安排，如给予他们部分口粮田以维持其在特殊时期(如金融危机失业返乡)的最低生计水平，但同时又要如前述尊重历史，也即不能完全主张让其全部要回其原有的所有农地的承包权。所谓顾及未来发展方向，就是指我们的农地制度与法律应有较为长远的顶层设计，一旦制定，就能管很长时间，而非朝令夕改，让农民无所适从。

其二，要尽量构建平衡各方利益的调节机制。

一些农地纠纷的发生，从根源来说与农村的利益平衡机制被打破有相当大的关联(刘岳、刘燕舞，2010：42～45)。中国农民历来不是患寡而是患不均，这种朴素的平等观念经由中华人民共和国成立后的社会主义新传统的强化更进一步为农民所内化。所以，农地纠纷中为数不少的情况与村外因素无关，相反是村内的利益平衡被破坏导致的。如原来公共品供给过程中，因为有税费作为杠杆进行调节，能够让被占地农户感觉到利益基本平衡，取消农业税费对于这类农户来说，原本并没有失去什么，但因为利益平衡被打破让他们感受到了机会成本的丧失。同样，对于国土整治来说，所有农地占用如果按总量减少后再重新平分一般会较少出现纠纷，但如果占某一户就白占，而其他农户却没有占，即使国土整治所带来的从总量上来说均是利益，但从被占地农户个体来说，其同样会感受到利益的不平衡。在现实条件下，一切通过调整土地或平分土地的办法从而实现总量内部的利益平衡都是不现实的，唯一可行的办法就是通过财政转移支付的办法，以财政补贴的形式弥补受损农民，从而让财政转移支付替代性地起到调节利益平衡的杠杆作用，以尽可能地化解基于村庄内部利益失衡所引致的农地纠纷。

其三，要严格控制甚至严厉打击一些分利集团分食输入农村的资源的行为。

无论是农地征用，还是国土整治项目推行，或城乡建设用地增减挂钩的实践等，都应严格控制层层转包的现象发生，严防各种土地开发中的腐败，坚决制止黑恶势力参与到工程项目中。黑恶势力的加入既损害农民利益，同时又会逐渐成为权力机构引入的“毒瘤”，轻则损害公权力的威信，重则损害公权力的合法性。在城乡建设用地增减挂钩的实践中，对于那些没有足够财力的地方政府，要严格控制其推动大规模的拆村运动，侵害农户的建设用地权益。此外，对于农地流转中的以规模经营为幌子而实为套取国家惠农补贴的既坑害国家公共财政又坑害农户权益的现象更应强力打击和坚决查处。总之，要尽可能地维护农户合法的农地权益，最大限度地阻止各种势力侵蚀分利。

四 结语

当前农地纠纷处于多发时期。随着农地升值预期加快，农地承包权的稳定预期持续巩固，如果不设法进行调整和规制，当前已经多发的农地纠纷还会在新的条件下进一步加剧。尤其是在城镇化将作为未来10年乃至更长时间的新的经济增长极而成为必然的趋势下，农地征用、农地流转、国土整治从而置换更多农地用于城镇化建设等农地实践仍将大规模持续进行，农地纠纷也就潜在地存在更大程度和更广范围发生的可能。本文根据农地用途处置的情况，将当前农地纠纷划分为农地流转纠纷、农地征用纠纷、国土整治纠纷、农村建设用地纠纷四种主要形式。本文认为这些类型纠纷的出现，与农地政策法律制度的变动紧密相关。每一轮农地政策或法律的调整，都会改变农民对农地利益的预期，也因而会引发新一轮纠纷，而每当农地政策或法律趋于稳定时，农民对农地利益的预期也比较稳定，农地纠纷亦会随之减少。此外，农地利益的释放以及自上而下的各种资源输入农村，一些分利集团分食各种利益，引发农民不满而产生纠纷。要化解当前农地纠纷困境，一是要继续完善农地政策与法律制度，增强政策法律预期的稳定性，二是要尽力构建平衡农民利益的合理机制，三是要严控分利集团参与农地利益的过度分利行为。

参考文献

[1] 陈柏峰，2006，《对我国农地承包权物权化的反思》，《清华法律评论》第1卷第1辑。

[2] 陈锋，2012，《“祖业权”：嵌入乡土社会的地权表达与实践》，《南京农业大学学报》（社会科学版）第2期。

[3] 郭亮，2010，《地权纠纷与乡村治理的困境——来自湖北S镇的调查》，《北京行政学院学报》第4期。

[4] 贺雪峰，2011，《论利益密集型地区的农村治理——以河南周口市郊农村为讨论基础》，《政治学研究》第6期。

[5] 刘燕舞，2011，《农地确权确地：实践及其出路——基于湖北省五个地区的调查思考》，《中共宁波市委党校学报》第2期。

[6] 刘岳、刘燕舞，2010，《当前农田水利的双重困境》，《探索与争鸣》第5期。

（撰于2013年）

关于农地确权确地的思考

——基于湖北省五个地区的调查思考

因农业税费高企，1997年的二轮延包政策在湖北省的部分地区落实效果并不理想。大量农户为躲避高额农业税费选择抛荒外出从而使农地权属变得混乱。2004年完善二轮延包的政策实践又因为此前的税费改革与其后的取消农业税政策，落实效果同样并不理想，并因此而形成了第一次农地纠纷高潮以及系列后果。2008年底至2009年初的金融危机使得部分失业农民工返乡需要土地耕种，从而形成了第二次农地纠纷高潮。2010年以来，持续增长的涉农补贴、粮食价格以及因年龄而自然返乡的压力使得第三次农地纠纷高潮开始出现。重新调整农村各群体的利益并使之尽量达至平衡是解决当前农地纠纷的根本出路。

长期以来，农村土地确权到户既是农地政策实践的讨论热点，也是关于农地学术研究的热点。主流观点一般认为，只要将农村土地权属弄清楚了，就一切妥当了。如杨小凯（2003）先生就指出，农地产权不清晰的话，人就不文明。徐勇等（2010）认为，实践中的政府、企业、集体及农民之间的地权与地利纠纷就是由农地产权不明晰、不稳定以及不平等导致的。鄂玉江（2004）指出，解决“三农”问题的根本出路就在于农地确权。还有学者指出，只有农地确权了，产权清晰了，农地流转才能有效进行（郑建华，2009）。通过农地确权，农地集体产权的低效率问题可以逐步被克服，农业规模化经营以及农村建设用地直接入市等就成为可能（严冰，2010）。

从此前农地权属关系的混乱状况来看，农地确权当然是至关重要的，也是十分必要的，因此，主流观点关于农地确权的知识体系无疑有其正确性。然而，是否农地确权了，农村问题尤其是农地问题就万事大吉了呢？根据我最近几年的调查，抽象意义上的农村土地确权在实际生活中并非关键，最为紧要的在于事实意义上的农地确权也即落实确地到户，实现“权到”与“田到”同步而非“权到田不到”。本文即是根据我近几年在湖北京山、沙洋、大冶、洪湖和应城五地的调查经验而展开的一些讨论。具体说来，本文旨在梳理农地确权实践的缘起、现实、后果、农地纠纷加剧的原因以及解决这些问题的出路。

一　确权确地的缘起

我们先简要考察为什么要确权确地。

调查发现，京山、沙洋、大冶、洪湖与应城五地，分田到户的时间均在1981年前后。以1982年为起点，第一轮承包时间至1997年满，因此，在1997年时便开始了第二轮延包工作。1982年至1997年，上述五地的农地制度实践存在差异。

第一，关于分田到户承包的方式。洪湖在开始时，基本以三代以内的家庭联合体为基本单位采取划片承包的方式，后续实践尽管完全分田到户，但刚开始时的划片承包的土地格局并没有改变，因此，后续的承包方式与其说“到户”，不如说像是家庭联合体内部的“分家析产”。而其他四地则在开始之时便基本采取一次性到户的承包方式，且承包户的关系极其松散。

第二，关于人均耕地面积。上述五地，除大冶人均耕地在1亩左右以外，其他四地人均耕地均在2亩以上，且京山、沙洋和应城的实际耕地面积均在3亩以上，多者甚至达4亩。

第三，关于农业税费。20世纪90年代开始，农业税费在上述五地均显著增长，1995 年至 1999 年基本达到顶峰，最高者亩均负担达 380 元以上，较低者亩均负担也在 150 元以上。

第四，关于农地调整。由于上述三大差异，土地调整在上述五地同样呈现差异。除洪湖自始至终基本没有进行调整外，其他四地基本按三年小调五年大调的办法经常性地调整土地。其原因在于，洪湖的土地利益因其划片承包的格局基本可以实现家庭联合体内部的调整，而其他四地则必须在家庭与家庭之间进行调整。我们发现，另外四地中，除大冶因人均耕地面积较少而利益冲突并不是十分突出外，京山、沙洋和应城三地则因其人均耕地面积较多牵涉的利益冲突较为突出。

第五，关于土地流转集中。基于前述四点，洪湖地区基本在家庭联合体内部流转集中，大冶地区则要么抛荒部分土地，要么自然地出现“侯安杰现象”，即向种田大户流转集中。另外三地则因为户均耕地基数较大，农业税费又较重，出现了严重的抛荒现象，每个行政村抛荒面积高达几百亩甚至上千亩的情况并不鲜见。

第六，关于解决抛荒的措施。其一是低价流转给村组干部。其二是低价流转给普通村民，所谓“低价”一般在每亩 50 元至 150 元不等，基本为当时亩均农业税费负担的四分之一到二分之一不等。其三是将抛荒地流转集中到村组集体然后挖成鱼池或植树造林，从而变成村组集体的资源。其四则是从外地引进移民，帮助他们落户并获得土地，然后让他们承担相应的农业税费，既有全额承担的情况，也有低价承担的情况。

因为抛荒，上述五地的某些地方尤其是沙洋、京山和应城等地，1997 年的二轮延包就走了过场，基本没有真正落实，加上各种土地流转情况，使得土地权属变得复杂不清。2002 年税费改革全面启动后，因负担减轻，开始出现部分抛荒农地者回流要地的现象，大量农地纠纷也随之出现。正是在这一背景下，2004 年，湖北省启动了完善二轮延包的战略决策，内在目的其实是在新形势下对 1997 年的二轮延包进行实质性的“补课”。

二 确权确地的实践现实

2004年的完善二轮延包政策的实践，在各个地区差别较大，甚至在同一行政村内部的各小组之间也呈现很大的差异，择要来说，有如下几种情况。

第一，完全按1997年二轮延包时的数据重新确权确地，这种情况在上述五地均占有一定的比例，但并不是处理方式中的主流部分。

第二，以1997年二轮延包的数据为基准，对留在农村种田的农户与抛荒外出的农户实行区别对待的办法，在田亩的优劣与面积的多少上大多侧重优先照顾种田农户，然后才考虑抛荒农户。这种办法又可以细分为两种情况。其一是优先照顾种田农户，而对于抛荒农户同样给予较大程度的支持，部分村则将抛荒农户的田以1997年的数据为基准，然后在此基础上以60%～80%不等的办法处理，也即原有田亩面积如果有10亩的，则可以按6～8亩的数据进行确权。其二是优先照顾种田农户，适当考虑抛荒农户的生存利益。采取这部分策略的村庄多以给予抛荒农户人均0.5～1.5亩不等的口粮田进行确权，而将剩下的部分给予种田农户确权。

第三，本地种田农户的利益受到保护，外地迁入的种田农户的利益受损，抛荒农户获得适当利益。采取不动本地种田农户的田，将外来农户按人口均分后，将其原来流转集中剩下的大量农田拿出来重新分给抛荒农户的办法。

第四，争取到国土整治的项目，将整治土地多出来的田分给抛荒农户，其余农田均不动。

第五，将流转集中到村组集体的农田拿出来分给抛荒农户，其余农田不动。

上述五种办法，第一种、第四种与第五种均只占少部分，第二种和第三种占主要部分，且又以第三种情况较为普遍。上述五种办法中，除第五种比较好落实外，其他四种办法均存在困境，简要来说就是该拿田出来的不愿意拿出来，该要地的农户要不到地。

不愿意将田拿出来的农户的理由主要有以下四条。

第一，他们垫交了当时抛荒农户的农业税费。

第二，当年村组集体欠他们的钱。这一条实际上就是我们经常讨论的村级债务，其中村级债务主要由垫交农业税费、兴办村级企业以及其他为各种升级达标活动而负有的债务构成。这三个方面中，在中部农村如湖北省，垫交农业税费是一个最重要的部分，而这一部分中很大一部分又是应对当时抛荒外出农户的农业税费而形成的。债务的形成又由从信用社等金融机构贷款和向农户集资借款构成。税费改革特别是取消农业税后，村级债务采取锁定的办法，这对于欠信用社等金融机构的债务来说，问题不大。然而，对于欠分散的农户的借款来说，则问题极大。这两种情况在上述五个地区均不同程度地存在，其中，应城一带的农村，向农户借款而形成的村级债务尤其严重。由此，这些村级债务的债权人在2004年完善二轮延包政策的实践过程中也就持严重不合作的态度。

第三，即使没有上述两条，一般占地较多的农民也认为，他们当时已经缴纳了农业税费，而抛荒农户将田一抛了之，如果抛荒农户对于农田想要就要，想抛就抛，那么，从机会成本的角度来看，那些交了农业税费的农户就认为他们的利益潜在地受到了损害。

第四，部分完全因为人口结构变动而形成人少地多的家庭援引相应的国家政策，认为《农村土地承包法》中已明文规定承包期内增人不增地、减人不减地，因此，他们没有理由将田拿出来重新分配。

与之相反，对于要田的农户来说，他们又分成两类，一类即是由于人口结构的变动，部分家庭人多地少，他们按照村庄成员权的原则，认为只要是村庄的户籍人口，就应该有一份土地，不然，“难道让我们饿死不成?”他们如是说。另一类则是上述抛荒农户。

抛荒农户要田的理由有三。

其一，当年之所以抛荒是高额的农业税费“逼”的，不然，“谁愿意抛掉土地，背井离乡外出求生存?”因此，在他们看来，抛荒并不是他们的错，而是政策的变动造成的，并认为政策变动所造成的不利后果不应由他们承担。

其二，与上述人多地少的农户的理由一样，他们中的部分人也仅持一个简单理由，即是这个村庄的人就应该有一份自己的土地，除非自己主动放弃这一权利。

其三，他们认为，他们抛荒的后果的实质与村庄中没有外出的种田农户欠缴农业税费的后果的实质是一样的。因为，抛荒是为了躲避农业税费，而没有抛荒的农户也有不少是欠缴或没缴农业税费的，既然后来免除农业税费并锁定债务能够不再追究这部分农户的责任，那么也就不应该对他们当年的抛荒行为“吹毛求疵”。既然这部分农户能够分到农田甚至还能获得照顾，那么，他们也理应享受同样的权利，不然就是对他们的“不公平”，“同是一个村的人，难道我们是后娘养的?”

要地者与不愿意将地拿出来者之间发生冲突，并产生了一系列后果。

三　确权确地遗留的后果

2004 年的完善二轮延包政策在具体实践中尽管努力追求确权确地，即将农地权属确证清楚，将农地实在地确证到具体农户，但因为我们上述讨论的现实问题而产生了一系列后果，择要来说有六。

第一，土地占有不均的局面已经形成，有者田连阡陌，无者无立锥之地。我 2008 年在京山农村调查时发现，村中农户土地在 30 亩以上的不在少数，部分农户甚至在 50 亩以上，有的农户却无寸土（刘燕舞，2009a）。2009 年底至 2010 年初，我到沙洋农村调查时亦发现同样的问题。2010 年底至 2011 年初，我到应城农村调查时更发现，有的农户占地面积在 80 亩甚至 100 亩以上，有的农户却无寸土。这种占地分化的极大差距既有人口结构变动造成的，如我此前调查的贵州绥阳农村在这一方面的表现尤其突出（刘燕舞，2009b），但本文所述的湖北经验显示，更多的还是自1997年二轮延包至今的农地政策实践所造成的。更严重的问题还在于，农地正越来越向两种群体集中。其一是既有和现有村组干部。其二是村中的强势群体或恶霸地痞。村组干部、强势群体或恶霸地痞中的无地者或少地者能要到地，他们回来将看中的田“插好标”就变成他们的田了，即使没确权到他们户头他们也能实际占有土地。而对于有地或地多的村组干部、强势群体或恶霸地痞，即使同样将他们的土地确权给了别的农户，其他人仍然不可能从他们那里事实上要到地。

第二，无地者或少地者以没有土地为由，阻止各种村庄公益事业建设。取消农业税后，村中各种公益事业要么完全办不起来，要么依托一事一议勉强能办的却在资金筹集上是应该按人口还是按田亩计算无法达成一致。如果按田亩，以有田人口计算，根本无法承担任何一项资金略高的公益事业建设；如果按人口，无地或少地的农户则会以没有或少有土地为由拒绝承担任何相应的义务，“天上鸟飞过，我却找不到一块属于我打鸟的泥巴巴，凭什么还要我出钱呢?”

第三，大量涉及地少或没有土地的危害农村稳定的上访频繁发生。少地者或无地者以及权到而田不到者，向各级政府上访反映情况，伸张各自的“权利”，到镇、县两级政权上访者，可谓络绎不绝，到市、省两级上访者亦不乏其人。有些生存陷入困境而又没有土地的农户甚至直接拿着农药瓶子到政府部门以生命威胁“请命”。尽管有些土地已经确权到农户，但权到田不到的局面使得权利的确定并没有用处，而仅停留在纸面上。尽管各级政府有意识地引导农户根据土地确权证书到法院通过法律诉讼的途径解决，然而，通过法律诉讼救济的情况在我所调查的上述五个地区均寥若晨星。

第四，村庄内部亦纠纷四起，有直接针对村组干部的，有直接针对农户的，口水战、肉搏战甚至白刃战不断上演。我最近到某地调查便发现，口水战几乎是家常便饭，而肉搏战和白刃战亦不断出现，不断刺激着人们的神经。据统计，每个村庄每年因农户要地以及农户不愿意拿出土地进行分配的纠纷均在 10 起以上。

第五，村庄人际关系紧张，村庄逐渐变得疏离，熟悉与亲密的村庄共同体不断解体或面临解体的局面。导因于上述四点，村庄人际关系越来越紧张，原本友好的关系受到严重威胁，兄弟反目、朋友背义的事件不胜枚举。

第六，无地者或少地者在经过几年的无效抗争后，开始以破坏性的手段获取自己的利益，严重危害村庄公共福利的供给与农业生产的安全。2004 年至今，不少无地者或少地者不断采取各种手段抗争，但大多收效甚微。于是，他们开始将村中的荒山、荒地据为己有，更有甚者，部分无地农民直接将灌溉用的堰塘推成农田或直接改变灌溉用途而据为己有后改成鱼池。我在某村调查时发现，一个小组的总共占地约 100 亩的 18 口堰塘全部被推成农田，由此，该小组近 500 亩旱涝保收的农田重新陷入了靠天收的困境。

四　新的压力及矛盾的加剧

上述六大后果正在加剧，并且伴随两种主要情况的变化而出现新的压力，从而使得矛盾更加复杂，也更加激烈。

第一，附着在土地上的利益的增长，这主要包括如下两个方面。

其一，各种与土地有关的涉农补贴逐渐稳步增长。正如我们前述抛荒的逻辑所在，除涉农补贴本身的稳步增长外，还因为京山、沙洋、应城和洪湖等地人均耕地较多，从而户均耕地也较多的地区，其涉农补贴的户均总数字也较大，由此，利益更加明显，冲突也就更加激烈。

其二，粮食价格稳步增长。一方面，国家逐渐提高粮食收购的保护价；另一方面，粮食本身的价格在迅速提高。由此，户均耕地较多的农户的粮食产量较高，粮食生产的收益也较大的情况就更为明显，同样，冲突也就更为突出。

第二，两种农民工的返乡加剧了当前形势的压力。

其一，因自身年龄增长，而必须返乡务农的农民工。这种类型的返乡农民工每年每村都有几个，他们退回农村后，最稳妥的生存办法就是种几亩地，因此，他们要地的愿望极为迫切，对当前基层政权以及基层组织的压力也较大。根据我的调查，每个村庄几乎每年都有此种纠纷出现。

其二，因宏观经济形势的变化而带来的被迫返乡务农的农民工。这种类型的农民工在2008 年下半年以及2009 年上半年因金融危机而失业返乡的情况特别多，由此，近一年的时间内，也是当时农地纠纷的第二次高潮（第一次农地纠纷高潮在 2004 年和 2005 年完善二轮延包政策时）。此外，正如本文前述附着在农地上的利益的增长而带来的压力那样，现在已经开始出现因涉农补贴的持续增长与粮食价格的持续增长而带来的第三次农地纠纷高潮。

五　解决策略

如何化解当前因 1997 年二轮延包走了过场以致2004 年的完善二轮延包又与当时的税费改革以及紧随其后的取消农业税政策而形成的困境，是当前需要慎重考虑并积极处理的重要问题。在我看来，根据前文的探讨与分析，应该以分类的思路来化解当前的矛盾，择要来说有如下七个方面。

第一，对于强势群体尤其是地方恶霸把持的非确权到其户的农田，实施强力打击，将其多余的农田强制拿出来重新分配。

第二，对于当年抛荒农田被迫流转到户的村组干部应区别对待，有正当理由的应补偿其合理利益，补偿完合理利益后，其多余的农田同样应该重新拿出来进行分配。

第三，对于确权到户却未能确地到户的农户，在现实情况下，应采取政治手段与法律手段并举的措施，确保能够权到的同时田也到。对未确权却占有农田的农户以说服教育为主，适当时候可以考虑行政处罚，不能让分散的单个农民自己去寻求法律救济，因金钱与时间成本太高，在目前的现实处境下，这一做法无异于“卸包袱”，合适的办法是以政府为主体或至少支持以村组集体为主体来采取法律救济的办法。

第四，对于第一条和第二条以外的当时确实代交或垫交农业税费的占有多余农田的普通农户，应支持他们当时的合法正当利益，可由相应的抛荒农户补偿其垫交或代交的农业税费，然后再实质性地取得确权到户的农田。

第五，对于要田者，如果确属当年没有承担义务便抛荒外出的，如果其重新要田，仅以村庄成员权为由的，不予支持，如果不愿意补偿接收其农田者的正当利益，则视同其放弃要田的权利。不然就会纵容这种从长远来说危害村庄秩序的行为。

第六，对于涉及与农户有关的村级债务的，同样应分类处理。其一，对于已经还清本金的甚至多于本金的，其凭借高额利息所形成的债务而继续占有超出其确权部分农田的农户，不能支持其行为。其二，对于未还清本金的农户，应从新增涉农补贴中拿出部分比例还清其本金，然后不再支持其继续占有多余确权的农田。事实上，根据我的调查，当前村级债务中严重危害包括土地确权在内的村庄治理事务的仅仅是涉及农户的债务部分。而这当中又分三种情况。其一，既有村组干部的债权，其本金的90%已凭借当年的高额利息还清。其二，村中强势群体的债权，其本金90%以上凭借当年的高额利息已还清。其三，部分普通村民的债权，70%以上的农户其本金都还没有还清。但这三种情况中，从债务构成的数额来看，前两种占比高达80%左右。由此，我们会发现，危害村庄治理事务的村级债务，其实并没有当前学界和政策界想象中的那样严重。

第七，对于移民进来的农户的权利，应注意保护。根据调查，我们发现，移民进来的农户通常在1997年前后接收了大量抛荒农田，且往往承担了所有接收抛荒田农户中所负担的最高额的税费，比如一般本地农户以50元每亩接收抛荒田的，外地移民进来的农户则基本在100元一亩到150元一亩。而在2004年完善二轮延包时，当年开车去接他们来落户的本地人又开始因其外地人的身份以“驱赶”作为威胁让其交出所有多余的农田，且不补偿其任何利益。因此，我认为应保护这一群体的利益，至少应补偿其当时所承担的农业税费的损失。

上述七种办法应能较好地化解当前的矛盾，缓解第三次农地纠纷高潮对当前农村稳定所造成的压力。

六　进一步的讨论

当前农村土地确权确地的现状及其所形成的系列后果，本质上与农村内部的利益平衡机制有关。事实上，不仅仅是农地确权的实践，几乎所有农村治理事务均与此有关，如当前农田水利困境的形成（刘岳等，2010）。农业税费高企时，对于部分农户抛荒外出的行为，大多数地方政府及基层组织干部束手无策，除了消极地化解部分负担外，对于这一严重打破当时农村利益平衡机制的做法并没有进行有效处理。此后的税费改革，特别是取消农业税的战略举措，其积极意义自不待言，因为这一政策使农民告别了延续数千年的“皇粮国税”。然而，它打破了农村的利益平衡机制，在确权确地的实践上，会因为利益的不平衡而出现前文所述的各种力量之间的冲突及其相应的行为逻辑。

此外，还有必要进一步讨论的是关于“规模经营”的概念。当前学界的主流话语主要强调土地的大规模流转集中然后实行大规模经营。基于此种前提，对于本文中所提及的诸如土地严重分化的问题自然也就不在他们担忧之列。然而，事实上，我们长期调查及多方面比较后发现，只要不改变农地使用性质，大规模经营对农民增收并没有实质性的影响（贺雪峰，2010）。不仅如此，大规模经营对粮食的产量有负面作用。以上述五地为例，根据我们的调查，只要土地超出30亩的面积，一对成年夫妻就势必会采取粗放经营的办法，如此一来，粮食不仅不会增产，且还会适当减产。以水稻为例，每亩减产量在100公斤左右。相反，如果耕种面积在20~30亩，一对成年夫妻基本可以做到精耕细作。在此意义上，我们认为中央一直强调推进“适度规模经营”的提法是正确的。但是对于何为“适度”一直没有一个标准。我们调查后发现，这个“适度”的“规模”，其上限当在30亩，其下限当在15亩。以本文的经验为例，除大冶农村外，其余如京山、沙洋、洪湖、应城等地农村，其户均实际耕地规模均在15亩至20亩之间。以“规模经营”或“土地流转”等话语来回避当前农村确权确地所形成的一系列后果没有成立的理论基础与经验基础。正是在这个意义上，本文所提出的问题及其解决措施也才有强烈的实践意义。

参考文献

[1] 鄂玉江，2004，《解决三农问题重在为民确权》，《农业经济》第1期。

[2] 贺雪峰，2010，《地权的逻辑——中国农村土地制度向何处去》，中国政法大学出版社。

[3] 刘燕舞，2009a，《金融危机对不同类型农民工的影响及其对策分析——基于湖北省京山县鄂村的个案研究》，《东岳论丛》第7期。

[4] 刘燕舞，2009b，《反思湄潭土地试验经验——基于贵州省绥阳县鸣村的个案研究》，《学习与实践》第6期。

[5] 刘岳、刘燕舞，2010，《当前农田水利的双重困境》，《探索与争鸣》第5期。

[6] 徐勇、项继权，2010，《确权：文明与和谐的基础》，《华中师范大学学报》（人文社会科学版）第2期。

[7] 严冰，2010，《农地确权》，《经济体制改革》第3期。

[8] 杨小凯，2003，《土地产权与宪政共和》，《南方周末》5月26日。

[9] 郑建华，2009，《农地确权与农地流转互动机制初探》，《农村经济》第8期。

（撰于2012年）

为什么下雨便是涝，不下雨便是旱？

——湖北省沙洋县李市镇农田水利调查

农田水利，无论是硬件设施，还是软件制度和组织，都要与农民对接起来。当前的农田水利实质上由三个问题组成，其一是农田水利的硬件设施问题，其二是农田水利的软件——制度和组织问题，其三是与前两方面对接的农民的问题。本质上，无论是硬件还是软件，都是如何为人所用和为人服务的问题，因此，硬件和软件都是手段，人才是最终目的。

一　问题的提出

农田水利好坏关系到农业安全能否得到保证，进一步来说，关系到整个国家的安全能否得到保证。为此，2010 年 1 月 10～25 日，我们在湖北省沙洋县李市镇就当前农田水利现状展开了为期半个月的田野调查。通过这半个月的调查，我们发现，当前农田水利状况堪忧，已经严重地危害到了农业安全。

给我们最直观的印象是，渠不成渠，沟不成沟！渠道淤塞严重，崩岸严重，堤面和堤身均损毁严重。渠道淤塞轻则 1 米，重则没有了渠形。堤面和堤身均有农民栽树或种植庄稼，不管是迎水面还是背水面，都已被当地农民大量刨土种植。除此之外，堤土被取走的情况也十分严重，有些堤段原来是堤比田高 1 米，现在则是田比堤高 1 米！四沟除本身需要作为分界线的厢沟还勉强保持外，其他沟 95% 以上已经被填平或损坏。沟渠的严重损毁，使排涝时水无法排出，庄稼被淹严重，灌溉时，水无法到达田里，庄稼受旱严重。

俗话说，收多收少在于肥，有收无收在于沟。可见，沟渠等农田水利设施对农业安全的基础性作用有多么重要。然而，作为农田水利硬件的沟渠损毁却如此严重。不过，更可怕的是，与这一套硬件相对接的软件——涉及农田水利的制度实践、组织能力以及农户之间的合作等几乎处于瘫痪状态。软件现状的严重程度可以用我们访谈到的几乎每个农民都会说的一句话来形容——“现在农田水利没人管了!”由此，当前农田水利中较少能看到基层政权和基层组织的强有力的作用。

与农田水利接触最亲密的农民又是怎样一种形象呢？他们平时忙于将垃圾倒在渠道里，忙于将四沟填平多种上几颗庄稼，忙于将机耕道路开发栽上农作物，忙于将堤土刨松种菜。冬播过后农闲时，他们又忙于在麻将桌上蹉跎岁月。天旱时，他们看着庄稼旱死，痛心疾首却又无所作为也无法作为，天涝时，他们站在高处看着农作物一天天被淹死忙于流泪水却又无人愿意下水挖开渠道。村干部来组织时，他们忙于推辞，村干部走开后，他们又忙于发牢骚。仿佛，农田水利与他们无关；又仿佛，农田水利是他们的命根子。

农田水利，无论是硬件设施，还是软件制度和组织，都要与农民对接起来。因此，当前的农田水利实质上由三个问题组成，其一是农田水利的硬件设施问题，其二是农田水利的软件——制度和组织问题，其三是与这前两方面对接的农民的问题。而这三个问题又是有层次的。第一个问题最为表面，也最为直观。第二个问题是中观层次的，它是连接第一个与第三个问题的桥梁。第三个问题是最基础的，它决定了第一个问题中的硬件设施能否持续利用和能否用，也决定了第二个问题中的制度和组织的实践能否成功。本质上，无论是硬件还是软件，都是如何为人所用和为人服务的问题，因此，硬件和软件都是手段，人才是最终目的。

由此，本报告着重要考察的是，当前农田水利的硬件设施是一个什么样态，与之配套的制度和组织又是如何运作的，作为硬件服务的对象、制度实践的对象和组织运作的对象——农民又是一个什么样态，这三者之间又是如何纠合从而使得当前农田水利陷入重重困境的。在这些问题的背后，笔者还要借此报告探讨一个更为宏观的问题，即现代国家如何治理现代农民的问题。前述三个问题实质上是服从于这一个大问题的。

二　李市镇农田水利现状

（一）李市镇概况

湖北省沙洋县李市镇地处江汉平原北端，东、北临汉水，西倚西荆河，南与潜江市交界，北接沙洋县城，219省道贯穿全镇。全镇辖23个村民委员会，172个村民小组，1个居委会。面积93.26平方千米，耕地面积3824.2公顷，总户数9763户，人口42375人。全镇水田约1.3万亩，其余均为棉田。因此，李市镇的农作物种植结构以旱作物为主，一般靠近渠道的农田种植部分水稻，除此之外的农田主要种植棉花等经济作物。因之，李市镇的农田水利主要是排涝水利。

（二）李市镇农田水利基本现状

李市镇从地形上来说，主要处于平原地带，地势东北高、西南低。全镇海拔较低，在30米左右，大多地方介于28米到33米之间。总的水流方向为由北往南，由东往西。

1. 全镇水系：淤塞与损毁的三纵十横

李市镇全镇水系可用“三纵十横”来概括。其中，“三纵”是指南北向的三条主渠，分别为主干渠、东干渠、东支渠。而“十横”则是指十条东西向的支渠，由北往南，分别为一支渠、二支渠……九支渠、十支渠。整个水系呈网状格子结构，具体情况见图1。[①]

由图1我们可以看到，镇的北端是汉江，西面是西荆河，东面虽仍是汉江，但已不与李市镇相接。图1中标五角星处为镇政府所

---

① 需要说明的是，李市镇水系示意简图系笔者粗略绘制，并没有标出所有渠道，也没有标出所有村庄，而且，也没有严格的比例尺，仅为表述方便。如果从卫星地图上看，李市镇的网状格子结构水系更为清晰明显。

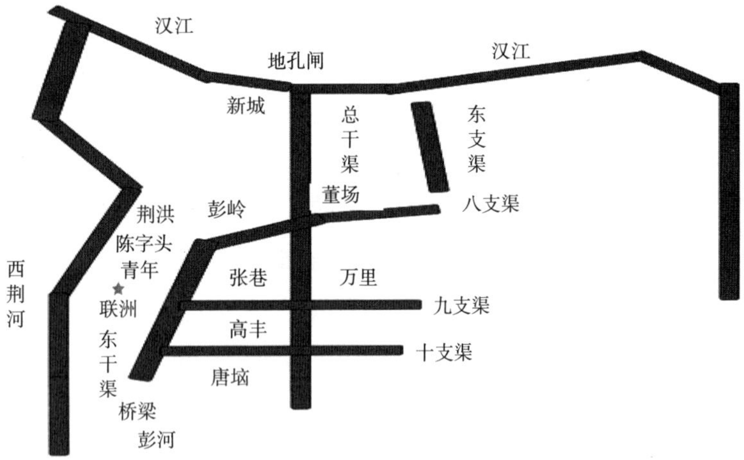

图 1　李市镇水系示意图

在地，驻地青年村为镇中心村。图 1 中的三纵最东边的渠道是东支渠，中间一条是总干渠，西侧一条则是东干渠。其中，总干渠 1977 年开挖，1979 年建成。总干渠的进水闸叫地孔闸，于 1978 年在赵家堤上修建，通过地孔闸，从汉江引水进入总干渠，然后灌溉李市镇的农田。同一时期，还开挖了东支渠和另外十条东西向的支渠。东干渠是一条自然形成的河流，当地将其称为东荆河，也叫东荆渠，开挖总干渠时，在东荆河的基础上进行了改造，修建成后来的东干渠。图 1 中最西面的河流则是西荆河，西荆河流经沙洋县，李市镇是其在沙洋县南端的尾段。

因此，李市镇这“三纵十横”再加上西荆河就构成非常完备的排涝与灌溉体系，因为是网状格子结构，各渠道之间均相通，十条横向的支渠全部与总干渠相连。灌溉时，从汉江引水，经过地孔闸，通过总干渠引入李市，然后，总干渠中的水通过各支渠再流入每个村的村口或村内。排涝时，则通过泵站将从这些渠道中汇集而成的水强排入西荆河，然后流入汉江。

然而，如此完备的水利体系，其现状却令人担忧。目前这些主要的渠道均存在严重问题，其一是淤塞严重，其二是堤损坏严重，其三是有些渠道已经没有了渠形，如图 2、图 3、图 4 所示。其中，

图2是总干渠的某一段，我们可以看到最直观的便是堤的一侧损毁极其严重，堤面与河床相隔不到1.5米的距离，而原来的距离约有4.5米。其原因在于，河道淤塞约1.5米深，而堤面则被人取走约2米的土。不仅如此，由图2我们还可以看到刚刚刨松的堤面，村民正准备在上面种植庄稼。图3是东干渠的某一段，渠道淤塞同样十分严重，淤塞的深度在1.3～1.5米，堤面的损毁与垮塌与图2是差不多的。图4是九支渠的某段，我们可以看出，渠道已经没有了渠形，近乎平地，堤的迎水面上是村民所种的油菜和栽的树木，图4清晰地显示油菜已经有往渠道中间延伸的趋势，而这一段原来的渠道深度在4米左右。除图2至图4所显示的这三条渠道外，据李市镇某领导及李市镇水利中心负责人介绍，全镇“三纵十横”的整个水系的全部渠道均与我们上述的描述差不多，每条渠道淤塞的深度平均在1～1.3米。

图2　总干渠某段

图3　东干渠某段

图4　九支渠某段

严重的渠段在1.5～2米。几乎所有渠道的堤岸均被村民种植了树木，而这些树木又并不是加固堤面的防浪林，绝大部分是白杨树。超过50%的堤面被村民种植了各种各样的庄稼，背水面尤其严重。

“三纵十横”的渠道现状如此差，是否事关李市镇人民生命财产安全的西荆河会好些呢？答案是，其现状同样令人十分忧虑。西荆河李市段堤身十分单薄，1989年和1992年对堤身加固过一次，此后就再没有加固过。堤的坡度也存在隐患，现在的坡度约1∶1.5，而一般来说，应该在1∶2或1∶2.5比较合适。堤面的宽度也不够，李市段全堤宽度在2～3米，2米宽的约有5000米，3米宽的也差不多有5000米，2～3米宽的约有9000米。据水利工作人员介绍，西荆河堤面4.5米的宽度比较合适。堤的高度也达不到要求，现在整个李市段的西荆河堤高度在34米左右，然而，涨水时水位一般会达到33.5米、33.8米，甚至越过34米，达到34.26米。可以说，西荆河在李市段就好像是顶在李市人头上的一盆水，稍有不慎，水就会越过堤面漫过来。在一些险工险段尤其如此，如尿湖垸泵站所在堤段，水经常与堤面持平。除淤塞崩岸等情况外，西荆河同样面临上述三纵十横的命运，人为毁坏也比较严重。见图5、图6和图7。

图5　西荆河堤某段（1）

图6　西荆河堤某段（2）

图7　西荆河堤某段（3）

图5、图6、图7是西荆河的某段，距离相隔在500米以内。就在这不到500米的范围内，我们统计了一下农作物种植的情况，一共有5处被种上了麦子、油菜或豌豆。图中只选取了其中的两处。其中，图5的油菜种在堤的迎水面，约有0.3分地。图6中种的是麦子，堤的背水面全部种满，堤面上还种了约3米宽，整个堤面只剩下不到1米的空间，整个长度约有40米。另外三处，一处在堤的背水面种了长约30米、宽约2.5米的豌豆，一处则是在堤的迎水面种了长约40米、宽约2米的豌豆，还有一处在堤的迎水面种了约1分地的油菜。图7是人畜经常从这里下水而“开辟”出来的一个缺口。

我们没有统计全部西荆河在李市段的情况，但大体不会与图5、图6、图7所描述的相差很远。图8是我们在另外一个村的堤段拍摄的，由三幅图片组成。其中左边的图片显示，背水面的堤与农民的田完全连成一片了，因而我们可以看到油菜“种上了坡”。中间那幅图片则显示了堤的迎水面的崩岸情况，泥土垮塌的痕迹还比较新鲜。右边那幅图根本看不到明显的堤岸，郁郁葱葱的农作物几乎种到了河道中心。

图8　西荆河堤某段（4）

不管是堤的背水面还是迎水面，将堤土刨松种植庄稼都是非常危险的事情，每年刨松一点，每次下雨都冲走一点，一方面是冲刷的泥土流入河道从而造成河道淤塞，另一方面则是堤身越来越单薄，雨水的侵蚀会使这些种了庄稼的堤面有如豆腐块，一戳便破。像图5中迎水面的那一块，四周全部用围栏围好，显示了种植的主人要么曾常年在这一段“耕耘”，要么就是打算在这一段长期“耕耘”。

李市镇因处于平原地带，且以种植旱作物为主，因而，排涝水利十分重要。其排涝有这样几个过程。首先，村民将自己田里的水通过四沟排入三纵十横的渠系，然后由这些渠系里的水通过渠道排往靠近西荆河的泵站，再经由西荆河东西两侧的排涝泵站将水强排入西荆河，西荆河水再流往汉江，汉江的水通过地孔闸经总干渠进入灌溉李市镇的农田。因此，李市镇的排灌基本可以看作一个循环体系。地孔闸就像一个总开关，排涝时关闭地孔闸，灌溉时打开地孔闸。然而，通过前述的三纵十横渠系的基本概况和西荆河李市段的现状，我们就会知道，这一十分完备的排灌体系已经遭遇到了巨大的困境。西荆河自身就像一个得了重病的少女，矗立在李市镇上空，是那样弱不禁风，以至于其“生死”不断地拨动和敲打着李市人的心弦。排涝时，西荆河决定李市镇的水能不能排，而其他三纵十横渠系和农民田里的四沟决定李市镇的水排不排得出。假若渠系疏通，四沟通畅，可西荆河仍像“林黛玉”一样，那么，全镇的水即使聚集到了泵站周围，也只能静静地“装在”李市镇，而不能送入西荆河，否则后果不堪设想。2008年8月28～30日，连续三天大雨，西荆河水位一下暴涨，李市镇不仅不能将农田里的水排入西荆河，相反，所有排涝泵站全部关闭，还必须动员全体村民到河堤上防汛，三天大雨下得乡村干部“六天六夜不敢合眼”！人们疯狂地往堤上垫沙袋以加固河堤，然而，水退去以后，人们又似乎全忘记了那六天六夜是如何在堤上度过的。河堤该栽树栽树，该种菜种菜。河道里面该扔东西还扔，所有生活垃圾恨不得全往里扔。来年涨水时再疯狂一次。2008年的三天大雨，据乡村干部和村民说，要是放在10年前，完全没有问题。可如今，每一场大雨都可能是压垮这不堪重负的西荆河——这一羸弱的骆驼的稻草。假若西荆河仍然健壮，那又当如何呢？通过对上述三纵十横的渠系描述，我们会发现，一样解决不了问题，当西荆河允许李市镇的水“排”的时候，损毁严重的三纵十横渠系却会告诉我们，水未必能全排得出去。

三纵十横的渠系自取消农业税以后，也就是从2006年以后至今，从未进行过大规模的清淤。总干渠在2001年、东支渠在2003年、东干渠在2003年进行了最后一次清淤，此后虽然视情况适度清理一下，但基本不起作用。2008年大雨时，镇里曾组织挖掘机将渠道中的水花生草挖掉一部分，但由于渠道年久未清，淤塞状况严重，任何小动作都解决不了实际问题。根本的问题还在于村民不断地对渠道与河堤进行人为的毁坏，特别是每年都要将大量棉秆、麦秆、菜籽秆等扔到渠道中，当这些秸秆还来不及腐烂时，要么雨水来了被堵塞严重而无法排水，要么就是需要水灌溉的时候，从汉江过来的水不容易顺利沿渠道南下。图9左边是某支渠堤面，原来堤面在4米宽以上，现在仅剩下不到30厘米的一条小路，两边均栽上了油菜。中间是九支渠接近总干渠的渠段，我们可以看到油菜已经种到了水边，而大量棉秆则被扔在渠道里，任其自生自灭。右边是另外一条渠道，已经看不到堤了，渠道右侧的崩岸还清晰可见。刨堤种植导致的水土流失、堤岸崩塌的大量泥沙以及村民扔的垃圾和秸秆再加上开春后的水花生草，使得三纵十横的渠系就像是一个“消化不良”的病人，大量“积食”淤积。

图9　渠道堤面损毁与淤积情况

2. 老化与毁坏的排涝泵站

全镇水利中，除重要的渠道外，还有一个十分重要的硬件便是各类大小排涝泵站。李市镇共有大小排涝泵站 17 座，其中有 5 座泵站属于李市镇所有，而其他 12 座则属于各行政村所有。所有泵站均存在老化严重的问题。从以下几个方面对泵站进行介绍。

其一，管理方面。产权属于镇的 5 座泵站由镇里管理，包括人员安排与泵站维修。而村里的泵站则由村组负责管理，泵站出现故障时报镇水利中心，再由水利中心安排人维修，维修费用由镇拨付。

其二，排涝方面。全镇有 3 个泵站需要长期排涝，分别为陈字头泵站、尿湖垸泵站和联洲泵站。这三个泵站修在地势比较低的地方，且其周围以低洼田为主，只要下雨就需要启动强排。这三个泵站除尿湖垸泵站属于桥梁村外，其他两个泵站都属于镇里。此外，镇属中心泵站、黄岭泵站和荆洪泵站在雨水较大时也必须排水。除这些泵站外，村属的泵站一年一般只需启动几次，有的甚至只需一到两次。

其三，问题方面。目前泵站的问题主要是设备老化严重，维修成为极大问题。这些泵站大多建于 20 世纪 80 年代和 20 世纪 90 年代，所生产的设备现在要么买不到，能买到的配件则非常贵。泵站的变压器大多还是使用的铝芯，而现在一般都已经开始使用铜芯了。泵站的拦污栅和抽泥泵已经基本全部毁坏，而这又会造成新的问题，如拦污栅的毁坏会使得杂草棍棒等流入泵站搅坏叶轮。此外，泵站的涵闸都是老式手摇式的启闭器，使用不方便。

各泵站现状见表 1。

表 1　李市镇泵站情况

泵站名称	修建时间	装机功率	所在地点	损毁状况	产权
中心泵站	1985 年	4 × 180kW	西荆河村	配电柜老化，拦污栅坏了	镇
联洲泵站	1991 年	2 × 55kW	西荆河村	拦污栅坏，轴承和 1 号机组坏了	镇
陈字头泵站	1995 年	1 × 155kW 1 × 55kW	西荆河村	拦污栅坏，变压器不行了	镇

续表

泵站名称	修建时间	装机功率	所在地点	损毁状况	产权
尿湖垸泵站	1983 年	1×55kW	桥梁村	配电柜坏，泵房要维修	村
彭河泵站	1984 年	2×155kW	彭河村	拦污栅坏，1 号机组不行	村
应台泵站	1997 年	2×35kW	桥梁村	拦污栅坏，抽水管锈穿	村
黄岭泵站	1989 年	2×155kW	黄岭村	拦污栅坏	镇
荆洪泵站	1989 年	2×150kW	西荆河村	拦污栅坏，启闭器和闸门坏了	镇
刘巷泵站	1998 年	2×55kW	刘巷村	可用	村
彭岭泵站	1997 年	2×55kW	彭岭村	配电柜坏，叶轮坏了	村
沈桥泵站	1998 年	1×35kW	沈桥村	闸、启闭器坏，配电柜坏，线路坏，近乎废弃	村
光芒泵站	1998 年	1×35kW	光芒村	可用	村
西荆河泵站	1996 年	1×35kW 1×11kW	西荆河村	露天，线路不行	村
张巷泵站	1998 年	1×55kW	张巷村	废弃	村
刘淌泵站（1）	2001 年	1×55kW	刘淌村	可用	村
西荆河 6 组泵站	1980 年	1×11kW	西荆河村	泵已坏	村
刘淌泵站（2）	1976 年建 1986 年改	1×30kW	刘淌村	可用	村

资料来源：李市镇水利中心。

由表 1 我们可以看出，1998 年以前建的泵站绝大部分存在各种各样的问题。17 处泵站，完全可用的只有 4 座，其他泵站已经废弃和接近废弃的有 2 个，剩下的 11 座泵站都在“带病工作”。

3. 乡镇与当前农田水利的关系

当前农田水利的硬件出现上述种种问题，那么，作为软件的乡镇政权及相关制度又如何呢？本节试图说明乡镇政权在农田水利上由积极作为向消极作为转变，使毛泽东时代留下来的“水利老本”已经“吃到了尽头”。

由前文我们知道，李市镇主要的水利设施特别是三纵十横的渠系均是20世纪70年代末期修建的，而泵站等则主要是20世纪80年代和20世纪90年代修建的。这两个时间段十分重要，前者是集体时代，后者是取消农业税前。

集体时代因地方基层政权强有力的动员、组织和统筹的能力，能够集中力量办大事。

取消农业税前，因乡镇财政较为充裕，同样有能力集中力量办一些大事，且也有能力对农田水利设施进行维护。在排涝灌溉上，取消农业税前，李市镇由镇政府牵头组织，实行统排统灌、统一调度的办法，其着力点主要在如何统筹上。具体来说，有如下几个方面。

其一，统一收取一定的费用。乡镇一级涉及农田水利的收费主要有两项，一是排涝水费，每亩5元，全镇每年能收上来的排涝水费在20万元左右。二是基本水费，按照需要灌溉用水的水田来计算，全镇每年能收上来的约为13万元，基本水费中每年还需要上缴约7万元，供县级政府统筹使用，县级政府会返还5万元，同时还拨付3万元。乡镇统收取这两笔费用后，再统一拨付给当时的水管站，支付水管站的工资、办公以及水利设施维护和维修等费用。

其二，统一组织三纵十横的渠道清淤工作。由乡镇统一安排，将渠道主要按照地域原则，划分到村，每个村都要负责一段或几段，然后在每年的冬播过后，统一时间同时开始清淤。对于部分清淤难度比较大的，则由水管站负责实施，如请挖掘机开挖等。统筹组织清淤工作在整个乡镇的农田水利中十分重要。特别是像这种三纵十横的网状格子结构的水系，如果没有乡镇基层政权统筹组织，则完全无法完成任务。理由很简单，每条渠道都有上中下游，每条渠又都分包到了不同的村，不统筹安排的话，如果下游清淤时上游不清淤，等下游清完了上游再清，这对于下游而言就等于在做无用功。同理，大多数渠道因为都是互通的，必须统一清淤。

其三，统一组织西荆河堤的防汛、维护和加固工作。与三纵十横的渠系分包一样，西荆河堤在李市镇段也由乡镇政权统筹组织由水管站来具体实施，将堤段分包到村。每年冬播过后，各村除了要负责所在渠段的清淤工作外，还必须负责所分包的堤段的防护和加固工作。

但自2002年税费改革开始后，乡镇在这三个方面的统筹能力急剧下降。取消农业税以后，乡镇已经完全没有财力来集中力量统筹组织农田水利方面的建设和维护工作。几乎与取消农业税同时进行的乡镇综合配套改革，同样于2005年在李市镇铺开，涉及农田水利的重要部门水管站当然也在被改之列。这一改革的初衷当然是好的，想调动从业人员的积极性，从而更好地为农民服务，但其实践则进一步弱化了乡镇在农田水利上的统筹作用。

改革前，水管站是乡镇的事业单位，在编人员共9人，不在编的临时工作人员2人，总共11人。人员配备情况见表2。

表2　乡镇综合配套改革前水管站人员配备

职务	站长	副站长	出纳	会计	水利员	炊事员
人数	1	2	2	1	4	1
功能	负责全部工作	一个分管工程，另一个分管企业	一个为全站的出纳，另一个为分管企业的出纳	负责全部会计工作	防汛抗旱排涝等	后勤服务

其中水管站所分管的企业主要包括发电站和排涝泵站，泵站即为中心泵站、联洲泵站、陈字头泵站、黄岭泵站、荆洪泵站5个，发电站即是建在新城村的赵家堤发电站。这些下属单位均由水管站统一管理。其中，在泵站的工作人员共有9人，同样属于在编人员，泵站的性质即是国营事业单位，人员配备情况为中心泵站4人，其他4个泵站每站1人，此外还有一个机动人员，按照需要流转于5个泵站之间。

与乡镇政权一样，综合配套改革前水管站的最大功能就在于其统筹规划和安排全镇的农田水利事业建设与维护。农田水利工作是常规工作，是长期工作。综合配套改革后，与其他事业单位一样，水管站也被推向所谓的市场，然而，实际情况则比较混乱。

第一，乡镇综合配套改革后，水管站的性质定位不清晰了。改革前水管站的性质是事业单位，改革后，水管站叫水利服务中心，性质是“民办非企业组织”。对于这个叫法，基层干部和水利中心的人员都无法做出非常清晰的解释，在他们看来，这一性质定位极其模糊不清。一方面，说水利中心完全是民办吧，其办公设施等又都由政府提供，且又在政府的具体管理下开展工作，平时政府的日常行政会议和工作他们还需要参加，公办的色彩很浓厚。但说它是公办吧，其工作人员又不占事业编制，而是一个社会人员，甚至可以说就是一个农民。同时，水利服务中心又像企业，因为按照改革设计，他们是市场上出卖“公共服务”的一方主体，而政府则是买方，但它又像不是企业，其登记注册是在民政部门完成，而非工商部门。这种“非驴非马”的尴尬最后就采用一个“民办非企业”的拗口的词来形容。可是，这样一来，水利服务中心的人员反而无所适从，乡镇政府开会时，他们仍像原来的事业单位员工一样，需要参加。但开完会后，他们又似乎什么都不是。水利服务中心主任因而用一句话来形容：“开会时政府当你是干部，散会了政府当你是农民。”水利服务中心和泵站的工作人员的确定则以公开招聘的形式，按照一年一签合同的方式办理。由于水利工作的技术特点，相应的市场并没有形成，实质上不可能从社会上去招聘其他不相关的人员，因而只能从原水管站的人员中招聘。

第二，乡镇综合配套改革后，与农田水利相关的部门和组织的管理变得混乱了。改革前，水管站受乡镇政府管辖，其财政完全依赖乡镇政府通过收取排涝水费和基本水费然后统筹拨付给他们，但在业务上，水管站人员的产生则主要由对口的县水利局负责。这种安排显然有其合理性，在事业编制和财权上由乡镇控制，就基本可以保证水管站办事时能够按照乡镇的意图统筹治水，而在业务上受水利局管理则不至于出现大的技术问题。改革前，排涝泵站也由水管站管理，其财权、事权和人权均由水管站说了算，基本可以保证泵站在水管站的安排和指导下正常运转。然而，乡镇综合配套改革后，水利服务中心相对独立出来了，在财权和事权上主要受乡镇管辖，业务上也由乡镇指导管理，然而，水利是一项有一定技术含量的工作，不是简单就可以评估的。泵站在改革后，业务上受水利服务中心指导，而财权则完全受乡镇管理。由此，泵站与水利服务中心既不像是一个层次的单位，又像是同一层次的平行单位。这样一来，问题是对于水利服务中心的业务而言，乡镇未必擅长管理；对于泵站而言，乡镇离开水利服务中心也未必能管理好。名义上的业务指导关系，在水利服务中心并不能掌握泵站财权的情况下，事权实际上就是一句空话。水利中心的人介绍说，排涝或泵站维修时，他们虽然指导泵站，但泵站的工作人员则经常戏言："你们又不发工资给我们，凭什么管啊？"

第三，乡镇综合配套改革后，虽然从业人员数量减少了，但花在其上面的资金并没有明显减少多少。水管站在改革后，只剩下2个人，1人为水利服务中心主任，1人为技术人员，以2009年为例，他们2人的工资采取包干的形式，每人每年1.9万元。此外，提供给水利服务中心的办公经费每年按5000元每人给付，共1万元。其他的开支则按事情来算，办多少事给多少钱，是为"以钱养事"。泵站改革后还剩下7人，工资由900元每月到1200元每月不等。水利中心与泵站2009年含工资、水利设施维修的开支总共306908.34元。这一数字与改革前差别其实不大。

第四，水管站裁减人员后，每人每年1.9万元的工资与他们所要承担的工作任务不相称。整个服务中心只有2人，却需要负责6206米的汉江干堤、15600米的西荆河堤、19000米的沿河和蔡咀围堤的防汛工作，仅这一项就可以让2名工作人员忙不过来，至于其他的如抗旱、排涝、沟渠疏通等则更无法顾及。受取消农业税和乡镇综合配套改革两者的综合作用，全镇的三纵十横渠系再没有疏通清理过，全镇水利便由2005年以前的统排统灌的以统筹为主的办法变成靠农民自己解决的以分为主的办法。

第五，前述四点特别是第一点，使得水利服务中心的工作由改革前的以防患于未然为主变成以临时抱佛脚为主。乡镇综合配套改革前，水管站作为事业单位需要承担很多常规工作，对全镇的水利能够在乡镇的帮助和管辖下统筹安排，并提前规划和预防。改革后，所谓“以钱养事”就变成“有事要做就做，给钱就做，否则，不会无事找事做，有事没有钱也不会做，给多少钱就办多少事”。然而，农田水利毕竟不是临时性的可以通过市场买卖讨价还价的，某种意义上它更在于长期的维护和预防。

第六，乡镇综合配套改革后，工作人员的心散了，责任感大大下降，消极情绪增长。不管是水利服务中心，还是其他原事业单位，在改革后，他们都说“做一天和尚撞一天钟，工作起来没劲”，因为“连自己的身份都搞不清，哪能安心工作呢？企业不是企业，事业不是事业”。而且“合同一年一签，下一年还不知道是不是自己，说不定哪天要自己滚蛋，何苦用心去干事呢?”“什么叫工资包干？包干后那我能少做事就尽量少做事!”而原来因为知道自己是“国家的人”，“做事有约束性，不会随随便便”。“现在呢？大不了我不干了，下一年出去打工就是。”责任感下降的消极后果是，工作散漫了，能少做就尽量少做。比如，陈字头泵站，乡镇综合配套改革后，泵站工作人员不愿意去守夜，结果，2007年时泵站电缆被偷，损失4000多元。事情发生后，要求负责泵站管理的工作人员赔偿，那位工作人员不仅没有赔偿，反而索性不干，南下打工去了。最后泵站维修费用只好由财政来解决，并临时紧急调配一位改革前原泵站下岗的人员回来管理。

乡镇政府与水利中心现在在农田水利上的最大弊端便是缺乏乡镇综合配套改革前的统筹能力，可以说，今日农田水利之困境与此有必然联系。我们后文在探讨具体的困境机制时会更加详细地展开讨论。

三　微观村庄——张巷村的农田水利现状

在了解清楚全镇的农田水利基本现状后，我们有必要从更加微观的角度了解农田水利的运行情况。因为全镇的情况仅能让我们了解村口以外的现状，而要深入了解整个农田水利状况，就必须进一步了解村内的情况，从渠系上来说，也即要在主要的渠道基础上进一步了解农民田里的四沟情况以及与之关联的情况。本节我们将主要从村庄层面展开，并重点以张巷村为主铺开叙述。

（一）张巷村概况

张巷村位于李市镇的中南部，从水系上来说，其位于总干渠的中下游，同时，其与西荆河之间还隔着青年村和西荆河村（即联洲和荆洪两村合并的新行政村）。因此，其农田水利条件从自然因素的角度来说，既不是李市镇最好的，也不是李市镇最差的，而是处于全镇的中间水平。因而，考察张巷村的农田水利基本情况可以反映李市镇全镇农田水利在微观层面的基本情况。

张巷村共有6个村民小组，全村共有耕地计税面积1836亩，其中水田336亩，旱田1500亩，实际耕地面积近2500亩，全村耕地计税面积每亩平均折算约合1.3亩的实际面积。全村共有农户339户，人口共1429人，详细情况见表3。

表3　张巷村基本情况

组名	1组	2组	3组	4组	5组	6组	合计
户数（户）	72	55	42	82	47	41	339
人口数（人）	271	255	202	274	216	211	1429
耕地面积（亩）	382.6	304.4	234.3	429	237.9	247.8	1836

与整个李市镇一样，张巷村的旱地面积占了绝大部分，因而，其农田水利的关键同样是排涝问题。水田一般均在渠道附近，且主

要是低洼田，因而灌溉问题不大。

（二）张巷村水系：四面环渠

因地处李市镇中南部，且位于总干渠的中下游，张巷村的水系较为发达，全村四面被沟渠环绕（见图10）。

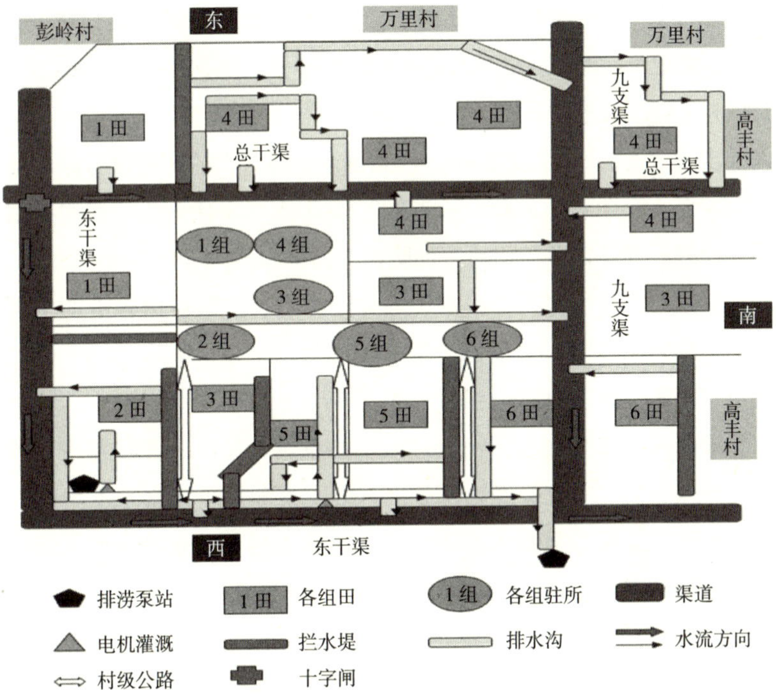

图10 张巷村水系

由图10我们可以看出，两条干渠和一条支渠将整个张巷村环绕起来，其中，总干渠在村庄的东面，由北往南流，经过张巷段的长度约1.6公里，宽度在10米左右，原有深度在5米左右。东干渠主要部分在村庄西面，而其源头则在村庄东北角，与总干渠交叉，在那里建有十字闸，以控制总干渠灌溉和排涝时候的水流，其在张巷段的长度约2公里，宽度在10～15米，有些段宽一些，有些段窄一些，总体来说，其宽度比总干渠要宽，其原来的深度在4～5米。东干渠以西是青年村，再往西则是由原联洲村和荆洪村合并组建的西荆河村，其中，青年村有一部分介于联洲与荆洪两村之间，西荆河村则紧靠西荆河，这几个村的位置可见图1。在张巷村的南面有一条九支渠横插通过，将总干渠和东干渠两渠连接起来，九支渠在张巷段的长度约1公里，宽度在8～10米，深度在4米左右。因而，这三条渠道贯通后，便将整个张巷村环绕在内。

除三条大的干渠和支渠环绕外，其他便是农田里的沟渠，其中村内农田中直渠有5条，直渠的宽度均在3～5米，其深度在1.5米左右，是由村级组织开挖的渠道，开挖时间基本与总干渠和九支渠的开挖时间同步。除支渠外，次之大小的便是围沟，围沟大的其宽度与深度接近直渠，小一般宽约1米，深度在0.5～1米。每块田块一般均有围沟。此外，便是散落于田块中的腰沟、横沟和厢沟等数量众多的沟。

从灌溉的角度来说，因水田均靠近渠道，一般便由各组的电机从渠道中将水抽到田里灌溉。从排涝的角度来说，则是由田中的四沟将水汇集，然后自排或强排入东干渠、总干渠和九支渠中，再由总干渠和东干渠排往摇把河，进入中心泵站，再由中心泵站排往西荆河。这其中，除直接经由东干渠、九支渠和总干渠将水汇集流入摇把河经中心泵站强排入西荆河外，还有通过导洪管将水导入通往联洲泵站的渠道，然后经由联洲泵站排往西荆河。

张巷村在1998年建了张巷泵站，装机一台，功率为55千瓦，位于张巷村的西北角，主要强排1组、2组和3组的水，将水排入东干渠，然后经由东干渠排入中心泵站，再由中心泵站强排入西荆河。

（三）张巷村农田水利现状

1. 沟渠淤塞损毁严重

与整个李市镇的农田水利所出现的问题一样，张巷村的情况大体相似，只是其发生机制更为微观。我们首先要谈的是其沟渠，可以说，从2005年以来，由于不清淤，张巷村的沟渠淤塞极其严重。

其一，经过张巷村的总干渠、东干渠和九支渠三条主要渠道，其淤塞程度均在1.2～1.5米。这些渠道不仅淤塞严重，且堤面损毁也极为严重。堤面损毁主要包括两个方面。

一方面是被村民取土建房或取土填田。总干渠经过张巷村的南北两段均遭到了取土的损毁，其中，北段靠近十字闸的地方，西侧堤约有300米长的堤段被取走1~2米的土。南段东西两侧的堤有约200米长的地方均被取走1~1.5米的土。总干渠被取土的情况发生在分田到户以后，约1984年便开始有人取土，但当时人们相对胆小，不敢大肆取土，2005年以后取土骤然加速，演变成不取白不取的情形，且也不是哪一家取，而是涉及很多家。东干渠从十字闸起始往西有约50米长的堤段被人于1984年推平，推掉的堤高约2米。这种损毁会造成什么直接后果呢？总干渠原本深度在5米左右，淤塞1.2~1.5米，又被取走1~2米的土，也就意味着整条渠道遭到上、下同时的毁坏，渠道现在的深度只有1.5~2.8米。这样一来，原本可以抗大水的堤变得连小雨都受不了，如果从降雨量的角度来看，渠道本来可以抵抗50毫米降雨量的暴雨，现在却连10毫米的降雨量都无法承受。因此，每逢下雨，只要雨水稍微大一些，总干渠的北段西侧和东干渠的北段南侧便漫堤，也即图10中靠近十字闸的总干渠西面的1组的田。雨水从渠道中漫过堤面，对田进行漫灌的情况出现在2006年以后，此前因为清淤，且取土除东干渠起始段外，其他均是30年来逐渐蚕食的结果，因此，2006年以前渠道的水还不会漫到田里来，而现在，则是只要下雨，水就会漫堤。

另一方面是刨堤种植。总干渠、东干渠和九支渠三条主要渠道，除东干渠靠近张巷泵站的北段以及东干渠经过的2组、3组、5组的田块段没有刨堤种植外，其他所有堤段均被刨堤种植，我们调查期间则主要是种满了油菜和豌豆，堤的迎水面、背水面、堤面均有人种植。刨堤种植也有一个过程，首先是每条渠道所经过的段落，靠近哪个组的田，其“所有权”就约定俗成地“归”哪个组，然后每个组便将堤段承包给个人种树，承包期一般为10年，大多数承包从2002年以后开始。2006年取消农业税后，承包堤段的个人开始不遵守承包规矩，除种植树木以外，还开始刨堤种植庄稼，由此一发不可收拾，现在几乎被承包的堤段均被刨堤种植庄稼了（见图11）。

图 11　九支渠张巷段某段刨堤种植

图 11 非常清晰地展示了刨堤种植的情况，可以看出，九支渠这一段已经接近失去渠形，两面已经无法看到堤的原型。据这块堤段的承包人介绍，其承包的范围即是从左边那幅图的油菜开始，往东（即往前）一直到总干渠止，总长约 200 米，靠近总干渠的段即被栽上白杨树，共由 4 人合伙承包 10 年，2012 年到期，租金共是 2000 元，每人 500 元，而这段种植油菜的堤总面积约 3 分地，由 4 人轮流种植，每人种植两年。这一做法的最直接的后果便是，水土流失极其严重，将渠道淤塞，堤面降低，河床也就自然抬高，这种上下两面夹攻的情况，使得九支渠在这一段的水无法顺利排出，下雨时，水便可以漫到离桥只有 20 厘米的距离，可以预见的是，2010 年的雨水很可能会到达桥面。

其二，四沟被填平的情况严重。除 5 组和 3 组 2009 年新挖的两条围沟外，全村所有的四沟基本均已毁坏。比沟稍微大一点的直渠，毁坏同样极其严重。全村大的直渠共有 5 条，目前已无 1 条完好。2005 年以前，这些直渠保持都还较为完整，如图 12 所示，前三幅图为靠近东干渠的直渠，其中第二幅是 3 组田境内的比较完整的一段直渠，其他的如第一幅图中所显示的是直渠被 6 组农户改成了“藕渠”，看不到灌溉和排涝的渠道，只看到上面枯萎的藕叶。第三幅图则显示了农户“惜土如金”的行为，6 组一农户不仅将整条直渠全部填平准备种上庄稼，而且就连东干渠的堤上也种满了豌豆。后三幅图为村中另外三条直渠的现貌，淤塞、蚕食、种植等十分严重，现在这三条渠道均已接近废弃。

图 13 则显示了比直渠小一些的沟渠的毁坏情况，其中左边的图

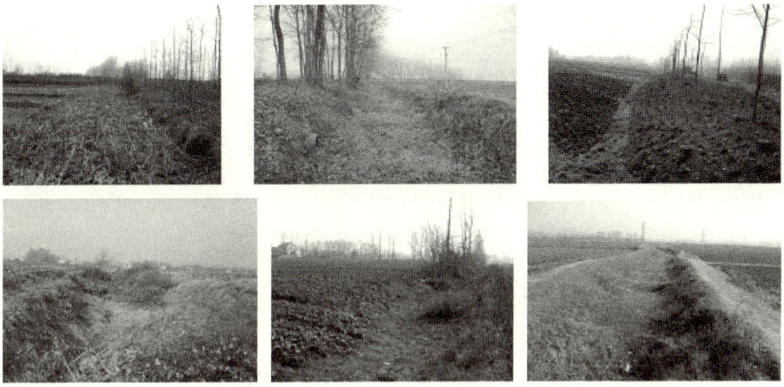

图 12　部分直渠

是腰沟遭到毁坏的情况，中间的图是横沟遭到毁坏的情况，右边的图则显示了路的两侧新挖的一条围沟和另一侧的看不到围沟的情况，新挖的围沟原来是有的，被填平后无法排水，在遭受 2008 年的雨水淹没后，2009 年挖的，而看不到沟的情况则显示了其原本应如新挖的围沟那样，但被填平后便是现在的样子。围沟的填平，所带来的后果便是从厢沟排出来的水无法汇聚到一起，且无法排出田里，于是，农民便将每条厢沟继续延长，一直延长到渠道，这样的后果就是，千万条小的排水沟从渠道的堤上开挖，从远处看去，完整的堤已经“伤痕累累”。而这样，则进一步加速了水土流失，同时也加速了堤岸崩塌，这在村内的直渠两边则更为明显。

图 13　沟渠淤塞毁坏

除沟渠 95% 以上被毁坏外，涵道亦同样被严重堵塞，每年冬播过后，都无人清淤，涵道已经被堵得只剩下三分之一不到，有些甚至已经看不到涵道了，如图 14 所示。

图 14　涵道淤塞

图 14 所示的三处涵道只是其中一部分，除中间这个涵道稍微明显一点外，左、右两幅图如果不是我们说这是涵道，读者肯定看不出来。

所有农田里的直渠和四沟，以及涵道等，其淤塞、填平与毁坏情况均发生在 2005 年以后，而此前基本不存在这种情况，为什么会这样？下文我们在探讨当前农田水利的困境时会解答这个问题。

2. 泵站废弃严重

张巷村的泵站建于 1998 年，以前由村里派一老人专门管理，每年由镇里支付工资并负责维修，每年 500 元，村里亦每年给 500 元的工资，老人可以常年住在泵房里。① 每年春夏下雨时，便启动泵站排水，张巷泵站主要排 1 组、2 组和 3 组三个小组田里的水，也即集中排张巷村西北角那一片农田的水。

然而，泵站现在已经完全废弃。其原因有两个。一是取消农业税后，村里无法再拿出钱来给管理泵站的人支付工资，村民又不愿意出钱，哪怕是以一事一议的形式商讨都不行，这里面有很多复杂因素，而按一事一议形式商讨时，如何确定受益户是十分困难的。因为排涝与灌溉还有些差异，排涝更加无法判断谁受益，对于那些不淹水的农户来说，他们认为他们不直接受益，因而不愿意出钱，对于那些淹水的农户来说，他们认为他们地势低，其水也是从那些高处流下来的，因而受益的不仅仅是他们。最后，这类事情总是扯

① 对于张巷村的老人来说，能够有泵房住并不是很差了，因此，只要每年给 500 元工资，很多老人愿意住在泵房帮助管理。

皮，也总是无法解决。二是我们前文已经提到，由于总干渠北段西侧和东干渠起始段南侧的堤被逐年毁坏，2006 年以后渠道中的水开始漫堤，如此一来，当启动泵站排水时，实际上是循环排水，从渠道漫堤过来的水经过 1 组田，然后经过 2 组田，再到达泵站，泵站排到东干渠事实上不会起太大的作用，西边排，东边灌，实际无法排水。当然，水面低于总干渠北段西侧和东干渠起始段南侧后，泵站还是可以排水的。由于这两个因素，泵站自取消农业税后就无人管理，结果，泵站的抽水管等均因无人维护管理，已经被锈穿了孔，而泵房里面的设施在 2006 年被盗，除水泵无法偷走外，泵房里面能够被偷走的东西全部被洗劫一空。由此，泵站也便废弃了（见图 15）。

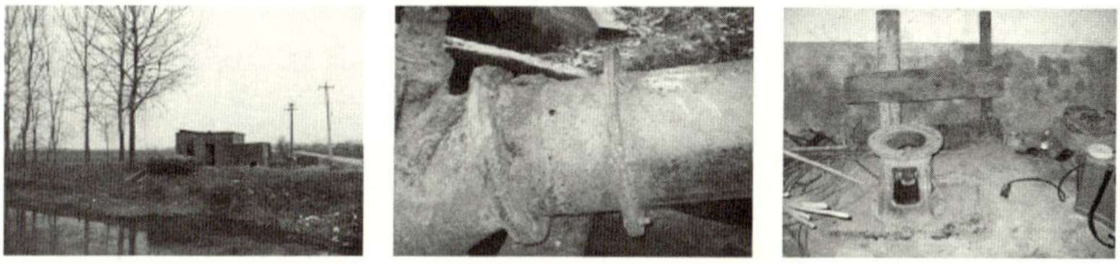

图 15　废弃的张巷泵站

3. 各顾各：村与村之间、组与组之间的拦水堤

分田到户以后，村与村之间的协调能力降低，村与村之间因为排水的事情开始产生矛盾。此前尽管有同样的矛盾，但在村与村之间以及乡镇的协调和统筹下一般能解决问题。而分田到户后，乡镇与村的统的能力都减弱了不少，从而，村与村之间各自为政，展开自救，典型的就是各自建立拦水堤，将水堵在对方的田里。张巷村 6 组与 4 组在靠近九支渠南岸的田块因与邻村高丰村相邻，在人民公社时期及此前，6 组与 4 组田块的水都是通过自排的形式排往高丰村，然后排入渠道。但分田到户后，高丰村迅速在两村之间筑起了一道拦水堤，将水堵在张巷村自己田里。

同样，村一级在取消农业税后，由于缺乏统筹能力，各小组之间开始出现分田到户初期出现在各村之间的情况，组与组之间，各自也同样筑起拦水堤，将水堵在别的组的田里。由图 10，我们可以看到主要的拦水堤。如在总干渠东侧，1 组在自己田里筑起一道拦水堤，将 4 组的水堵住。在总干渠西侧，2 组也筑起一道拦水堤，将 1 组的水拦住，同时，2 组还在与 3 组交界的地方筑起一道拦水堤，将 3 组的水拦住。5 组也同样筑起一道拦水堤，将 3 组的水拦住。6 组也筑起一道拦水堤，将 5 组的水拦住。这些拦水堤中，除 5 组到 6 组的后来通过安装一个涵道外，其他各组的均仍在发挥着各自的“积极作用”。而在此前，这些拦水堤往往都是组与组之间的分家沟，沟宽一般都有 1~2 米，沟深一般均在 1.5 米左右。之前，从设计的角度来看，组与组之间的水都可以流入分家沟，然后再排入总干渠、东干渠或九支渠。自从各自为政，各顾各展开自救后，大家开始侵蚀分家沟，慢慢地便将分家沟填满了，这样，两边的水就都无法顺利排出，地势低的一边便索性在分家沟上或在自己原来的土地的一侧，将拦水堤筑起来（见图 16）。

图 16　宛如玉带的拦水堤

4. 技术路线的失败

沟渠的损毁，当地乡村干部并不是不知道，他们也在努力探索治理的方式，其中，最重要的探索便是通过技术改进来达到目的。其中，又尤以三光渠和 U 形渠的修建为最。尽管，能修得成三光渠或 U 形渠的小组并不多，但毕竟还是有些村民小组因还有点集体资源便在上述沟渠损毁的困局下，从以奖代补的项目资金里获得部分补贴，然后修建 U 形渠。但效果并不理想，U 形渠的寿命普遍不长，仍然存在淤塞、毁坏等问题，与原来的泥渠泥沟的损毁是一样的道理（见图 17）。

图 17　损坏的三光渠

图 17 共 5 幅图，是张巷村邻村西荆河村某组修建的三光渠，其中第一、第二幅是保存较为完好的三光渠的图景，从第一幅可以看到这条渠道颇深，第二幅显示的是正常的排水孔。然而，我们从后三幅图中看到了渠道的损毁状况。其中，第三幅图是淤塞接近与渠面持平的一段，最后两幅则是农户为了方便自己田里的水排入三光渠，而在渠的侧面挖开的排水孔。这段渠道到处都是这种破坏的情况，而其寿命还不到 3 年。现在基本就是一条废渠。

U 形渠的命运亦如此（见图 18）。

图 18　损坏的三光渠

图 18 中前三张图片是邻村西荆河村某组的 U 形渠，修建于 2007 年，两年多的时间，这条渠道就基本成了废渠。第一张图是正常情况下的放水闸，但是，并不是每块田都有放水闸，于是与上述三光渠一样有了同样的命运，即第二、第三张图所显示的，农户将 U 形渠弄开一个缺口，往自己田里放水。整条渠道共约 200 米长，人为损坏的缺口却有 7 个。第四张图是张巷村 5 组于 2009 年修建的 U 形渠，现在出现的主要问题是淤塞，农民将烧了的或没有烧的稻草、秸秆等往渠道里扔。来年清淤的可能性比较小，因此，要不了多久，张巷 5 组的 U 形渠也会步邻村 U 形渠的后尘。

5. 巨大损失：农田水利设施损坏后农作物损失计算

村组失却强有力的统筹管理能力后，除所有渠道、四沟等均出现损毁严重的现象外，另外一方面便是非常严重的农作物损失。因为所有沟渠均被堵塞或填平，水无法排出，因而，每次下雨时，旱作物便可怜地泡在水里。张巷村每个小组都有田被水淹，基本情况见表4。

表4中的数据是访谈村组干部和村民后的保守估计，且是雨水一般时的情况，而雨水严重时，总数字会更高，如2008年8月28～30日的三天大雨，4组被淹的实际面积达到300亩以上。

表4　各组农田被淹基本情况

单位：亩

组名	1组	2组	3组	4组	5组	6组	合计
耕地面积	382.6	304.4	234.3	429	237.9	247.8	1836
被淹面积	120	140	125	160	100	100	745

如何计算这些数字带来的损失？这里有一个相对变化的量。也就是说，并不是农田以前就不会被水淹，同样，因为地势低洼，以前水也同样淹没部分农田。但从面积上来说，2005年以前，其数字总体在500亩左右，此后，因每年都不清淤，且沟渠淤塞严重后，水位自然抬高，一些以前属于高地不会被淹的农田也开始淹水。从产量损失来说，2005年以前，每次淹水因排水时间快，一般在4天以内能排完，快的时候，2～3天便可以将水排完。但2005年以后，由于各种农田水利设施都无法发挥实质作用，排水时间延长了一半以上。到目前为止，排水时间一般均在7天左右。碰到大水时，如2008年8月28～30日那三天大雨，有近500亩的棉田15天还未能将水排完。而这种雨量如果在以前渠道通畅的时候，一般能在7天内排完。因此，产量上的损失是，2005年以前，因排水时间快，减产大约能控制在20%，而现在减产量一般均在40%～60%。

以4组计算前后的损失对比。2005年以前，因渠道疏通，四沟通畅，4组被淹的面积在100亩左右，减产在20%左右。以棉花为例，亩产平均在450斤左右，这意味着每年的损失约9000斤。而现在每年的损失28800～43200斤。如果以2009年的棉价计算（棉价较高的一年），每斤棉花约3.2元，那么以前的损失约2.88万元，而现在则为9.216万～13.824万元。

当然，以前2.88万元的损失与现在9.216万～13.824万元差别之所以这么大，就在于以前的渠道畅通，四沟保存较为完好。而以前所要承担的成本则是两项，一是排涝水费，每亩5元，4组全组为2145元。二是两工，每年春播后的清淤和冬播后的清淤以及整修渠道四沟，户均约5个工，全组共需出410个工。如果按照现在的60元每天来计算，这笔费用约合24600元，但是，原来是按30元每天来折算的，也就是说费用要减少一半。而且，春播与冬播过后的农闲时间，实质上并不能完全将其用市场价格来衡量，因为，即便不出工，农民也并没有出去赚钱，而大多都在家里打麻将消磨时间。我们每天调查，在村子里至少会发现10桌麻将同时开打，每桌除4人主打外，一般还有约10人围观，也就是说有近140人在消磨时间。因而，从这个角度来看，出工实质上是农民增收的一项活动。而在2007年以后，排涝水费没有再收取，而是由财政转移支付解决。因此，可以说，农民现在在农田上因水利设施的毁坏而造成的损失属于纯损失。

如果计算全村的话，以表4中的一般情况来估算，仍参考2009年的棉花价格，2005年以前，其损失大约为750亩（受涝面积）×450斤/亩（亩均产量）×20%（减产面积比例）×3.2元/斤（2009年棉花价格）=21.6万元。而这个数字还是扩大估算了的，因为，2005年前受涝面积至少要低于600亩。但即使如此，以这个数字估算，与现在的损失相比，还是非常明显的。现在的数字：750亩（受涝面积）×450斤/亩（亩均产量）×40%（60%）（减产面积比例）×3.2元/斤（2009年棉花价格）=43.2万元（64.8万元）。与2005年前相比，现在的损失增加了1～2倍，即要多损失21.6万元到

43.2万元。以全村1836亩的计税面积算，亩均损失较2005年前增加117.65元到235.29元。这里面还包括科技进步所带来的种子改善，从而抗涝能力强了很多的情况在内。如果按照2005年以前的种子的质量来估算的话，这一损失的数字还会增加。而这个计算仅仅是以棉花为例，同理，还有冬季种了的油菜，来年春上如果刚好碰上开花时节受涝，几乎绝收。但即使仅算棉花的损失，也足以说明农田水利的损坏与弱化，对农民的危害以及对农业生产安全的危害有多么大。亩均增加的损失的数字比我们现在的粮食直补、农机补贴、良种补贴等各项综合补贴累加起来的数字还要多。即使，我们目前的农业补贴再增加几个百分点，也赶不上取消农业税以来的农田水利设施的损坏对农民所造成的损失的增长速度。

6. 少数决定多数：农田水利纠纷

张巷村的农田水利纠纷主要表现在排水时的沟渠堵塞上。由于所有农户都是各顾各，因而也就全都是从各自利益最大化的角度出发，而不考虑别人的利益。由此，我们能够看到众多单一农户为了自己多收几十块钱，而将渠道填平所造成的其他人的成千上万元的损失的情况，不断地在张巷村上演。

具体来说，从纠纷主体的角度来看，当前张巷村农田水利纠纷主要表现在三个方面，一是村与村之间，二是组与组之间，三是村民与村民之间。这三个方面的纠纷又以村民与村民之间为主。

村与村的纠纷主要发生在20世纪80年代初期，即前文我们所说的张巷村6组与高丰村的冲突，但高丰村将拦水堤筑起来后，并没有再拆除掉。站在他们的角度来说，他们也有道理，而且，根据我们对张巷村人的了解，如果双方换一个边，张巷村人也会筑起一道拦水堤。道理不需要多说，仅张巷村内部村民小组之间互相筑拦水堤就可以说明。另有一起便是1998年时与青年村的纠纷，当年在建张巷泵站之前，还有另外一套方案，即想从现在的泵站位置往北约20米的地方安装一个导洪管，将水以自排的形式导入青年村的渠道，再通过陈字头泵站强排入西荆河。但这一方案遭到青年村的坚决反对，他们认为如果雨量过大，受害最大的就成了青年村。张巷村在与青年村发生冲突后，乡镇进行调解，但未能解决问题。最后，只好选择了次优方案，即建立张巷泵站，将水排入东干渠，再经摇把河排入中心泵站，然后排入西荆河。第三件村与村之间的纠纷发生于几年前，高丰村与张巷村在总干渠东侧的4组的田毗邻，两村之间有一条宽与深均约1.5米的分家沟排水，但张巷村四组的农户经常将沟填平。最后，高丰村的农户则索性在自己那一边筑起一道堤，并将田改种水稻，以避免旱作物不能受淹。村与村之间的纠纷，在乡镇组织还有比较强的统筹能力的时候，可以适当协调，而现在则已经完全不可能，由此，村与村之间的冲突实质上已经转换成农户与农户之间的冲突。

组与组之间主要是排水走向的冲突。因为每个小组都站在自己的角度来维护各自的利益。取消农业税前，村组两级都还有较强的统筹能力，因而，组与组之间的冲突能够通过协调统筹的办法解决。如1组与4组在总干渠东侧田交界的分家沟的纠纷，1组为了避免将水流入自己田块，之前2个小组之间经常统筹清沟，因而纠纷较少。但取消农业税后，相应的两工等都已取消，分家沟两边都无人清淤。不仅如此，两边人都往沟里种植作物，并逐渐将分家沟填平。最后，当分家沟被完全填平时，因1组地势低，4组的水就不再是此前通过分家沟排入总干渠，而变成流入1组田，再由1组田排入八支渠和总干渠。组与组之间无法协调，村也无法调解，最后，1组便在分家沟前筑起一道拦水堤，将4组的水拦住。1组在对4组这样“无情”的时候，它在面对位于其总干渠西侧以西的2组的田时，却摇身一变成了4组的角色，将总干渠和东干渠漫堤灌入1组田里的水全部排往2组，而2组也不老实，同样使用1组对付4组的办法，在两组田之间筑起一道拦水堤。同理，2组与3组之间，3组与5组之间，5组与6组之间，均发生了一模一样的事。我们调查时总会听到他们“喊冤”，但实际上，每个小组“喊冤”的对象往往也会是下一个小组所“喊冤”的对象。组与组之间的农田水利显示出一片“清晰的混乱”。

农户与农户之间的纠纷，有两套逻辑。一套是当一户农户对一户农户时，那么，这个时候的纠纷便会变成私人对私人的纠纷，每个人都会极力维护自己的权利。因而，在这套逻辑的作用下，张巷村人说，如果某一户敢针对自己将水拦起来，那么，他们将会与拦水的人打架，严重时会拼命。另一套是如果一户农户在拦水时，所拦住的是多户，特别是几十户农户时，那么，他可以非常安全地、高枕无忧地、心安理得地将水拦住。而被拦的那些农户则“在心不在口”，也就是说，尽管内心十分恼火，但由于不是拦了自己一家，而是拦了大家的，因而，都不会去与拦水的人发生纠纷。

正是因为在农田水利纠纷中有着上述两套逻辑，单一的农户对农户的排水纠纷就比较少，而单一农户对多户农户的纠纷则比较多。但有趣的是，单一农户对多数农户时，却没有或很少有民间权威来调解其中的纠纷，相反，任何民间权威都不容易产生，即使有，在他们去调解这类纠纷时也没有合法性，只要拦水的农户一句“你算老几？你又不是干部，我又没拦你的，你凭什么管”，民间权威便立刻“举手投降”了。以前有村民小组长的时候，村民不会直接找拦水的农户，而是直接找小组长，要求小组长来“管”这个事。取消农业税后，也同时取消了村民小组长，村民转而找村干部。但问题是，2005 年以后，全村村干部一共才 3 人，而每个小组都同时有好几块田。每逢下雨，几乎每块田里都有这种纠纷，因此，村干部还在东边时，西边的在叫，赶到西边去调解时，南边又出了问题，等村干部到南边调解时，北边的又在大骂：“怎么还没看到村干部的身影？”村干部开玩笑说：“一下雨，我们就神经紧张，就准备挨骂！”关键是，当村干部到场后，所有受害的村民好像没事人一样，看着村干部下水挖沟，而他们自己则站在岸上继续发牢骚。而当村干部与拦水的村民发生纠纷时，他们却获得不了任何来自受害村民的支持，他们变成了为受害者孤军奋战的英雄，甚至有点让人感觉本来受害的站在岸上的村民在看他们的热闹的感觉，村干部内心有时也在暗骂“淹死你们也好！”但作为干部，也只能“在心不在口”，“还得想尽一切办法解决问题!”

关于单一农户对多户农户的纠纷，有几个值得谈的例子。一个是，1组田被淹时，受淹的村民十分心急，在村干部无法顾及的情况下，他们只好找到了80岁的老支部书记。然而，当老支部书记赶到现场要求大家先拿些沙袋将总干渠那边漫堤的水拦住时，村民却没一个人愿意下水，并提出要按60元一天的价格来计算，才愿意下来。道理很简单，尽管每个人都是受害者，但如果只有自己下水，其他人不去，那自己就吃亏了。既然如此，如果村干部管不了，这种老党员又无法发挥实质作用时，就宁愿让自己的庄稼被淹死。结果，几乎所有村民都这样想，于是，所有受害者的庄稼也就真的被淹死了。他们一边站在岸上骂村干部，一边急得直跺脚，有些妇女甚至看着水里被浸泡的棉花泪流满面，十分痛心，却又在苦苦地为自己不下水寻找理由，就在这种痛苦的煎熬中看着自己的棉花在水里被淹死。而这种事却发生在整个张巷村的每一个小组中，只不过是时间、地点、人物、经过等略有差异，而其背后的原因完全一样。

另一个值得说的是4组的排水纠纷（见图19、图20、图21）。

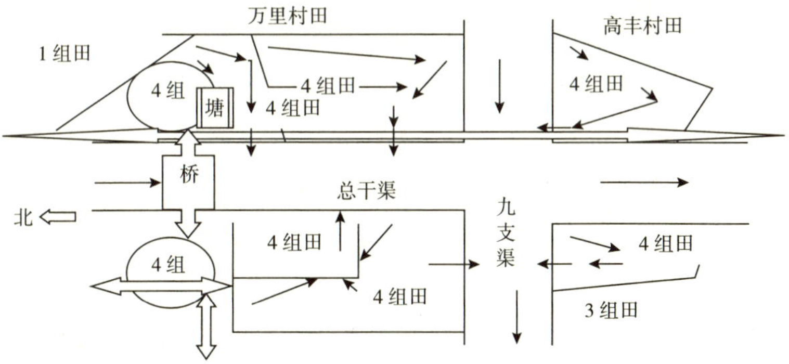

图19　4组水泵、居住及农田水利纠纷

图19是整个4组的水系图和田块图。农田水利纠纷主要集中在总干渠东侧靠近桥梁的田块，以及总干渠西侧靠近桥的田块。先说其东侧的纠纷（见图20）。

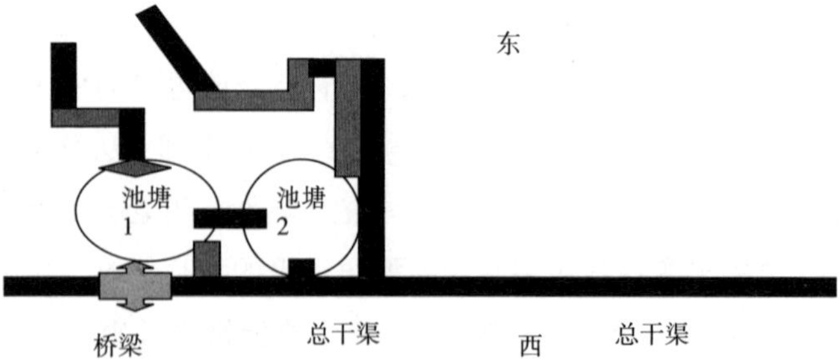

图 20　4 组农田排水纠纷之一

图 20 中的两处池塘本是 4 组的集体资源，总面积约 2 亩。取消农业税前以 10 年的承包期承包给了组内某农户，承包金按每亩每年 100 元算，一年一交，承包时约定，承包人可以利用池塘来养鱼或种植莲藕，但必须让东面农田里的水经池塘排入总干渠。结果，取消农业税后，承包人不再继续交租金了。因为取消了小组长，也无人出面来处理这件事，于是，池塘就事实上暂时为承包人“私有”。然后，承包人在池塘里栽种了莲藕，下雨时为了避免雨水过大将莲藕冲刷，便将池塘 1 的入水口堵住。且加上这一段的围沟有一段堵塞，就造成上面的水排不下来，下面的水也排不到池塘 1 里。同样，另外一条围沟本来也是将水流入池塘，然后排入总干渠的，但那条围沟同样有几段被填平堵塞，水也无法排出，能够流动的水排到池塘口后便被堵住，只好改道从另外一条围沟流入总干渠。但这样一来，东面有近 100 亩的田被泡在水里。而那 100 亩田几乎 4 组每户都有一点，多少不等，那些只有几分棉田的便不出面，因为“不想为了自己一点点田去得罪人家，别人田还多一点的都没出头”。而那些田在 2 亩左右的最终忍不住了，就找村干部调解。好说歹说，承包人同意水往池塘里排，但将池塘 1 的出水口堵住，在池塘 1 和池塘 2 之间挖了一条沟，因为池塘 2 低，且比池塘 1 大，然后让水经由池塘 2 的涵道排入总干渠，而池塘 2 那边已经改道的则让其继续保持改道，这样，承包人的莲藕则可以减轻损失，同时，东面田也可以减少损失。

图 21 显示的是 2009 年 4 月 4 组另外一块田的纠纷，起因比较简

单，西边有一块地势稍高的田，其水沿图 21 中的渠道排往总干渠。但在靠近总干渠的农户甲将经过其田旁边的围沟填平种上了棉花。这段被填平的围沟总面积约 10 平方米。但这样一来的后果便是，西边农田的水全部流到农户乙的田里。农户乙并没有去找农户甲的麻烦，也未与农户甲发生任何纠纷。他采取的办法即是我们上文说的农田水利纠纷中的第二套逻辑，他选择在经过自己田的围沟的上游堵一段小的拦水堤，并在原围沟的基础上再抬高约 50 厘米。如此一来，所有西边约70 亩农田的水便被挡住了。这样，被堵的 20 多户农户心里极其恼火，但没有任何人出来去找乙农户的麻烦，更没有人去找甲农户。可问题是，如果不将这条围沟及时疏通，那么农户甲为了自己几兜棉花，不到几十元的利益，就会损害西边约 70 亩的棉花，如果淹水时间超过 4 天，减产将达到 60% 左右，损失将是 70 亩 ×450 斤/亩 ×60% 减产面积 ×3. 2 元/斤 =60480 元。而那 10 平方米的围沟所种的棉花，其价值大约是 27 元。但就是单个如甲的农户就可以为自己 27 元的利益使大部分人蒙受总共 60480 元的损失。这就是整个张巷村所有农户与农户之间的农田水利纠纷的逻辑，同样的纠纷还发生在 3 组、6 组内部。

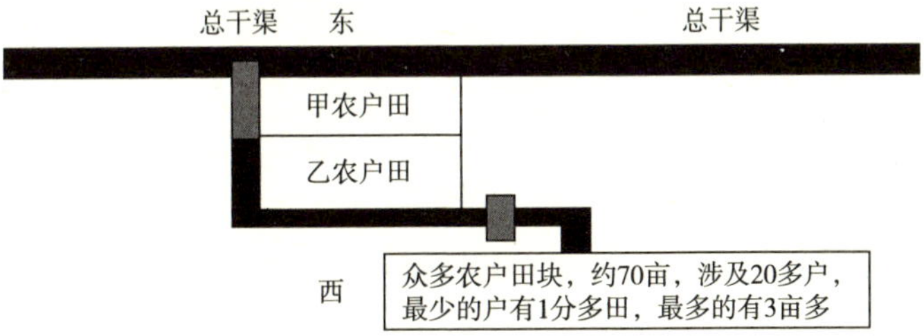

图 21　4 组农田排水纠纷之二

随着雨水的浸泡，棉花很快受不了了，这 20 多户农户中，其棉田面积比较小的 10 多户仍然无动于衷，因为，他们知道其中几户面积比较大的到最后势必不会袖手旁观（其实，这种估计未必完全准确，有时，那些人也会心一横，于是就会出现所有人的棉花都淹死的情况）。当然，最后那几户面积在 2 亩以上的农户终于都“按捺不住了”，但他们并不是去将堵塞的地方挖开，而是找到村干部调解。最后没有办法了，村支部书记只好去做工作，做乙的工作的时候，乙要求甲先挖开，甲开始不同意，在多次讲好话做工作没有效果的情况下，支部书记最后火了，准备“来硬”的，甲见状便要求支部书记自己去挖。支部书记叫4组一位老队长牵头牛拿着犁不到几分钟便将这条沟疏通开了。

四 当前农田水利的困境

在对李市镇全镇农田水利情况进行基本介绍和对微观村落的典型——张巷村进行描述后，我们发现，当前农田水利已陷入重重困境。不管是从村口往村外看，还是从村口往村内看，农田水利均陷入失序状态。而这些失序状况仅仅是从2005年以后开始的，越接近我们调查的时间，情况越差，如果再不对之进行治理，集体时代留下来的水利遗产将会在短期内彻底崩溃。那么，为什么会出现这些困境呢？本部分试图从制度、组织和社会三个层面进行阐述。

（一）制度困境

我们在前文曾谈到本报告要探讨三个层面的问题，其中，第一个层面是硬件方面的现状，通过对农田水利现状的介绍算是做了一个交代。而软件方面的制度和组织两个方面，则是硬件基础上的问题，从某种意义上来说，当制度与组织同相应的水利硬件配套时，整套农田水利体系的运转才会较为恰切，否则就一定会出现问题。而我们上述所展示的硬件层面的如此多的问题，其背后的实质便是支撑硬件的制度与组织均出现了问题。

在我们看来，农田水利因其本身具有公益性与公共性，其制度设计中最重要的是基于“责任”的“平衡机制”。

人民公社时期，村社集体实质是一个强有力的“地主”，而农民则是这个“地主”之下的“雇农”。但与中华人民共和国成立前的地主与雇农的关系不一样，这一段时期的“地主”与“雇农”之间的“责任”是连带的。从某种意义上可以说双方对彼此的“责任”是无限的。村社集体不仅要负责村社成员的生产安排，还要负责他们的生活安排。而对于村社成员来说，他们则要为村社集体进行生产，并需要在村社集体的统筹安排下解决与农业生产相关的基础设施建设与维护问题，其中最重要的就是农闲时的农田水利的建设与维护问题。

分田到户的实施，意味着“责任”的改变。村社集体不再需要安排村社成员的生产和生活，村社集体对村社成员的“责任”在降低。但是，村社集体需要继续为村社成员提供低成本与高效率的农田水利设施，以及其他与之相关的农业基础设施。而村社成员作为对村社集体的“责任”的回应，必须向村社集体缴纳一定的费用。村社集体再用这些费用中的部分提供农业生产公共设施，部分再往上交给乡镇组织，乡镇利用这笔钱再统筹安排全镇的农业生产设施建设。

这种制度设计解决了农田水利中的一个非常重要且非常根本的问题，即如何平衡村社成员等各利益主体之间的利益。根据村社成员对村社集体所要承担的责任，采取收取有差别的费用的办法，而通过征收有差别的费用是最有可能平衡各主体利益的。村社集体作为农田的所有权主体，在其将土地发包给村社成员承包时，有责任为农田承包方提供方便的农田水利设施。如果不能提供，则会根据农田的好坏征收有差别的费用来调节。

以排涝为例，对于旱作物如棉花，地势高的农田其产量自然也高，因而根据承包方承包农田的产量会征收有差别的税费①，产量高的税费也高。取消农业税前，村社集体在征收税费时，每个小组每年有一个任务数，小组长则根据这个任务数将任务平摊到产量里。如我们假设一个小组有任务数 10000 元，所有田亩数的产量共 10000

① 当然，有些村庄也会根据田亩数来征收，但其与按产量征收的内在逻辑是一样的，只是，按照产量平摊税费能将平衡机制发挥到极点。

斤，那么，相当于每斤产量要承担1元钱的任务。以棉花为例，低位置的农田因容易遭水淹，往往会减产，我们假设其减产20%，如以每亩不减产的情况下400斤为例，那么这种低位置田就只有320斤的产量，也就是说田主只需要承担320元的任务。而高位置的农田因其不容易被水淹，甚至还会增产，如每亩达到500斤，那么，高位置的田主就需要承担500元的任务。同样是一亩田，因其位置不同，村社集体分配的任务也就不同，差位置的要承担的责任少，好位置的当然就要承担的多一些。

然后，作为发包方的村社集体，再将征收上来的费用中的一部分用来建设农田水利设施。因为对于高位置的农田田主来说，从直接受益的角度，仅以排水为例，他们是不需要这类设施的，因为他们农田的水自然会往低位置的农田里排放，而低位置的农田田主最需要这类排水设施的建设。可是，高位置的人还是承担了比低位置农田的主人更多的负担，因此，也就相当于将位置好的农田的租金用来弥补了位置差的农田的主人的收益。即使是按照田亩数来平摊费用，同样也因为位置好的农田客观上不需要承担费用而实质上承担了，因而也同样构成对位置差的农田的补贴。这样，农田水利建设与维护中，就不会因位置而产生矛盾，因为村社集体可以通过征收有差别的费用来平衡位置优劣所造成的利益差异。

但这种“责任”基础上的“平衡机制”在20世纪90年代中后期开始遭遇两重困境。一方面，这种制度必须解决收费时碰到的钉子户问题。另一方面，必须解决不能过度增加农民负担的问题。在继承人民公社时期的部分遗产的基础上，20世纪80年代我们还能比较好地解决这两大问题。随着时间的推移，事实上，我们很快便无法解决这两大问题。钉子户越来越多，因而不交费的人也越来越多。村组干部为了顺利完成任务，便开始举债来垫付部分钉子户的损失（当然，也有部分确实是困难户）。而为了还债，村组干部不得不将费用层层加码。于是，农民的负担也就越来越重。负担越重，农民就越交不起费用，钉子户就越来越多，村组债务也就越来越重，然后就是负担越来越重，这样就形成了恶性循环，直到最终不可收拾。

取消农业税后，并没有减轻此前制度所遭遇的困境。因为农田承包者不需要向发包方承担任何责任了，因而，位置好的农田田主所占的利益当然也就有优势。村社集体也丧失了通过征收有差别的费用来完成利益平衡的权力。从理论上来说，农田水利设施的责任当然也应由农户自己来承担。可是，农田水利在人均一亩三分户均不足十亩的中国农村的现实背景下，无法靠私人来完成。一项排水设施或灌溉设施不可能每个农户均建一段或建一条，那样的话，成本太高，穷人根本无法负担。因此，农田水利的建设必然仍应由集体或国家来负担。可是，对于当前的一些农田水利设施，国家无法完全包揽。同时，村社集体也因国家取消了它向承包方征收有差别的费用的权力，在国家没有补偿这一权力损失时，村社集体因没有任何其他经济来源而完全没有能力像取消农业税前那样提供农田水利建设。

值得注意的是，位置优越的农田的农户因不需要农田水利便可依靠老天而旱涝保收，因此，他们也没有承担水利建设费用的积极性。不仅如此，他们甚至还成了农田水利建设的破坏者。比如，一块农田中，刚好位置高的在中间，而两头都低时，如果位置高的那一户不允许排水沟渠从自己农田里通过，那么位置低的两端的农户的农田则都会遭到水淹。当位置低的农户无法承受时，他们要么抛荒，要么靠天收，任由原来修好的渠道堵塞或填平。如此一来，水刚开始时只淹位置低的农户的田，慢慢地则会往地势越来越高的地方淹，直到最后将农田全部淹没。可以说，失却了征收有差别的费用的权力，村社集体因无法调节农户个体之间的利益，农田水利必然会陷入困境，并最终会使得无论位置好的还是坏的农户都会是输家。当前农田水利中95%以上的四沟均已淤塞或填平就是由这一困境造成的。

为了应对取消农业税后对农业生产设施（特别是农田水利和道路）建设和维护带来的困境，中央推出作为配套的一事一议制度。

所谓“一事一议”制度，就是农民以村为单位，通过村民大会或村民代表大会，讨论与村民利益关系密切的公共品供给，由村民决定是否修建某个公共工程，修建在何处，如何修建，并由村民民主管理，由“一事一议”筹措资金。筹资筹劳必须遵循“村民自愿、村民受益、量力而行、上限控制、民主决定、程序规范、使用公开”的原则，所筹资金和劳务必须“用于本村范围内农田水利基本建设、植树造林、修建和维护村级道路等集体公益事业，并符合村民会议或者村民代表会议决定的使用事项”。然而，此前强制手段都尚且有如此多的钉子户，这种一事一议制度同样无法解决钉子户的问题。不仅如此，因为在一事一议的过程中，少数钉子户有了更多的发言的权利，从而具有极大的传染性，钉子户不仅没有因为一事一议的开展而减少，反而越来越多。最后，这一制度也只能流于形式，在某些地方甚至被农民戏称为“扯皮制度”，“一事一议变成一事一疑”，“一议一疑，一事就变成一死”。

近年来，又开始出现“以奖代补”的制度，来改善公共品供给中的困境。在农田水利建设方面，以修建U形渠的“以奖代补”项目尤其多。所谓“以奖代补”，具体来说，即是指在这些项目建设的投资方面，采取“政府出一点，农民自己出一点”的办法。如沙洋县将此叫作“三个一”：市里出一点，县里出一点，农民出一点。但这一制度至少存在如下三个问题。

第一，“以奖代补”会拉大农田水利建设在不同村庄的差距。以“三个一”来说，市里出一点和县里出一点，刚开始时问题都不大，但农民出一点则是有区别的。富裕的农村有些农民可能愿意出一点，即使农民不愿意出，也可以依托比较发达的集体经济由村组集体来出，因而也就比较容易得到“以奖代补”的项目资助。但这些有较为丰富的资源的村庄，对于农田水利建设往往并不如贫穷的村庄那样迫切，他们一般已经具备了较好的基础，“以奖代补”对他们来说更多是“锦上添花”。而对于贫穷的村庄来说，一是村民自己可能出不起钱；二是村民虽然出得起钱但可能因为总体贫穷而不愿意出钱；

三是基于前两条，农民出一点通常会变成村组集体出一点。然而，这类村组集体正是因为没有资源，连自身运转都极为困难，也就无法拿出配套资金来获得“以奖代补”项目搞农田水利建设。如此一来，富裕村庄的农田水利会在“以奖代补”的情况下办得越来越好，贫穷村庄则因无法拿出配套资金从而也越来越无法享受政府财政的“雨露”，富村和穷村的差距也会因此越来越大，实质上也就会转换成农民之间的差距越来越大。

第二，“以奖代补”对于穷村来说，不仅连“雪中送炭”的作用都无法起到，更让人忧虑的是，客观上可能会“雪上加霜”，从而进一步加剧当前农田水利建设的困境。“以奖代补”在一些富裕村庄的成功实施，使得一些贫穷村庄对之翘首以待。这样一来，原本一些农田水利建设还勉强可以通过一事一议以少量资金或少量投工投劳来解决的穷村，会放弃积极作为的想法，转而坐等“以奖代补”的到来。然而，因为村穷，客观上无法拿出配套资金，因而也就无法等来“以奖代补”，从而使得本可以做得成的农田水利建设也做不成了。除此之外，正是本来可以解决农田水利建设却因为等待“以奖代补”的“雨露”而未解决，从而造成农民生产成本的增加，搞不好还会引起人为的灾害，从而造成农作物减产甚至绝收。

第三，“以奖代补”的不可持续性会增加农民的机会主义，降低农民对政府的信任度，进一步加剧任何一项制度在农村的实施都可能会遭遇“短命”的困境。“以奖代补”刚开始在一些地方的实施都没有设定上限，然而，县级财政很快就无法承受。从而在“以奖代补”实施一段时间后，不得不设定每年的上限。如沙洋县 2010 年“以奖代补”的财政资金将较 2009 年减半。可是，对于那些刚被吊起胃口的农民而言，这种办法会增加其在下一政策出台时的机会主义，并且会降低其对政府的信任程度。

本来农田水利遇到的制度困境是其平衡机制被不断打破所致，但新的配套制度尤其如“以奖代补”制度均是加剧这种不平衡的。因此，在某种程度上，我们认为，这种制度刚好是与此前制度困境相违背的。本来要克服钉子户的问题，依靠强有力的国家和村社集体都无法解决，如何能够靠农民自己通过一事一议解决呢？同样，本来期待能够平衡农田水利中的各利益主体的利益，从而有序地维护和提供农田水利公共品建设与使用，但“以奖代补”客观上恰恰是补富不补穷。

（二）组织困境

所谓组织困境，并不是说乡村组织在农田水利上无所作为或不想作为，而是在现有境况下无法作为以及作为无效。为什么会出现这种组织困境呢？在我们看来，组织困境首先还是由我们上述的制度困境所带来的，当然组织困境本身也对制度困境的形成产生了重要作用。我们认为，当前农田水利的组织困境，最重要的表现在于乡村两级失去了统筹能力。而这种统筹能力是在这30年中逐渐失去的。到目前为止，乡镇一级已经陷入仅能维持运转的局面，而村一级则基本空心化，陷入无法运转的局面，连维持都十分困难，组一级则均已基本取消。

人民公社时期，由于公社强有力的统筹能力，能够集中全力办大事，如李市镇主要渠道的开挖便是最突出的例子。分田到户后，尽管“责任”开始改变，但由于人民公社时期所形成的强大的统筹能力还在延续，在农田水利建设与维护方面，乡镇暂时还继承了人民公社时期的遗产。但这种情况逐渐遇到问题，农业税费越来越沉重，以及围绕征收税费而遭遇的巨大合法性危机，使得乡镇的统筹能力逐渐弱化。但不管怎样，只要其手中还掌握着征收税费的权力，其便具有一定的统筹能力。如果说，取消农业税前的乡镇是吸取型政权，但只要其能吸取到用于运转与发展的资金，其就有办法集中精力办一些事情。如在农田水利上，对基本水费与排涝水费的收取即是如此。因为乡镇有权力从农民那里收取这笔费用，它才有能力将这笔钱用于支付水利人员的工资以及泵站的维修等费用，也才有可能统筹安排全镇的渠道清淤工作。也正是因为农业税的收取，乡村两级结成了利益共同体，因而，乡村两级组织联动才能比较成功，乡镇在统筹安排的时候，村级组织才会乐意接受安排。

与乡镇政权一样，村级组织也因为在取消农业税前能够收取费用，并在调配资源方面，安排公共生产设施建设与维护方面有其合法性，因而，其统筹能力也非常强。不仅村级组织如此，就连最底层的村民小组都有很强的统筹能力。因为村民小组内部也同样可以按照需要收取一定的费用，并且，村民小组内部每年都有一个算平衡账的机制，这使得农田水利设施建设与维护不致因各自水利条件的好坏而有所区别。清沟等一类的活动，是完全统一的。有些村民小组每年要求组内农户出10个义务工，每个义务工按30元折合计算，不愿意参加的则可以交钱代替，即所谓以资代劳。而义务工主要负责春播之后与冬播之后的清沟和清淤。每年年底结算一次，每户农民根据其田亩的多少，将总的需要出的义务工数平摊到田亩面积上，因而，农户所要承担的任务与面积挂钩，完成了的不需要再出钱，没完成的则将钱拿出来，村民小组再根据情况，将这部分钱拿来支付那些出工较多的人。因为农闲时都在家没什么事情，当这些成为硬性制度时，农民一般都会参加，不参加对他们来说便是“亏本”。一位农民说：“大家都去，如果我自己不去的话，那我就肯定吃亏了，因为我反正待在家也没什么事，除非我一天赚的钱比出义务工还多，否则不去就是损失，但是，要想赚钱比义务工的价格还高一般是很少的，再说，即使有这种机会，也并不是整个冬播过后天天都这样，因而，我们还是愿意出义务工，那些不出的往往是在外面做生意的，但那毕竟是少数。”

取消农业税后，乡村组三级都失去了在农田水利上的统筹能力。这是“责任”的彻底改变，农户在土地上享有绝对的权利，却不需要承担任何责任。乡村组因无法统筹农田水利，于是，原本有序的农田水利也就变成了分散的农户各顾各的情况，组织已经没有了地位。因此，农民最直观也是最准确的评价就是“当前的农田水利之所以这么差，就是因为没人管了”。而他们认为以前农田水利之所以搞得不错，就在于“以前有人管，乡镇干部和村组干部都管”。

“管”的实质是从组织的角度来说的，我们的理解是，管字上的“竹字头”就像是一群人，下面的“官”字其实就是在一个“空间里”负责“两张口”的问题，进一步理解，也就是由“官员”来负责“老百姓”的“吃饭问题”。农田水利与农业生产直接关联，与老百姓的吃饭问题也直接关联，现在的情况就犹如“管”字下面的“官”字没有了，独留众多散落的个人在那里自救，如此，农田水利焉能不出问题？也就是说，当前农田水利中，组织的缺位怎能不导致问题的产生呢？

因此，农民又说：“农田水利建设与维护，总要有个人牵头才行，没人牵头，大家各顾各，哪能搞得成呢？”这话我们在调查中总是不断听到。“牵头”就是具体的组织问题了，牵头的本质是组织动员，而管则是在牵头成功后，具体来负责组织实施具体的事项。而现在的情况则是，首先无人牵头，其次无人来管。也就是说，既没有组织动员，也没有组织实施，整个农田水利全部自生自灭。离开乡村组三级组织，农民事实上就不能很好地表达其公共品需求的偏好，也不能克服公共品供给中的“搭便车”问题和解决钉子户的问题。实际上，公共事务的治理，关键在于如何统筹，因此，一切分的办法都无益于公共事务的治理。由此，越是与统筹背道而驰的办法越会加剧公共事务的治理失序。

对于乡镇而言，取消农业税对他们可谓釜底抽薪，不允许其“增加农民负担”了，因而，采取“转移支付”的办法，让乡镇暂时维持运转，其主要任务就是确保基层稳定。而乡镇综合配套改革无疑进一步瓦解了乡镇的统筹能力。原来，乡镇还可以比较有效地管理水管站，通过从农民那里收费，然后统筹支付给水管站，再由水管站来统筹规划和安排全镇的农田水利，特别是对泵站等排涝设施的有效管理、对渠道的清淤，以及防汛等工作，应该说都是比较不错的。乡镇综合配套改革后，水管站名义上推向了市场，水管站的角色也由原来的以预防与常规工作为主变成以临时性应付为主，其统筹管理的角色也变得越来越专业化，越来越技术化。然而，这种做法只会加剧水管站变成水利服务中心后，事实上无法提供此前水管站所能提供的服务。而所谓“以钱养事”的内核其实就是去组织化，所谓钱要用来养事而不养人，实际上就是不养组织，而离开了组织，事还能办得成吗？农民说“没人管了，农田水利就变差了”就是这个道理。

村一级的制度改革，对农田水利影响最大的便是取消村民小组长。小组是最小的排涝单位，这是历史留下来的结构，任何想回避这一结构的做法都可能会遇到困境。农民说“没人管了”，最直接的感受还是来自小组长的被取消，原来在一个排涝单位内，总有小组长来统筹协调，如每年春播和冬播过后，统筹安排清理四沟，按照由乡镇分配给村里的任务，村再分给组的任务，组再统筹安排，将全镇渠道清淤工作分包到每个农户，每一段都责任到户。但取消小组长后，整个小组内都“无人牵头了”，一个排涝单位内的每个利益主体全部成了分散的各顾各的“马铃薯”。

缺乏统筹后，所有农田水利工作其实都无法正常运转。就一个小组而言，因为没有小组一级的统筹安排，每个分散的农户都无法实现低成本高效率的农田水利维护工作。以清淤为例，甲清了，如果乙不清，那么雨水一冲刷，乙农田的泥土就会将甲清好的沟重新淤塞。一个村内，因缺乏村一级的统筹能力，每个渠道各小组所负责的一段同样会因为无法统筹联动而无法达成一致行动，丙组将自己的农田四沟全部清好，可以将水顺利排出，但丁组不参与，他们农田中的水就会全部排往丙组，这样丙组也不同意将四沟和渠道清好和维护好。一个乡镇内，缺乏乡镇一级的统筹能力，各村也同样无法联动以达成一致行动。以李市镇为例，贯穿全镇的总干渠经过众多村庄，如果下游村庄清淤了，而上游村庄不清淤，那么下游村庄就会重新被上游冲刷下来的泥沙淤塞，因而，下游村庄也不参与。同样，如果上游村庄清淤，下游村庄不参与，那么，即使上游排水通畅，下游堵塞，仍然不能将水顺利排入大江大河。由此，我们会发现，在乡村组三级组织都没有统筹能力的时候，所有农田水利建设与维护都会陷入失序。

（三）社会困境

制度困境和组织困境既是当前农田水利困境中最重要的层面，但又并非根本层面。真正造成当前农田水利出现如此多的困境的是社会层面的问题。而社会层面归根结底是人的问题。这好比治病，病本身是当前的现状，但根子还在病人自己身上。农田水利尽管需要配套的制度及其实践和组织及其管理，但这些制度和组织都必须与人对接，也就是与具体的农户对接。从这个意义上来说，当前农田水利的困境不简单地是制度问题，也不简单地是组织问题，更不主要是钱的问题，甚至也不是合作问题，而是人的问题。

如何理解人的问题，我认为从技术路线的失败中可以总结出。如渠道修建后，如何解决漏水的问题以及渠道淤塞的问题，简单来说，只要坚持清淤和每年春播和冬播过后将渠道维护好，其问题就不会太严重。但正是因为这一问题无法解决，漏水问题和淤塞问题才会严重起来。从技术的角度，我们将渠道建成三光渠或 U 形渠，这些问题就会迎刃而解。然而，目前的农田水利现状告诉我们，问题依然存在。如我们在上述第三部分谈到的三光渠和 U 形渠遭到毁坏的情况。每个农民都是理性的，他们都有极强的使自己利益最大化的冲动，尽管长期来说，个人也会因此受损，但在短期内，个人的做法是能为自己带来利益的。因而，每个理性的个人才会将好好的 U 形渠砸碎，让其方便过水到自己田里，将三光渠挖开，以方便水排出。由此，我们会发现，本质上是人的问题。技术路线的任何改善都无济于事，且成本也会极其高昂。申端锋说："技术路线走到极端就是走上以色列模式，每块田里都装好一个水表，所有水全部商品化，要用时打开龙头，不用时关掉。"但是，中国一方面显然无法负担如此高成本的水利；另一方面即使灌溉可以采取此种手段，但排涝则完全无法采取这种手段。灌溉也许可以通过流量来计算，但排涝实际上是无法精细量化的，只能以公共品的色彩来提供。以张巷村或其在的李市镇为例，U 形渠和三光渠不行，是否我们可以从技术角度考虑更加牢固的渠道呢？比如，换成钢铁建成的渠道，但既然用一般的铁锹可以敲碎U形渠，也就可以用电锯锯断钢铁建的渠道，这种可能性完全有。因而，如果推展到极端状态考虑，那么，即使建成钻石渠，农民也同样可以毁坏，如不清淤，或者你请人清淤，你前面刚清完，后面便被垃圾重新淤塞，又或者作为理性的小农，我偏要用土将你建的钻石渠填平，然后在上面栽上农作物，对于集体来说，也许填塞一小段渠道可以造成几十万元的损失，但那并非填塞渠道的个人的损失，相反，对于破坏者而言，他的利益是最大化的，哪怕是增加1元钱，相比于他不破坏而言，那也是增加收入了。同理，我们可以理解堤面和堤身为什么遭到如此多的毁坏，却没有及时修复。因为，当地乡村干部也很清楚农民的这个特性，你今天把堤填上，农民明天就把土给你拖走。你能填多少，农民就会拖多少，自己用不完的时候，便卖给需要的人。总之，无论你从技术上想什么办法，农民都可以为了使自己的利益最大化而将你的一切努力破坏。

因而，我们会发现，水利问题本身并不是简单的水利问题，或者说不是简单的技术问题。水渠漏水也好，淤塞也好，本身都不重要，重要的是如何使其不淤塞或不漏水后仍能持续利用，要想做好这一点，就必须考虑与这些硬件对接的农户的问题，也即回到人的问题上来。不弄清这一点，仅就制度谈制度，就组织谈组织，都只是无用功，最多也只是缓解一下情况，而无法从根本上解决问题。

那么，沙洋地区的人到底是什么样的人？或者说，沙洋农民到底是什么样的农民？我们需要什么样的制度和组织才能与这样的人相适应？又或者说，这些人就摆在这里了，国家如何治理？如何使他们变成秩序的维护者，而不是破坏者？这才是考验我们智慧的地方。

我认为沙洋农民是现代农民，其特点非常鲜明，个人十分理性。如果略微拔高一点说，沙洋农民就是现代公民。现代性的核心应是理性，这种理性既可以说是社会的理性，也可以说是个人的理性，而本质和基础还是个人的理性。而沙洋农民显然具备这一核心条件。只要我们去调查其农田水利或其他方面的相关情况，又或者，只要我们仔细考察当前农田水利现状，就会发现一个清晰的现代农民图景呈现在我们面前，而不需要我们去想象。

沙洋农民的私人权利观念十分发达，这从我们对他们在农田水利纠纷的描述中便可以看出来。当私权对私权的时候，就会造成严重的个人之间的冲突。比如，如果甲将乙的水拦住，那么，乙就不会善罢甘休，除非甲所拦住的不仅仅是乙一户，还包括丙丁戊己庚辛壬癸的其他户，那么逻辑就会不一样了，一定是私权可以实现，而公权可以合理合法地遭到侵害。私权发达，且私权意识如此强烈，这也是现代公民难得的特质。当然，也许这种现代公民的特质还不太完全。但是，仅以其个人理性与私权彰显，就可以看出，其现代色彩已非一般农村的一般农民所具有。但恰恰是这样，我认为，对沙洋农民的研究才有意义。尽管其他农村和其他农村的农民未必如沙洋农村和沙洋农民那样，但如果整个社会都必然迈向现代的话，沙洋农民现在的特征可以说就是研究当前中国农村和中国农民的一个理想类型，尽管不同的区域会有不同的差异，但如果个人理性的增长和私权的发达都成为一个趋势的话，沙洋农村和沙洋农民就具有普遍意义。

因此，如果从人的角度来看待沙洋农民现在的特质，我们就会抛开以传统为标准，站在道德的高度对其进行指责的做法，客观理性地看待他们现在的行为及其背后的逻辑。这不是一个所谓的个体极端理性从而导致集体非理性的问题，而是一个现代国家应如何治理现代农民甚至说现代公民的问题。但是，这并不是说，农村社会迈向现代，农民成为现代农民或现代公民后，公的事业如农田水利就必然会出现如当前李市镇农村那样的局面。而之所以会出现当前的困局，就在于我们对农民仍停留于想象中，仍沿用比较陈旧的办法或切错脉后开错药的办法，换句话说，也就是我们没有弄清农田水利所对接的农民到底是什么样的农民，不清楚我们的制度实施对象的特质，以及我们组织管理对象的特质，其结局必定是出现当前系列困境。

解决了对农民的想象的问题，我们再回过头来看，为什么会出现当前困境。当我们已经清楚地明白了现代农民的个人理性与私权发达的特质后，再检视当前的制度，我们恰恰是没有按照现代规则来治理农田水利。这表现在两个方面，其一是对于私权损害公权的问题束手无策甚至纵容。如水管站去治理刨堤种植时的猫怕老鼠式的心理，显得如此理不直气不壮。因为你今天不治理一例，将来就会有很多例，而到现在就是非常多的这种例子，可是，假如雨水足够大，因为刨堤种植而造成堤的垮塌呢？这就会损害成千上万人的生命财产安全，其二是尽管使用了一些现代社会的手段来治理农田水利，然而却是想当然地简单照搬，胡乱切脉，乱开药方，如以分为特点从而瓦解乡村组三级的统筹能力的市场化的改革思路。越是现代农民和现代农村，其实越需要现代国家的治理。沙洋农民是直接呼唤国家的，农民说的“没人管了”就表明国家的“管”也即治理天然地具有合法性。同时也表明，只要国家真的“不管”了，就必然会出问题，秩序必然会无法维系。当所有农民个体均以理性和私权两者来作为自己的行动指南时，任何村社内部“牵头”的人都无法产生，即使产生了也不具有合法性。因此，只有现代国家才可能完成这种治理任务。要解决所有这些困境，国家不仅不能退出，而且也不仅仅是介入，而是要回来。

五　政策建议

通过对当前农田水利现状的展示，详细了解了农田水利硬件问题严重的现状后，我们又从制度、组织与社会等层面就农田水利状况展开了初步讨论。显然，当前农田水利的问题从表象上看，是一系列农田水利硬件设施的损毁与老化，集体时代留下来的水利遗产，我们已经消耗得差不多了，显示出了重重困境。然而，深层次的原因，却既与制度和组织有关，也与社会基础息息相关。农田水利问题的背后是现代国家如何治理现代农民的问题。从这个角度来说，农田水利也许只是这一更为宏观的研究主题的切口。要改变农田水利现状，特别是要从根本上改变的话，我认为可以从以下五个方面努力。

（一）加强农田水利财政转移支付，重新平衡利益主体

在制度困境中，我们曾经讨论到当前农田水利的困境在制度层面的表现主要就在于丧失了平衡机制。农田水利中各利益主体的利益无法达到平衡，从而出现困境。要解决这一问题，我认为，只有加强农田水利方面的财政转移支付，重新平衡各利益主体，如此才能使当前失序的农田水利重归有序。

财政转移支付包括三个方面：一是乡镇一级用于全镇水利的统筹建设与维护的资金，二是村一级的统筹建设与维护农田水利所需要的资金，三是组一级用于农田水利建设与日常维护所需要的资金。就李市镇的情况来看，目前由于已经不收基本水费了，这一部分暂时仍是缺口，原来靠这一部分资金来统筹灌溉的情况仍无法得到有效解决。而排涝费，虽然不再收了，但鉴于排涝的公益性与公共性相比于灌溉更明显，因而，县级财政现在有专门针对排涝的“大湖区排涝费”的转移支付资金。目前也正是因为有这笔资金的支持，17 处泵站中能运转的还尽量在继续保持运转，能够在现有境况下尽一切可能发挥其最后的作用。但农户对村组两级所应承担的责任在被取消后，其缺口却没有弥补，因而，村组两级的农田水利相较于全镇的来说，失序状况实际上更加严重。

怎么办？我认为，需要尽快设立农田水利建设的转移支付专项资金。对乡镇一级的支持应继续加大，对村组两级的转移支付已经刻不容缓。在当前的形势下，想再次从农民那里收取费用已经不现实了，既然我们已经取消了农业税，就不可能再走回头路。因而，比较可行的办法就是由专项财政转移支付来填补这一块的缺陷。村组两级只有通过这笔资金来建设和维护农田水利，才可能平衡当前

农田水利中的各利益主体。具体来说，我认为有两个办法可行，一是专门拿出一部分针对农田水利的资金，二是从新增的涉农补贴里面拿出一定比例的资金补贴农田水利。如何补？不能补给农户个体，只能补给村组集体。补给村组集体后，如果村组干部“作恶”动用这笔资金，怎么办？这里面又涉及两个方面，一方面是将这种资金像粮食直补一样设定为政策的高压线，就目前的粮食直补来看，敢打主意的地方政府非常少，效果良好。另一方面是我们下文要谈的第二点，即强化乡镇组织和村社集体，加强基层政权和基层组织建设。

（二）强化乡镇政权和村社集体，重新找回统筹能力

从组织的角度来说，当前农田水利所遭遇的困境，主要在于乡镇与村社集体失去了应有的统筹能力。农田水利作为公益事业，仅靠分散的农户采取自救式的办法是会出大问题的。要改变困局，就必须让乡镇政权与村社集体重新找回失去的统筹能力。统筹的实质就是治理，一个没有治理能力的乡镇政权和一级没有治理能力的村社集体，是不可能集中精力办成大事的，最终，这些组织不仅无法完成当前的维稳任务，而且只会在各种如农田水利等公益事业上不断陷入困境中而疲于应付。

如何强化？我认为，就乡镇一级而言，当前的乡镇综合配套改革需要反思，并慎重推进。离开了人，离开了组织，钱就起不到作用。不养人，不养组织的改革，最终也无法养事。通俗地说，就是当前的困境就要像治疗风寒型感冒一样，只能发散解表，而不能清热解毒。当前的以钱养事，其实质是对像患有风寒型感冒一样的农田水利采取清热解毒的疗法，这样下去，病痛只会越来越严重，直至死亡，也即整个农田水利陷入彻底崩溃状态。即使乡镇综合配套改革势在必行且一定要推行，我建议也应按情况分门别类地推进，而不是不分情况，盲目地激进地将所有部门一股脑儿地往市场化的路上推。具体来说，我认为，像文化站、广播站、农机站等一些市场确实可以解决问题的，还是可以实行市场化，但对于水管站、农

技站这些公益性十分强的部门，则只能作为政府的事业单位甚至行政单位来对待，否则就一定会出现当前的困境，并会持续恶化。

如何加强村组两级的统筹能力呢？就目前的状况来看，继续让村组空心化以致无法正常运转是不行的。首先是要强化村组两级的财力，让其能够有钱办事，至少要恢复到取消农业税以前的水平，伴随现代化建设的加强，财力也必然增长。既然不允许收费，就必须加大转移支付力度。同样，我认为与专门的针对农田水利的转移支付资金一样，新增的涉农补贴中应拿出更大比例来支持村社集体的运转。我们前面算过一笔账，即离开村社集体的统筹安排后，由于水利的困境，农民一年仅棉花的损失就超过现在国家所有涉农补贴的总和的2倍。我们应该有这个总量概念，作为单个的分散的理性的农民而言，他们可以没有这个总量概念，可以只考虑单户增加的显性收入，但作为国家，我们必须站在宏观的角度，给农民算笔总账，当我们将农民的损失算进来时，不客气地说，与其采取当前这种补贴办法，还不如将所有涉农补贴全部补到村社集体。

当然，一谈到要强化村社集体的统筹能力，或者说治理能力，就必定会有人怀疑村社集体强大了后是否会作恶。我认为这种立场本身就是有问题的，因为这种立场完全是站在村社集体的敌对的角度，将村社集体理所当然地视作一个假想敌。如果说，村社集体因此而腐败，那么，我们应该从如何防止其腐败的角度想问题，但肯定不是弱化它。这就好比我们的儿子，他不听话，我们只能想办法“教育”，让其成长起来，而不是将其杀了。或者用一个大家经常喜欢用的比方，我们倒洗澡水的时候，不能把婴儿也倒了。

当前如果要强化村社集体，最急切且可行的办法就是重新恢复村民小组的建制，恢复村民小组长。

（三）教育和锻造有公德的农民，重新塑造社会基础

好的制度一定要与好的农民对接，否则，无论技术上怎样改进，总是无法彻底解决问题。当前沙洋农村的农民已经不是我们想象中的传统的农民，他们已经是非常理性且私权观念极浓的现代农民，

问题在于缺乏公德心，私权的发达在目前是以肆意无情地践踏公权为基础的。怎么办？我认为根本在于如何教育和锻造有公德的农民，从而重新塑造健康的社会基础。

我们首先要明白人是需要教育的，不仅仅是农民，所有人，包括知识分子和官员都是如此。因此，这一建议没必要遭到来自某些自以为站在同情农民的道德制高点上的某些人的反对，如果说他们也是“仁”的话，那是小仁，最终的结局就是短期内单个分散的农民会受益，但从长远来说，必定是所有农民都会蒙受沉重的损失。那些为了自己几兜棉花就可以让很多人为他的理性而蒙受损失的农民，难道不需要教育吗？如我们文中举的例子，一位农户为了自己约 27 元的利益，却可以让其他农民为他那 27 元而蒙受约 60480 元的损失难道不需要教育吗？不仅需要教育，而且恐怕不是教育能够解决的，甚至需要采取更严厉的措施。因此，我们只要明白这些现实情况，就会明白，抽象地谈农民权利不仅不是对农民好，而是会害了农民。

如何教育？我认为有两个办法。其一是多开会，也即农民自我教育。我们经常问农民人心为什么散了，人为什么自私了，从而肆意践踏公共设施（农民听不懂“理性”，在他们的概念里“理性”有时就等于自私)，他们回答说：“现在与过去不一样了，这么多年都不开会了，什么情况都不清楚，人心怎能不散呢?”“老百姓是什么，百姓就是百心，本来就无法将心用到一块，不开会讨论怎么行?”我知道，有人会对这个提议摇头，认为开会不好组织，或根本就不可行。但是，有些事情还是在人为，不去努力作为一定会无所作为，一旦下决心有所作为，就很有可能真能有所为。我到贵州绥阳调查时，一个村子在短短一年内开会的风气大大改变，以前每次开会来的人都稀稀落落。但村组干部认真地搞了一年，结果，我们时隔一年即 2009 年 11 月去调查时，却发现一次关于村庄建设的会议来了好几百村民，将整个村委办公室、会议室都挤满了，还有很多农民站在门口和窗户外，冒着凛冽的寒风开会。为什么？因为经过几次会议，村民都知道开会是有用的，是能解决问题的，是能提高农民的素质的，是确实涉及每个农民的切身利益的，因而，风气自然好了。

其二是从反面教育。当现代农民陷入极端的私权中，肆无忌惮地损害公权时，作为公权的代表者——国家，应该站出来告诉农民这是错误的，是不对的，如果继续这样，就可以采取惩罚措施，从硬性方面教育。如对于那些毁坏堤的，作为国家的代表，乡村干部不能偷偷摸摸地去做他们的工作，这样给农民的感觉好像是他们毁坏堤是对的，而政府去制止他们反而是错误的。如果我们基层政权和村社集体都没有明确的是非观念和对错观念的话，怎能叫农民明辨对错呢？如果说，现在的农民在农田水利建设与维护中已经陷入迷途的话，就需要外在的强制性力量进来干涉，将他们从迷途中拉回来。

（四）建立惩罚机制，以现代法治为公益事业保驾护航

教育农民，重新塑造社会基础仅仅是从软的角度来解决问题。对于当前的农田水利困境，除软的措施外，也还必须有硬的措施，即必须加强与之相关的农田水利设施建设与维护的法律现状。对于那些确实恶意破坏农田水利设施，从而给其他农民造成严重损失的农民，必须动用法律手段。以本文中所说的十字闸的堤被毁为例，这种推掉约2米的堤，从而造成近200亩农田经常遭水淹的情况，就不是一般的问题，而是性质极其严重的问题，对这种情况就应该动用法律手段来解决，情况严重的，该怎么处理就怎么处理。

（五）建立现代国家政权体系末端，重新组织现代农民

要从根本上解决问题，还是需要回到本文最深层的问题上来，即现代国家如何治理现代农民。越是个人极端理性、私权极端发达的农村，就越需要国家。沙洋农民对国家的直接呼唤不是没有道理的，他们需要“管”。

个人极端理性、私权极端发达的农村，就无法产生任何内生的权威，也即无法从内部产生“牵头的人”，但他们又极其需要一个这样的人。这种情况下，任何一个没有公权力的人或没有公权力认可

的人，即使有公心，想参与到公益事业建设与维护中，不仅不会得到村民的支持，反而会遭到讥讽："你算老几？你凭什么管我？你又不是什么干部！"这是我们经常听到的村民和村干部在谈及那些破坏公共设施后的农民在面对有公心的人指责时所做出的反应。

因此，我建议在农村重建国家政权体系末端，重新将现代农民组织到国家最底层的框架中来。此时建立现代国家政权体系末端与此前的人民公社时期不一样，那个时候主要是为了解决如何从农业中提取剩余从而来支持工业建设的问题，而现在则是真正意义上的将国家政权建设深入最底层。与其介入时表现出一种暧昧，不如干脆将底层政权化。

或者至少让现在的行政村一级成为基层政权的末端，特别是那些经过合村并组后的行政村，更可以这样做，而让村民小组一级实行自治。这样一来，或许整个农村的棋局都会走活。

（撰于 2010 年）

社会

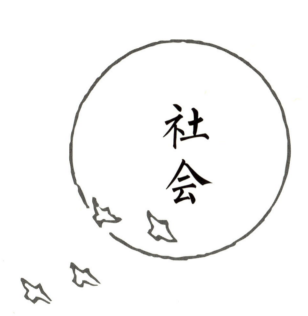

一桩车祸里的乡村法治困境

更令人担忧的是，调解过程中各方势力对法律运行的系列丰富的“想象”，这些“想象”如果是“真实”的，或者，那些“真实”如果是这样“想象”的，那么，它可能是整个中国未来法治现代化的最大困境。

现代化的方案能否成功，现代法治无疑是很重要的因素。在中国，这一点的关键又取决于农村。然而，在几十年的送法下乡以逐渐实现法治普及后，农民尽管越来越懂法了，却也越来越怕以法律作为武器来解决日常生活中的问题，这是为什么呢？本文想通过笔者在湖南平江湘村的调查来简要讨论这一问题。

一

2013 年 1 月某日中午，天气寒冷。

宝源将自己的中巴车停在叔叔家门口的空地上等客人，这里是湘村上片 6 个村民小组的集散地。宝源的中巴车是湘村唯一一辆通往镇上的农村客车。将车停好后，宝源拿了把椅子坐在门口晒太阳。

约一个小时后，弢良拿着 2 米长的柴火棍气势汹汹地向宝源头部扑去，宝源还没反应过来，但下意识地抬手挡了一下，疼痛之余，看到弢良身后紧随着他的两位哥哥，两人手里拿着砍刀，口里不断叫喊着要宝源抵命。旁人见状，将宝源拉开，宝源意识到可能与自己的中巴车有关，便急速往对面邻居家跑去，想躲起来以避锋芒，但还是被彂良三兄弟追上了，结果又是拳头棍棒相加，一顿毒打。

在打斗的过程中，彂良的妻子抱着奄奄一息的两岁儿子呼天抢地地跟上来，其后则跟随着彂良所在房头的一众人等，叫骂声、喊打声、嚷杀声，呼啸而至。这时，一些等车的人才开始陆续提醒彂良等人，应让宝源迅速开车将孩子送到医院抢救。

这是发生在乡村中的一起车祸，其后续处理引人深思，它表明，中国乡村的现代化法治还有很长一段路要走，农民尽管越来越懂法却也越来越害怕运用法律解决问题的现状及其背后机理也许是未来乡村法治需要面对的首要问题。

二

宝源自己家离叔叔家有约 1.5 华里的距离。

一小时前，宝源将车开回自己家拿东西，在返回叔叔家的途中，彂良妻子将车子拦住，她请求宝源帮忙从镇上买点菜回来。宝源表示，年关将近，客流较大，容易忘记，最好还是她自己去买。彂良妻子上了车，停了一会儿又说还有点事，只能第二天再去买菜了，于是便又下了车。宝源见她回去了，便发动车子离开，其间并没有发现任何异样。

约 40 分钟后，有村民骑着摩托路过彂良家，看到彂良的儿子面朝地背朝天地扑在门口路上，便在外面喊彂良妻子出来看。

彂良妻子在火炕边上烤火，趴在桌上睡着了，听到有人喊，便睡眼惺忪出来察看，她将孩子翻过来一看，正是她儿子，伸手一探，儿子已经呼吸微弱。

她一边号啕大哭，一边想起自己出来时儿子就跟在后面，她上车时，她儿子就在车子的后轮胎旁边玩耍，她以为她下车回去后，孩子必定会跟着。

彂良妻子判定，孩子应是被宝源的车子“轧”了。

弢良妻子的大哭，惊动了左邻右舍，大家出来一看，一边帮忙，一边叫人将在山上干活的弢良等人叫回来。

后来，交警查看现场后证实，孩子除了头部有一个裂开的洞以外，其他位置并没有伤痕。他们推测，孩子应该是趴在轮胎上玩耍，但由于身体太小，宝源在车子里并没有看见，将车子开动时，由于前进力的作用，将孩子带了一下，两岁的孩子稳定性差，前倾的过程中，刚好头部撞在轮胎的螺钉上，交警检查车子时亦发现，只有后轮胎上的一口螺钉有点血迹，其他位置没有痕迹。

三

如果从家族来讲，宝源与弢良各自所在房头往前追溯均属于同一个祖先，到宝源一代已经刚好七代人，宝源所在房头与弢良所在房头往上溯是从第二代祖开始分枝的。

乡村这种仍然多少保留的传统社会结构，正是现代法治运行所要遭遇的大问题。

但“车祸”将这两个房头在那一天撕裂，并且形成了以两个房头为基本单位的互相对垒的局面。

仅从交通事故的角度看，按照有关交通法规界定，宝源在此次事故中显然不需要负全部责任。从地方舆论来看，人们也普遍认为，宝源和弢良妻子各自应承担一半的责任。当然，有硬约束的法律，在这里似乎没有多大威力，作为软约束的地方舆论，同样乏力。

这种硬软均失效的情况，是伴随着孩子伤情的变化而急转直下的。

就在宝源遭到弢良等人的毒打后，经众人提醒，宝源仍忍痛开着自己的中巴车，拉着孩子以及弢良所在房头的一干人等，急赴镇上的卫生院抢救。宝源的父亲、伯父以及叔叔亦随车前往。途中，弢良和他的两个兄弟仍然无法控制住愤怒的情绪，对宝源多次拳头相加，有两次拳头攻击时，中巴车险些滑出路边，翻下山涧。宝源的父亲伯叔只能酌情阻拦，但不敢言语半句。彧良所在房头的一位堂兄出于安全考虑，好不容易劝住了彧良兄弟。彧良的另一位堂兄则与他们一起，一路上对宝源及其父亲伯叔进行毫不留情的谩骂羞辱。

他们一再强调，如果孩子有个三长两短，宝源家必须同样拿个儿子出来抵命。

与此同时，留在家里的彧良所在房头的女人们，则轮番到宝源所在房头的各家庭中进行谩骂羞辱。宝源所在房头的女人们对此只好默不作声。

这是一种特殊的出气机制。

以现代法治观之，这一切似乎不可理解。假设这是一件发生在城市的交通事故，大多数情况下只需交警与保险公司的人进行处理即可，且也只可能仅限于当事方。

然而，在这里，两边房头似乎都是责任连带的。

从湘村到镇卫生院有约30华里的距离。车子走了不到一半路程时，小孩其实已经没有了生命体征，但车子仍然朝卫生院狂奔。

到了卫生院，一众人等抱着小孩进了抢救室，就在抢救室里，医生宣布孩子已经死亡。

彧良疯了似的，认为孩子不可能死亡，坚持要将孩子送到县人民医院进一步抢救。

从镇卫生院到县人民医院还有约30华里的距离。

彧良的堂兄劝慰彧良说人死不能复生，回去吧。

彧良不满，却故意将话“错听”成宝源叔叔所说，认为他在帮助宝源说话，当即扬言，要回去杀了他的孙子。

彧良的两个兄弟再次失控，对宝源又是一顿拳脚。此时，交警来到，好不容易才劝住。

于是，彧良等人只好抱着小孩尸体回家。宝源则连人带车被交警带往县城拘留。

四

回到家后，已是下午 4 点多了。乡村两级负责人均及时到场处理问题。

调解工作在“法了”与“私了”之间拉锯和着力。

弢良不同意接受任何调解，“法了”与“私了”均不同意。他只提了一条要求“死了”，即要宝源将自己两岁的儿子抱给他，他一刀剁死，这样就可以一笔勾销。

他的两位兄弟则突然拿了两把杀猪刀，要到宝源叔叔家去杀他叔叔和叔叔的孙子，他们杀人的理由是，在镇卫生院医生宣判孩子已经死亡而他们要求继续去县人民医院时，宝源叔叔不该也说“孩子已经死了去也没用”的话。

宝源婶婶下午知道孩子死亡的消息后，害怕弢良兄弟回来迁怒宝源所在房头的小孩，便早已将孙子藏到了亲戚家。宝源的母亲亦带着宝源的儿子躲了起来。显然，她们的行动抉择均来源于她们的地方性知识，而非法治话语。

好在他们其中的一位堂兄此刻出来说了句公道话，他说，孩子已死没必要再送县医院的话是他说的，宝源叔叔确实什么话都没说，其他看热闹的人亦过来劝架，拉扯了好一阵才将弢良的两个兄弟劝回。

跟在后面助威的又一位堂兄及其妻子却还是跑到宝源叔叔家咒骂了好一阵，又拍桌子，又摔东西。

宝源叔叔家始终忍着。

从现代法治角度来说，纠纷其实仅应限于孩子的监护者弢良与弢良妻子和肇事方宝源之间，其他任何主体均不具备相应资格。因此，严格来说，弢良的两个兄弟及其堂兄等人对宝源的打与骂均构成人身利益侵害，对宝源叔叔及其家里的辱骂与打砸东西同样也构成人身利益侵害与财产侵害。即使弢良本人，其暴力行为不管针对谁，亦同样构成对其暴力承受方的人身侵害。

然而，法律在这里没有用。法律在这一实践中所遭遇的，也许不是个法律意义上的“法律问题”。

客观来说，对于孩子已经死亡的弢良而言，事发后的短期时间内，其悲痛与愤怒完全可以理解。尽管其所作所为并不符合现代法治精神，但是，他当时亦已决计要随儿子而去，因此，法律对他来说，没有任何威慑力。他说，他自己已经不怕死了，不仅不怕死，而且在自己死之前，他还一定要替他儿子至少杀一个宝源的儿子，杀不到宝源的儿子，他就杀宝源叔叔伯父家的孙子，一时半会儿杀不了，他就天天去找、去盯，只要有机会，他就要杀一个宝源所在房头的任一年幼男丁。

古人说，民不畏死，奈何以死惧之。当不畏死甚至以特殊方式求死时，法律似乎变得软绵绵了。

五

事情总要解决。

因此，经过最初的一系列出气后，各方开始回到谈判桌上。

同样因为宗族房头这种特殊的社会结构的作用机理，宝源亦仅是傀儡。他将事情全权交给父亲、伯父和叔父三人处理，自己在拘留所等消息。弢良仍然以杀人偿命之理继续主张杀人之法。弢良的房头则将着力点逐渐转移到金钱赔偿上。

只要钱能解决问题，在乡村，其实一切问题似乎都可以化解。

地方政府、村两委基本上持同一立场，即劝宝源家族赔钱了事。他们的立场来源于他们的担忧，他们怕出事。怕出事的背后，当然与他们自身的维稳及其衍生的权力利益关联。也正是这一点，本应作为推动现代法治良性运行的担纲者，在这里更多地扮演着和事佬的角色。

按照交警的说法以及对相关法律条文的查询和咨询律师的情况，

宝源家族基本能够确认，走法律诉讼渠道，宝源仅需承担约 14.7 万元人民币的“明”的赔偿，这与弢良家族要求的 120 万元人民币差距甚大。

但是，据说，在法律诉讼的过程中，当拘留期满后，宝源会被继续羁押至“监狱”（实则“看守所”），直到司法程序走完，各种事情处理完毕，他才有可能被“放出来”。

于是，宝源家族开始担忧的第一条就是“监狱”（看守所）。电视连续剧、电影作品关于“监狱生活”的介绍，以及报纸等新闻媒体关于“监狱”里一些黑色故事的报道等勾起了他们对“监狱”（看守所）的一连串“想象”，他们害怕宝源在“监狱”（看守所）里被有关各方殴打致残甚至致死，如果是这样，即使只赔偿了 14.7 万元，但放出来后，宝源的下半辈子不就毁了吗？

后来，辽宁省曝出马三家监狱的事，不管事情的真假如何，但通过从报道中看到的情况，宝源家族并不后悔他们当初决定最终不选择法律诉讼的考虑。

在担忧与讨价还价中，价码终于从 120 万元人民币下降到了 40 万元人民币。弢良扬言，再少一分钱，他就要杀人了。因此，这个数字成了下限。

这构成宝源家族的担忧之二。只要问题没有从乡土逻辑中得到满意解决，即使将来法律诉讼成功，可以少赔偿 20 多万元，在不可能全家族迁走他乡的情况下，宝源家族始终面临来自弢良家族的杀人报仇的威胁。

担忧之三，是权力可能对司法的干预。

弢良亲嫂子的胞兄据说在省城某部门“当官”。中国法治实践就是这样，这个在西方法律文化中看起来八竿子打不着的所谓“关系”，在中国的语境中，即使没有出面，同样具有很大的威慑力。

弢良的哥哥亦公开将此作为威胁的筹码，即使是“策略”，但对于有着“想象力”的农民来说，看起来和听起来都似乎那么真实。

宝源家族则毫无“背景”，因而，他们极度担忧，即使走司法渠道，将自己的肇事责任与相应的赔偿匹配，但如果弢良哥哥在省城的那位小舅子官员出面“摆平”的话，他们还是对手吗？

担忧之四，司法的成本，金钱的、精神的以及时间的等，可能远非那14.7万元能够平衡。

宝源家族判断，“官司”一轮肯定是解决不了问题的，即使成功了，弢良家族也一定会上诉，如此循环往复，何时是个头？

在谈判桌上，他们还是坚持要将赔偿数额降到20万元人民币，他们认为，与那14.7万元合法赔偿相比，这多出来的部分属于他们出于乡梓情谊对弢良家的一种“补偿”，否则，就继续考虑走法律程序。宝源家族的判断，来源于他们对弢良妻子责任的认知，他们认为作为孩子母亲的弢良妻子，在监管上负有不可推卸的责任。

僵持的第三个晚上，弢良妻子“疯了”。她满口“胡言”，说看到她家孩子去宝源叔叔家了，又说孩子被宝源抱走了，又哭着跑到宝源伯父家要孩子，说是看到被宝源伯父抱走的。这种阴森可怕的类似“鬼话”迅速引起地方上其他人的不安，这也使得原本有利于宝源的地方舆论氛围急转直下，弢良家族进一步占据了道德高地。

于是，弢良家族将弢良妻子的“疯”也作为附带增加的需要更多赔偿的条件。第四天上午，在人们的劝说下，弢良家将弢良妻子送进医院住院检查。

僵持不下时，地方政府和村两委再度出面协调，他们诉说法律诉讼可能的后果，他们对这些后果的描述，几乎与宝源家族的各种担忧全面吻合。

六

宝源家族最终接受了赔偿40万元的调解。

调解协议达成后，弢良妻子亦当天“病愈”出院。

宝源自己有8万元存款。

剩下的32万元，他从亲戚朋友那里借款。

借款的对象包括：宝源的哥哥、伯父、叔叔、伯父的三个儿子和两个女儿、叔叔的两个儿子、宝源的四个姑妈、大姑妈的五个女儿和一个儿子、二姑妈的四个儿子和一个女儿、三姑妈的四个儿子、小姑妈的一个儿子和女儿、宝源哥哥的岳父、宝源自己的岳父、宝源的连襟、宝源哥哥的连襟、宝源的两个舅舅、宝源的一个舅表兄和三个舅表妹、宝源父亲的舅舅的四个儿子以及宝源和其父亲、叔父的一些朋友。

借款数额，各户从1000元到20000元不等。

这是一个庞大的亲属网络。

对于宝源来说，这是一个他借款的支撑网络。对彧良来说，同样的道理，类似的亲属网络，尤其是宗亲，构成他向宝源施压的网络。这些网络制约着乡村法治的现代化进程。

不过，更令人担忧的是调解过程中各方势力对法律运行的系列丰富的“想象”，这些“想象”如果是“真实”的，或者，那些“真实”如果是这样“想象”的，那么，它可能是整个中国未来法治现代化的最大困境。

（撰于2013年）

论自己人纠纷与外人纠纷

根据纠纷的关系结构、性质、表现形式与处理机制的不同，可以将纠纷区分为自己人纠纷和外人纠纷两种类型。从纠纷的关系结构来说，自己人纠纷主要发生于自己人内部，纠纷主体之间是一种等级关系；而外人纠纷则发生于外人之间，纠纷主体之间是一种平等关系。从纠纷的性质来说，自己人纠纷主要是情感焦灼或情感期待不能获得满足而致，而外人纠纷则主要是利益冲突或利益侵害所致。从纠纷的表现形式来说，自己人纠纷更注重统一性，而外人纠纷更注重对立性。从纠纷的处理机制来说，自己人纠纷调解主要采用“和”的办法与“模糊处理”的策略，而外人纠纷主要采用“分”的办法和“清晰厘定”的策略。自己人纠纷通过将自己人外化可以转换成外人纠纷，而外人纠纷通过将外人自己化可以转换成自己人纠纷。自己人纠纷离法律的进入边界更远，外人纠纷离法律的进入边界更近，送法下乡遭遇困境的实质并不在于法律文本本身，而在于法律进入了本不应进入的自己人纠纷所发生的领域。

一　问题的提出

纠纷研究吸引了众多学科学者的关注，包括法学、社会学、政治学、人类学甚至历史学等，并取得了一系列成果。具体来说，近年来，国内外学者关于纠纷的研究成果主要集中在法律社会学和法律人类学方面。具有代表性的作品有：郑永流的《当代中国农村法律发展道路探索》，郑永流、马协华、高其才、刘茂林等合著的《农民法律意识与农村法律发展》，苏力的《送法下乡》《法治及其本土资源》，强世功主编的《调解、法制与现代性》，何兵的《现代社会的纠纷解决》，高见泽磨的《现代中国的纠纷与法》，谢晖、陈金钊主持的“民间法”丛书，赵旭东的《权力与公正——乡土社会的纠纷解决与权威多元》，朱晓阳的《罪过与惩罚——小村故事：1931－1997》，郭星华、陆益龙等合著的《法律与社会——社会学与法学的视角》等。而法律社会史和法律文化研究领域亦有不少关于纠纷解决的重量级作品，如瞿同祖老先生早年写的《中国法律与中国社会》，黄宗智的《民事审判与民间调解：清代的表达与实践》《法典、习俗与司法实践：清代与民国的比较》，白凯的《中国的妇女与财产：960－1949》，梁治平的《清代习惯法：社会与国家》《寻求自然秩序中的和谐——中国传统法律文化研究》，滋贺秀三等的《明清时期的民事审判与民间契约》等。这些代表性作品为我们研究纠纷提供了扎实的学术基础，开启了广泛的研究视角，展现了分学科和跨学科研究纠纷的魅力，并揭示了围绕纠纷发生和纠纷调解所形成的一系列制度及其背后的内在逻辑。然而，即使如此，既有研究中主要探讨的是纠纷的调解机制，而对于纠纷本身是什么以及纠纷的类型则明显关注不够，为我们留下了巨大的研究空间。

正是意识到对纠纷本身及其类型研究的重要性，杨华将纠纷分为两类。一类是接触性纠纷，即因摩擦和芥蒂而起，不涉及重大的伤害、财产和侵权纷争，人们因为日常生活中紧密的接触和互助合作而发生摩擦。另一类纠纷是“侵害性纠纷”，是对他人名誉或财产的侵害而导致的村庄纠纷（杨华，2008：110～111）。其后，杨华又顺此思路通过对农民的公私观念的区分研究了不同的纠纷控制单位，并认为农村的调解工作大部分是自己人在处理，农村的纠纷处理就是自己人的调解。具体方式就是要最大限度地激发自己人的情感，使当事人产生或加深自己人的情感共鸣，从而使纠纷双方在自己人的情感世界中做出让步，达到解决事情的目的，并且还得使自己人的关系不因纠纷而破裂（杨华，2008：106；2009：193）。杨的研究显示了其发现问题的敏锐力，对纠纷类型的区分本身已说明其意识到既有纠纷研究的问题所在，遗憾就在于这两种类型的纠纷本质上是熟人社会内部的广义上的自己人纠纷，但杨的研究给予了本研究很大的启发。

本文的灵感来源于我们在就纠纷问题展开田野调查时的困惑，我们在调查中总是面临婆媳纠纷、夫妻纠纷、兄弟纠纷、邻里纠纷等纷繁复杂的纠纷，但我们又总困惑于这几类纠纷之间的不同，甚至同一类纠纷内部也呈现不同，比如，夫妻之间日常的争吵与夫妻离婚时的争吵，这两者之间在实践的性质上是同一种纠纷吗？同样是兄弟纠纷，在湖北大冶基本可以依靠家庭内部力量调解成功，而在浙江宁波则更容易采取法律诉讼的途径，这种虽然都是表现在兄弟之间的纠纷，但它们是同一性质的纠纷吗？在不断的调查与讨论中，我们发现对自己人的认同程度是决定纠纷调解能否成功的关键因素，进而，我们发现虽然在同一熟人社会内部，并不是所有人都是“自己人”，而是有着明显的“自己人”与“外人”之分，而且，不同的地区，“自己人”与“外人”的关系内涵也不一样，因而也就决定了纠纷的类型实质上也不一样。据此，我们区分出两种纠纷类型，分别为发生于自己人内部的“自己人纠纷”和发生于外人之间的“外人纠纷”。本文首先将会对这两种纠纷类型进行详细区辨，然后考察这两种类型的纠纷是如何转换的，并初步讨论这两种纠纷的区域差异，最后我们要尝试性地借此来检视当前送法下乡遭遇困境的实质。

二　自己人纠纷与外人纠纷之区辨

首先有必要对自己人纠纷和外人纠纷做一简单的概念界定。所谓自己人纠纷是指发生于自己人内部的，主要是情感焦灼或情感期待不能获得满足而致的，并以“和”的办法和“模糊处理”的策略来进行调解的争执不清的社会事实。而所谓外人纠纷，则是指发生于外人之间的，主要是利益冲突或利益侵害而致的，并以“分”的办法和“清晰厘定”的策略来进行调解的争执不清的社会事实。对于这两种纠纷类型的区辨，我们则可以分别从纠纷的关系结构、纠纷的性质、纠纷的表现形式和纠纷的处理机制四个方面探讨。

首先，从纠纷的关系结构来说，自己人纠纷与外人纠纷有着本质的不同。自己人纠纷只能发生于自己人内部，纠纷主体双方是一种基于血缘与人伦的等级关系。自己人的本质是生物性的血缘体，这种关系是天然的，当我们说我们是自己人的时候，我们首先是血缘意义上的。如果我们从生物性上不具备自己人的特征的时候，我们会说“把某某‘当’自己人”，这个“当”就是一种社会性的建构，也就是说，这个时候的自己人的关系是建构的关系，而不是天然的关系。而外人纠纷则是发生于外人之间，纠纷主体双方是一种基于血缘以外的（在一个熟人社会内部则主要是地缘、趣缘和业缘等）契约性的平等关系。与自己人纠纷双方的不平等不一样，外人纠纷双方往往是平等的主体，因为不属于自己人范畴，外人纠纷双方也就不受制于生物性等天然生成的关系结构。比如，父亲对于儿子来说，就是血缘性的，这种结构是无法改变的。但外人纠纷双方不一样，比如张三和李四，也就是普通的村民之间的关系，这种关系是对等的，而非等级序列结构。

其次，从纠纷的性质来说，自己人纠纷与外人纠纷有着本质不同。我们认为自己人纠纷主要是情感焦灼或情感期待不能获得满足而导致的。之所以如此，与纠纷的关系结构有关，纠纷的关系结构是纠纷的性质的更为前提的因素。由于自己人是一个情感共同体，人与人之间所发生的主要是情感上的关系，因此，我们常说，家庭是一个温馨的港湾，其背后所强调的就是家庭这个最小的自己人共同体的情感功能特色。但在这样一个情感共同体中，人们相处时并非没有矛盾，总会有这样那样的摩擦。而外人纠纷则因发生的前提是外人，其性质也就主要不是情感焦灼或情感期待不能获得满足，而往往是利益冲突或利益受到侵害。外人与外人之间要么不发生关系，要发生关系也不像自己人纠纷双方那样是通过情感、血缘等生物性来建立的，而主要是以利益作为链条建立关系。正是因此，当利益纠缠不清而杂乱纷繁时，外人与外人之间的关系就出现了问题，纠纷遂起。

再次，从纠纷的表现形式来说，自己人纠纷与外人纠纷亦有明显差异。自己人纠纷虽表现出冲突的一面，甚至是激烈冲突，但它更注重统一性。也就是说，自己人纠纷双方尽管在情感上发生龃龉，但最终的目标是自己人不能解体。因此，自己人纠纷表现出来的具体的纠纷事实往往并不是最重要的，重要的是这些事实的背后人们的情感矛盾。而外人纠纷则更注重对立性，因其本就不是自己人，因而也无所谓是否要统一起来。因此，外人纠纷更关键的是纠纷事实本身。也因此，没有“自己人”作为“统一性”将人与人整合起来，而仅仅是通过利益将人与人组合起来时，这种关系中的双方更多是对立关系，而非统一关系。

最后，从纠纷的处理机制来说，自己人纠纷与外人纠纷遵循完全不同的逻辑。因为自己人是一个情感共同体，因而，我们在现实生活中会发现，去调解自己人纠纷的人总是极力地调用“自己人”这个词来处理发生争执事实的双方的问题。调解的重点是将冲突双方情感上的焦灼感融化掉，让人在感情上接受和满足对方的期待。而不是去鉴定和区分谁是谁非，谁对谁错。调解的办法往往是“和”，其突出特点就是“模糊”处理争议，放大共同点，这个最大共同点就是“自己人”。一句话“自己人还有什么不能解决和不能想通的事吗?”调解自己人纠纷在很多时候对于纠纷双方是不平等的，因为自己人这个情感共同体单位本质上不是一个平等单位，而是一个差序格局式的单位。也就是说，自己人内部是有等级序列差异的。如当父子发生自己人纠纷时，调解的办法首先是要照顾到等级序列中的优势者，很多时候，在这种自己人纠纷中无法以“各打五十大板”的办法来处理问题。因此，我们常见的说法总是“你作为晚辈，作为儿子，你在自己父亲面前吃点亏算什么呢，都是一家人要分那么清吗？自己人能分那么清吗？”意识到自己人的另一方往往也会“算了”，“自己的儿子，认个错就可以了，何必为难自己人呢？”因而，自己人纠纷往往就在这种“自己人”的统一性前提下得以“调解了”。但这并不等于说“自己人纠纷”从此就不再有了，这一自己人纠纷调解了，将来还会有新的自己人纠纷，但新的自己人纠纷会在同样的处理机制下调解掉，正所谓“打不烂的祖宗牌”“肉烂在汤锅里”“打虎亲兄弟，上阵父子兵”“兄弟阋于墙，外御其侮”。只要这个“自己人”不解体，自己人纠纷就有调解之道。

正是基于外人这个前提条件，外人纠纷的处理机制与自己人纠纷的处理机制也就不一样，又因为其冲突更多是利益纠葛而非情感期待不能满足，因此，外人纠纷仅靠感情是解决不了问题的，甚至是无用的。外人纠纷的调解重点是调整利益、界定和分清利益。因此，外人纠纷的解决机制与调解自己人纠纷中的“和”不一样，其重点是“分”，即分清楚利益，分清楚对错。它的处理策略也不是采用“模糊处理”的办法，而是要采用“清晰厘定”的办法。因此，当你张三侵犯了我李四的利益时，我要考虑的主要就是你如何赔偿我的利益，界定利益侵犯的程度，以及要赔偿的额度。进一步，我们会发现，调解外人纠纷的时候，要么捏拿准分寸，弄清外人纠纷的来龙去脉，从而公平公正地解决问题，要么从最低限度来说，只能各打五十大板，否则，一方就会认为偏袒另外一方，外人纠纷的调解也就会丧失公正性，调解也就不可能取得成功。外人纠纷调解不像自己人纠纷调解那样，可以通过使另一方“吃点亏”的办法来解决问题，外人纠纷中的“吃点亏”的逻辑是行不通的，因为，“这肉不是在同一个汤锅里煮”“这牌也不是同一副祖宗牌”。简单说，就是外人纠纷的各方不属于同一个自己人的共同体，外人纠纷也不像自己人纠纷那样总是存在于自己人纠纷双方日常生活里，而是可以终结的，今天的张三和李四发生外人纠纷了，通过调解明晰各自的利益、是非后，大家大可以不必再来往，也会因为外人纠纷中损害别人的权利后要进行赔偿而会在下一轮互动中有意注意，外人纠纷也就有可能不再发生。

三　自己人纠纷与外人纠纷之转化

自己人纠纷与外人纠纷一方面有着清晰的区分，另一方面也并非不能转化。自己人纠纷有时可以变成外人纠纷，外人纠纷有时可以变成自己人纠纷。自己人纠纷与外人纠纷的转化为自己人纠纷与外人纠纷的处理机制的转换提供了可能。不过，通常来说，我们要尽量不让自己人纠纷转化成外人纠纷，从而有利于我们运用自己人的感情、习惯、共识等来调解自己人纠纷。相反，我们要尽可能将外人纠纷转化成自己人纠纷，从而将原本在外人之间发生的问题内化到自己人中间来解决。

自己人纠纷转化成外人纠纷的机制简单说就是“自己人外化”的逻辑，也即将自己人变成外人。一般来说，只要自己人这个共同体不解体，发生在自己人内部的摩擦往往都是自己人纠纷，通过自己人的办法，不断发挥感情的作用，并不断磨合是可以调解自己人纠纷的。但一旦自己人解体，自己人纠纷往往会转化成外人纠纷，此时，仅从感情上去处理问题是无济于事的。这种情况最经典的表现模式是在夫妻之间。夫妻之间发生一些摩擦本来是经常性的事情，是不可避免的，但这种自己人纠纷的解决前提就是夫妻这个自己人的共同体不解体，只要这一点没有变，我们经常看到的是“床头吵架床尾和”“夫妻之间并无隔夜仇”的现象。我们在某村调查时，村干部讲起一件如何调解夫妻自己人纠纷的趣事，具体如下。夫妻俩在家吵了架，丈夫没有适时做出让步，妻子一气之下跑到外地的一个工厂打工，并且半年没有回家。到第七个月时，妻子很伤心，提出要和丈夫离婚，这下丈夫才急了，便请村干部帮忙做工作。村妇女主任和治保主任到厂子里将女的叫回来后，便着手调解他们夫妻之间的矛盾。但夫妻俩见面后妻子不搭理丈夫，不说一句话，村干部出面要他们谈情况时，双方互相指责。村干部听后并没有做出谁是谁非的判断，而是说知道了，晚上再来。晚上到了后，夫妻俩还互相不说话，村干部提议说要吃夜宵，要夫妻俩去张罗搞几个小菜。夫妻俩磨不开面子，妻子便在锅里炒菜，丈夫在灶下烧火。治保主任将丈夫叫出来说，等你老婆放油下锅时，你就将柴火烧猛点，这样油就会炸，你妻子忍不住就会开口，开口了事情就好办了。男人从其计，果然妻子本能地脱口而出："你烧这么猛的火干吗？想炸死我啊？"治保主任和妇女主任哈哈大笑进来说，你们自己吃吧，我们工作做完了，你们开口说话了就好了，一家人有什么想不开的呢。女的扑哧一笑，夫妻俩的矛盾基本就化解了。

这起自己人纠纷之所以能够调解成功，就在于夫妻这个自己人的共同体并没有解体，因此，实质上夫妻双方尤其是女方主要是要将情感上的焦灼释放出来，夫妻还是夫妻。相反，如果这一案例中的离婚闹剧最终变成事实，那么自己人这个共同体就解体了，这个时候夫妻不再是夫妻，而是互为外人，当自己人外化后，原本只是夫妻之间的自己人纠纷就会变成夫妻之间的外人纠纷。外人纠纷显然是无法以调解自己人纠纷的方式来处理的，它往往更多是要明晰各自的责任和权利，如对财产的分割、对子女抚养权的争夺或讨价还价等，甚至为此告到法院以司法诉讼的形式解决争端，这些故事经常在上演。

外人纠纷转换成自己人纠纷的机制简单说就是"外人自己化"的逻辑，也即将外人当作自己人来处理。但外人自己化必须有一个限制条件，即外人的范围从地域上来说并不是漫无边际的，从农村的外人纠纷发生经验来看，外人能够转化为自己人的范围往往在一个熟人社会内部。也就是说，陌生人之间是无法外人自己化的。相比于自己人外化来说，外人自己化的逻辑更为复杂，其界限也更为灵活、模糊，而自己人外化简单说就是自己人解体后的必然结果。

外人自己化之所以具有灵活性与模糊性，是因为其本质上是一个社会性建构的过程，在这个过程中作为关系建构的主体即外人纠纷的双方本身具有极强的主动性和权宜性。因为外人能否自己化受制于地域范围，因此，外人纠纷能否转换成自己人纠纷也就往往取决于人们对地域的认同。如果在同一地域内，如很多时候是在一个自然村或一个村民小组的熟人社会内部，人们有很强的“我们感”，那么外人纠纷转换成自己人纠纷是完全有可能的。这个时候，外人纠纷就可以通过其成功转换成自己人纠纷后，调用自己人的资源来调解问题。所以，本来是一个利益上的外人纠纷问题，通过这种自己人的“我们感”（实际上是一种“拟我们感”），可以变成一个感情上的自己人纠纷的问题。我们在农村调查时，经常会发现村民之间很多外人纠纷最后都以自己人纠纷的形式来解决，典型的如田边地角的外人纠纷，牲畜放养不当从而践踏邻居菜地等的外人纠纷，尽管有些是按外人纠纷解决的模式即界定清楚权利损害程度从而进行赔偿来解决问题的，但也有些最终以自己人纠纷的调解方式，仅仅以道歉或表示感情上的内疚而了事。而这种方式很多时候是将本来是外人的人当作自己人，只要将问题放进自己人内部，那么，一切问题总有解决的办法，因为自己人本身就是九九归一的最后的一个宗。将外人纠纷转换成自己人纠纷来解决显然是最好的处理办法，因为这种方式可以增强“我们感”，增强彼此的认同，从而加强人与人之间的关系，使得熟人社会内部更加其乐融融。

能否将外人纠纷转换成自己人纠纷为我们理解农村的区域差异提供了一个视角。现代性的深入，以理性算计为要旨的人与人之间的关系的变化，使当前农村正经历着大量的自己人解体的过程。这种自己人的解体可以从很多方面去观察，如从自己人纠纷和外人纠纷的区分与转换来检视便是有力工具。并由此，我们会发现，不同区域的农村转换的方式与程度均有较大差异。比如，我们看看兄弟之间的争执，本来从血缘与生物性的角度看，兄弟是理所当然的自己人，因此，兄弟之间存在的应仅仅是自己人纠纷，而不是外人纠纷，但当前中国农村中并不是所有的村庄都遵循这种逻辑。以我们调查的湖北大冶农村为例，兄弟之间更多的是自己人纠纷，而非外人纠纷，因此，作为自己人的兄弟关系并没有解体，相反，是紧密结合在一起的。而我们在浙江宁波农村调查时发现，当地兄弟外人纠纷颇多，很多在大冶农村看来仅仅是自己人纠纷的事情在这里却成了外人纠纷。同样，婆媳之间的争执在这两地农村也表现出相反的逻辑。究其原因，两地农民在谈到这些事情时都有经典的说法，大冶农民说：媳妇是自己人，相反，女儿是外人，因为女儿是泼出去的水，而媳妇将来是要赡养老人的。宁波农民却说：媳妇是外人，毕竟不是自己亲生的，嫂子和弟媳也是外人，毕竟不是自己的亲姊妹。媳妇作为自己人本来应是社会性的建构，因为婆媳之间确实不存在血缘关系，嫂子与弟媳也是一样，但是这种社会性的建构能否在当前农村广泛而有效地起作用，却因为不同的农村而有差异。也因此，不同的农村中发生在这些人之间的争执不清的事情，就可能因为作为自己人而成为自己人纠纷，作为外人而成为外人纠纷。由此，也就决定了完全在血缘关系之外的，家庭以外的，如邻里之间的争执呈现不同的状态，当自己人的逻辑更为普遍时，这种争执虽然是外人纠纷却可能转换成自己人纠纷处理，否则，本来可能是自己人之间的自己人纠纷也有可能转换成外人纠纷。

进一步，我们会发现，当前中国农村，有些地方自己人纠纷仍然很多，外人纠纷很少，如大冶农村。而有些地方则自己人纠纷越来越少，外人纠纷越来越多，如宁波农村。自己人纠纷仍然很多的农村说明其自己人的色彩仍很浓厚，村落的共同体性质仍较为牢固，传统保持仍较好，其现代性的色彩相较来说还比较淡。自己人纠纷越来越少而外人纠纷越来越多的农村并不是说自己人纠纷不存在了，而是很多本属于自己人纠纷的却转换成了外人纠纷，这个转换的过程实质就是自己人的不断解体，村落的共同体性质逐渐消解，其社会性的一面不断增多，村落真正往更加“现代性”的方向过渡，但这未必是好事。

四　扩展讨论

理解了自己人纠纷和外人纠纷之差异及其转换逻辑后，我们再对当前关于送法下乡所遭遇的困境做初步讨论。学界一些有影响力的学者已就此问题展开过深入的研究，本文的讨论既不是要否定已有的研究，也不仅仅是为既有研究提供更加完善的解释，我们的目的在于尝试性地从另外一个角度理解送法下乡遭遇困境的实质。

费孝通先生早年在其著作《乡土中国》中曾指出，送法下乡的困境在于乡土社会的既有结构及人们的思想观念还没有发生适合于现代法律的变化，也就是说社会结构与思想观念同法律并不相适应，他说：在社会结构和思想观念没有发生变化之前，就简单地把现代的司法制度推行下乡，其结果是“法治的好处未得，而破坏礼治秩序的弊病却已经发生了”（费孝通，2003：58）。在费先生的观点里，这个乡土中国的社会结构的最大特点就是“熟人社会”、“亲密群体”和“差序格局”。苏力先生亦在这个乡土中国的社会结构上思索了送法下乡的困境，他认为现代性法律制度的干预破坏了熟人社会中的社会关系，使得村庄秩序处于极其艰难的地位，一方面正式的法律制度没有能力提供村民需要的法律服务，而另一方面又禁止那些与熟人社会性质相符却与现代法治相悖的实践（苏力，1996：23）。董磊明先生认为最近的10多年，中国农村正在发生巨变，今天的农村社会，已非“乡土社会”的理想类型所能准确概括，从某种意义上讲，今天的农村社会已经陷入了某种秩序混乱状态，这种混乱状态更是一种结构混乱，农村秩序正面临各种因素的侵扰，村庄共同体趋于瓦解，乡村社会面临解组，送法下乡的困境也理应放到这种背景下进行分析和研究（董磊明，2008：20）。基于对这种结构变动的把握，董磊明等进一步提出在越来越具有现代性特征的乡村社会，国家法律日益成为维护社会秩序、促进社会和谐、保障新农村建设的不可或缺的力量，“迎法下乡”有了现实需求（董磊明等，2008：87）。

以上学者均从各自的角度对送法下乡遭遇困境的现实做出了独到的解读，费老的研究虽然是60多年以前的观点，但放在当下中国农村现实环境中，仍不乏学理上与方法论上的意义。苏力亦以其敏锐的眼光洞察到了国家法与民间需求之间出现的两张皮现象，从而对忽视本土资源的国家法的匆忙下乡进行了深刻的反思。不过，正如董磊明等问的，今天的中国农村还是那个“乡土中国”吗？中国农村经历60多年甚至上百年的现代性的持续进入，已经发生了翻天覆地的变化。无论是从社会结构、价值基础，还是从乡村治理的诸多方面，当下的中国农村均发生了巨变（贺雪峰，2009：1～5）。但是否如董磊明等认为的，乡村社会已经做好了“迎法下乡”的准备呢？“迎法下乡”是不是乡村社会中的普遍需求呢？

我们认为，法律的进入应有限度。也就是说，法律并不是对所有领域都适用的，在有些领域法律是必要的，而在有些领域法律并不是万能的。以万能的态度将法律渗入乡村社会的各个领域必然会遭遇困境，这种困境并不受制于乡村社会结构本身是什么样的。法律的本质是要界定清楚个体的权利与义务，从而维持社会公平正义，以获致良好的社会秩序。但问题也就在这里，中国农村社会的实际情况是，一些村民之间争执不下的事情仅仅是自己人内部的纠纷，这种自己人纠纷是不能通过法律来界定或调解的。

比如父子之间因赡养而引起的争执，我们只能将其当作自己人内部的纠纷来调解。当我们将其作为法律问题进行审视时，本来是自己人内部的纠纷也就变成了外人之间的纠纷，这种自己人纠纷到外人纠纷的转换，也就使得自己人这个共同体解体，父子之间成为外人。因此，尽管从手段上讲，法律进入本是自己人纠纷的领域可以解决问题，却不一定能带来秩序。儿子气冲冲扔过来的粮食或钱财，父亲不会非常高兴地接受。相反，我们经常看到的是，因为自己人纠纷中的情感焦灼并没有得到释放，彼此的感情期待无法得到满足，他们接受不了本是自己人却以外人的方式扔来的嗟来之食，甚至因此走上自杀之路，这种法律进入自己人领域虽然解决了问题却导致了悲剧经常在农村上演。

自己人纠纷的本质在于其虽然有对立的一面，却因为自己人这个共同体的存在，最终要统一起来。而法律的逻辑进入自己人领域，虽可以解决自己人纠纷的对立面，却无法回归其统一性的一面。因此，法律在自己人领域的进入往往加速了自己人的解体。反过来，在外人纠纷的领域，本应是法律进入的好地方，民众“迎法下乡”的需求主要发生在这一领域，但我们的法律有时又显得如此暧昧，最典型的莫过于对某些因外人纠纷而引起的上访事件的处理，本应厘清外人纠纷各方的权利与义务，却经常“讲感情”，其结果就是任你动之以情晓之以理千万遍，在利益没有界定清楚和适当满足前，外人纠纷的各方一定是“上访到底”。

总之，我们有必要分清自己人纠纷与外人纠纷，上帝的归上帝，恺撒的归恺撒，让法律正确地进入乡村社会，使送法下乡的运动得到成功实践，使迎法下乡的需求得到满足，从而既能营造法治的乡村社会，又不至于危害乡村社会原本的秩序。

五 简短的结语

在当前的纠纷研究中，人们普遍关注的是调解机制本身，以及从中探讨国家法与民间法的关系，或国家法进入乡村社会后与民间社会如何调适的问题。而对纠纷本身是什么，以及纠纷类型的区分则关注极少。事实上，根据对纠纷类型的划分，我们发现，自己人纠纷并不同于外人纠纷，这两者是两个不同的领域，自己人纠纷是自己人内部的争执，虽有对立性，却终归会统一到自己人这个共同体的前提和基础上来，自己人纠纷的发生主要不是利益分配的问题，而更多地表现在情感的焦灼和对彼此情感的期待不能获得满足。相应的，自己人纠纷所对应的处理机制的核心是“和”，采用的策略是“模糊”处理。这种处理机制的特点就是要尽可能激发作为自己人的感情以及自己人认知上的共识来解决争执。外人纠纷是外人之间的争执，有对立性，却未必能统一起来。基于外人纠纷是发生在外人这个基础上，因而其产生的主要是利益问题，而非情感问题。相应的，外人纠纷所对应的处理机制的核心是“分”的办法，采用的策略则是清晰厘定，即厘清纠纷各方的权利与义务。自己人纠纷与外人纠纷并非不能转换，自己人纠纷通过将自己人外化的办法可以转换成外人纠纷，而外人纠纷则可以通过将外人自己化的办法转换成自己人纠纷。送法下乡之所以遭遇困境，就在于其本应在外人纠纷发生的外人领域起作用，却错误地进入自己人纠纷发生的自己人领域内，从而不仅无助于问题的解决，或者，即使解决了问题，却造成了自己人的解体，从而破坏了乡村社会本来的秩序。

参考文献

[1] 董磊明、陈柏峰、聂良波，2008，《结构混乱与迎法下乡》，《中国社会科学》第4期。

[2] 董磊明，2006，《村庄纠纷调解机制研究的路径》，《学习与探索》第1期。

[3] 董磊明，2008，《宋村的调解》，法律出版社。

[4] 费孝通，2003，《乡土中国　生育制度》，北京大学出版社。

[5] 贺雪峰，2009，《村治模式：若干案例研究》，山东人民出版社。

[6] 苏力，1996，《法治及其本土资源》，中国政法大学出版社。

[7] 杨华，2008，《纠纷的性质及其变迁的原因》，《华中科技大学学报》（社会科学版）第1期。

[8] 杨华、孔琪，2008，《纠纷的控制单位：私的程度与私的身份问题》，《云南大学学报》（法学版）第4期。

[9] 杨华，2009，《自己人的调解：从农村纠纷调解过程中的“举例说明”谈起》，《中国农业大学学报》（社会科学版）第2期。

（撰于2009年）

源村的丧事

源村的丧事很有特色。通过一次又一次的丧事活动，村庄的社会记忆得以很好地传递与表达，村庄的社会整合也得以不断加强。源村丧事活动的呈现，实质上反映了农村民俗活动介入农村社会治理的可能。

源村的丧事很有特色。通过一次又一次的丧事活动，村庄的社会记忆得以很好地传递与表达，村庄的社会整合也得以不断加强。

一　死前准备

通常老人到了一定的年龄，特别是年过花甲之后，子女会为父母把坟墓挖好，这叫“奠生基”。这对于活着的老人而言是一件很重要的事，这既意味着其已离死亡不远，也意味着其很有福气，因为他们在生前能看到自己百年之后“睡”的地方，有时还是自己亲自指挥挖的，这也说明他们的儿女是孝顺的。否则，死了的时候才挖一个坑，泥巴都没有干，这种感觉对于他们来讲是非常恐怖的。除了把坟墓挖好以外，子女还会把老人死后穿的寿衣、寿鞋、寿帽等都准备好，老人对这些是不忌讳的。除了老人死后的生活必需品外，还会准备“见面钱”，这是一种黄色的很粗糙的毛边纸，用一种一端带有铜钱模型的钱钻打这种毛边纸，打出来后的神纸上都是一排一排的铜钱图案。据说这种纸烧了之后就会变成真的铜钱，死者在阴间就可以拿着用了。之所以叫“见面钱”，是因为在死者将死前就开始烧，死者咽下最后一口气后还要烧一会儿。这种仪式有两个层面的意思：一是死者可以放心地去了，不必担心自己在阴间没钱用；二是子女可以放心，他们的父母在去西方极乐世界时不至于两手空空。

二 老人死时

当老人快要死的时候，其子女和亲属都会围在他的周围，静静等候老人离去，这叫作“送终”，特别是死的那一刻，如果有子女在旁送终（而且越多越好），则老人死后不会孤寂，他还是会觉得他儿孙满堂，甚至觉得他自己还活在人间，因为在他离开的那一刻他看到了自己生命的延续。当老人咽下最后一口气离开人间时，儿女们便会哭成一团。同时会有一个主要的亲属到屋外的地坪边上燃放一串鞭炮并禀告当地的城隍菩萨和土地菩萨，自己有一位亲人姓甚名谁前往西方极乐世界，要他们一路指引。当这些完成时，儿女们会趁尸体还没有变硬身上还有点热气之前给死者洗个澡然后换上早已准备好的寿衣、寿鞋等。这些皆非常类似于古装电视剧中的官袍长衣，并且都是黑色的。做完这些后儿女们便把死者用一床备好的竹席垫着放在其死去的房间里的地板上，供最亲近的亲朋好友（主要是附近的人）前来悼念，这也是一种非正式的悼念。

三 丧事布局

老人死后，同村本姓的人不分男女老幼都会等在家里，以便需要帮忙时可以随叫随到。然后其中一两个比较有威望的人（一般在老者快要死之前孝家便会找他们商量好）便开始张罗着布置丧事。把同姓的人召集起来分工，主要包括陪宾，也叫陪客（负责迎接和陪同前来悼念的客人），坐账房的管事（主要负责本次丧事所有的出纳以及物资调配），请客的（同时负责发丧），沏茶的（以妇女为主），请法师的（请和尚道士弹琴吹唱敲锣打鼓等），煮饭的，洗菜的，端盘子的（负责开饭时上菜），还有“八大金刚”（负责送葬时抬棺材的八个壮汉），等等。井井有条，各司其职，该干什么都会安排得非常好。

一般死者逝世半天或一天后便开始做道场（也叫超度）。等法师们来齐后，便将死者的尸体移至正房中间一副放好的棺材里面（农村一般建房都是三间，中间那间就叫正房，相当于大厅，其他房间就以这间房为中心）。死者端端正正地仰面躺着。在把尸体从死者去世的房间移至正房中已备好的棺材里时，死者的亲属会哭得很伤心，因为这意味着从这一刻开始死者的肉体便要开始迈出与他们诀别的第一步。这时棺材盖并不完全盖上，而是在靠近死者头部的地方留一尺左右的空间，死者头上盖一块白色的小手帕。这一方面意味着死者暂时还能与亲人在一起，另一方面也是为了那些远在外面不能及时赶到见上死者最后一面的亲人和朋友还能拿开手帕见见死者的遗容，寄托哀思。然后大家便开始布置正房，将其作为暂时的灵堂，既用来做道场，也用于亲朋好友前来悼念。正房的墙上挂满神态各异的佛像和菩萨画像，还包括人做了坏事后在阴间地狱所受的各种惩罚和折磨的图像。屋外的门框两边贴上用白纸写好的丧联（也叫挽联），其内容都是充满悲伤和痛惜的，如“风摧萱草，椿树凋残”等，尤其是正房的门檐上会挂上三个非常大的字“当大事”，这是源村丧事标志性的词。这些对联都由村中有文化的人所作所写，这些人一般熟读老书（即四书五经类的）并对村中各种礼仪程序了如指掌，他们一般都能写一手非常漂亮的毛笔字，且能吟诗作对。这类人在村中一般都有好几个，当他们老时他们会在下一代中物色合意的人选，将其知识传授给下一代。

四　法事开始

上述一切准备好后，法事即道场正式开始。法事是以“节”为单位的，也叫“出”。每出法事都有其特定的名称与内容，如第一出是“启师”，然后有“下扎”“发功曹”“开灵”“迎亡”“解结”“拜忏”“还钱”“做饯”等。整个法事的意图大致是认为死者生前是有罪孽的，为使其死后不下地狱而能升入天堂，必须为其超度亡魂，还清罪孽，求得忏悔。因为死者生前的每一种罪孽如若不帮其超度，死后便会下地狱受尽折磨。每种罪孽在地狱都有相应的惩罚措施。如上刀山、下油锅，甚至剖开心脏让恶狗吞食、用锯锯割，生前说谣言是非的会被割舌头等，这些惩罚措施还会以生动的图画形式挂在正房中的墙上。这些仪式既有超度亡魂的意图，也有劝在世之人弃恶扬善的功能。如“拜十王忏”，即是在十个阎王面前忏悔，每一出做完后会烧一道“度牒”给每个阎王，向他们禀告相关情况，以消解死者生前的罪孽。“解结”也是一样，主要讲欠父母的孽债未还，尤其是其中有关母亲十月怀胎所受的各种苦难的唱段，伴随锣鼓唢呐等奏打出的各种哀声，令生者肝肠寸断，哀从中来，大放悲声。

五　迎接客人

法事开始后，一般近亲需要穿白色的丧礼服，头戴一顶尖角形白色帽子，这种帽子叫“耗”。亲朋好友从各地赶来悼念，各个陪宾则开始迎接这些前来悼念的客人。迎接的礼仪是非常严格的。死者的儿子和媳妇们跪在棺材左下角附近的地方，低头触地。孙子孙女及更小辈分的孝曾孙、孝曾孙女们等按辈分分成几段（一个辈分一段）跪在屋外的路边上和地坪边上，低头触地，客人来时，这些人是不能抬头的。陪宾们亦按辈分大小分成几辈站成几段，也是一个辈分一段。然后首席陪宾（即主要的陪宾，这些人的辈分通常比较高，是同姓中的大房）便双手端端正正地紧握一块用白纸写着“哀迎”二字的牌子上去迎接客人，所有来悼念的客人都会自备一串鞭炮，首席陪宾先接过客人手中的鞭炮递给专门负责燃放鞭炮的人，然后双手合拢成拳，紧握着牌子，对着客人们作一个揖，这叫“下礼”（如果是非常重要的客人，陪宾就会带着孝家去下礼，孝家下礼是直接跪在地上朝客人拜一拜）。客人一般是先出左手，然后出右手，再双手从外围合拢成拳，朝陪宾作一个揖，这叫“还礼”。然后首席陪宾以同样的方式将客人迎至孝家中跪在地上辈分最小的人，首席陪宾此时便暂时退到一旁。这时其他陪宾中辈分最小的便迎上来对着客人作一个揖，客人同样作揖还礼，然后这辈的陪宾便退到自己原来站的地方。这时首席陪宾再迎上来作揖，将客人迎至孝家中更高一辈的人的面前，然后再退到一旁，此时更高一辈的陪宾迎上来作揖行礼，客人也同样作揖还礼，然后这一辈的陪宾也退到一旁。陪宾中辈分越高的距离棺材越近，孝家的子孙们也是一样。迎接客人时先迎他们中辈分最高的，然后是次高的，依次类推。如此循环行礼一直到把所有客人迎至棺材前。此时客人们便按辈分分成几排前后站好，面对棺材。与此同时，原来负责放鞭炮的便把客人们带来的鞭炮点燃，客人们听到鞭炮响时便双手合拢成拳，朝着棺材里的死者跪下去，拜四拜，向死者行礼，然后松开拳站起，再握紧拳头朝着跪在棺材旁边的死者的儿子媳妇们跪下去，拜一拜，以示还礼，然后站起来。接下来客人中辈分高的便上前去把这些跪着的儿子媳妇们一一扶起，说一些节哀顺变之类的安慰话，如果客人与孝家是近亲，双方可能会相互拥抱痛哭。此时，首席陪宾再上来向客人们作揖并将其迎至客房由其他专门负责陪客的陪宾接待。客人中有些与死者生前关系甚亲或友好的也会跑到棺材那里，把死者头上的手帕揭开，看看死者的遗容，然后痛哭并对着死者诉说。这样，一整套迎客仪式才算结束。

六　迎接后家

源村的丧事时间长短是不定的，一般是一个下午加上一个晚上和第二天一整天，条件好点的是两天一夜或两天两夜。丧事做了大约半天或一天时（即开始做事的当天下午，此时一般已是暮色降临），便迎来了整个丧事中最隆重的活动：迎接后家。后家也叫“龙山”，是指母方的亲人，亦即死者（不管父亲还是母亲）儿女们的外婆家那边的人，以母亲的哥哥和弟弟（即孝子的舅舅们）为中心，包括跟他们同姓的一个祖宗的有关堂兄弟（即孝子的堂舅们）等人以及所有这些人的妻子及其后代（母方亲人中已出嫁的女性除外）。后家是整堂丧事中最尊贵的客人。

后家来时，他们会在离灵堂约一百米的地方燃放鞭炮，这是一个信号，表示他们已到，大家听到鞭炮声也知道这是后家来了。放鞭炮的同时，后家自备的吹鼓队打着一班“操头”（一种锣鼓谱），热热闹闹。此时，首席陪宾便领着身穿麻衣、手拿哭丧棒的死者的儿子媳妇们和一班吹鼓队等前去“下礼”。走到后家跟前时，孝子孝媳们跪下叩首，后家中辈分最高的人将他们一一扶起，大家都痛哭着。下完礼后，孝子孝媳们各自回到原处，跪在棺材旁，首席陪宾与孝家这边的吹鼓队留在那里陪着后家，两边的吹鼓队一起打着“操头”。孝家这边的人则沿着路边一直排到棺材处，全部跪着，低头触地。跪的次序除按辈分外还要按男女分成若干段，最接近后家的是辈分最小的女性，然后依次排列，同一辈的女性中已嫁出去的女性要离后家近些（平时她们与其丈夫一样是不参加迎客的，但接后家例外，当然她们的丈夫则自始至终不参加此类活动），与她们相连的是同辈未出嫁的女性，然后是媳妇。最后一段靠近男性的便是孙媳妇。然后是男性按辈分分成几段排列，孙子则在末端。后家那边也是与孝家这边一样，按辈分高低、男女有别的次序站好，走在最前面的便是他们中辈分最高的男性。

接下来，最隆重、庄严和肃穆的迎接仪式便正式开始。一切准备就绪后，孝家这边的人便会燃放各种爆竹，五花八门的鞭炮响彻夜空，天空中满是色彩斑斓的爆竹炸出的图案，再加上两边的吹鼓队打出的“操头”，以及唢呐奏出的阵阵哀声，甚是热闹。孝家这边的人则跪在地上痛哭，即使不那么伤心，此时哪怕是做样子也要装着哭。陪宾们则以前文所述的迎客礼节迎接客人，每到一段孝家所跪的人那里便要作揖，如此循环往复，一直将其迎至正房中。然后后家便围着棺材转一个圈，此时后家中与死者亲近的人早已开始了哀哭。一个圈转完后，后家便按辈分高低（此时则不分男女）在棺材前站成几排，然后与其他客人一样下跪，向着死者拜四拜，起来后又跪下，朝着跪在地上的人还礼，再由陪宾们迎至客房。到客房以后，有人会给后家们倒好洗脸的水，此时首席陪宾和一个拿着锣鼓的人便带着弯着腰拄着哭丧棒的孝子们缓慢走进来，拿着锣鼓的敲两下锣鼓，首席陪宾说声“孝子细”，孝子们便跪在地上一叩首，后家那边的人则会齐齐站起，一起说“高升，高升”，然后孝子们便站起来。于是后家们便开始洗脸。招待后家的酒席安排好后，首席陪宾带孝子们重复刚才洗脸时的礼节，然后后家们开始吃东西，到这里，整堂迎接后家的仪式即告结束。

七　出殡送葬

一般丧事进行到第二天时，为死者做的房子（俗称“灵屋”）便已经做好了。灵屋是用竹篾扎成的，上面糊有非常美观的纸，其结构类似古建筑，跟黄鹤楼等古楼的外形非常相似，很漂亮。这种灵屋便是死者在阴间住的。与灵屋相伴随的还有“金山”“银山”“摇钱树”等，这些是死者可观的资产。灵屋会放在屋外一个搭好的悼念堂里面，把死者的遗像放在灵屋前，此时灵堂就从正房移至这个悼念堂。此后来悼念的客人便到灵屋那里悼念，正房则专门用来做道场。

道场进行到快近尾声时（一般是第二天上午），便要出殡和送葬。孝家会向当地城隍用打卦的方式问到最合适的时辰。出殡的时辰到了，就要把棺材盖全部抬开，把死者脸上盖的白色手帕也拿开，给死者洗最后一次脸，然后用一根白线将尸体的位置量好摆正。这时的亲人是哭得最伤心的，因为这意味着马上就会永远看不到死者的容颜了。这一切准备好后，“八大金刚”（专门负责抬棺材的八个壮汉，平时他们会分工干其他的事）便上来把棺材盖上，此时死者的儿孙们的痛哭是不难想象的，有的甚至伤心到晕倒，他们会异常心痛地扯着棺材盖不让其盖上，旁边的人便过来强行把他们拉开，然后他们伤痛欲绝地看着棺材盖盖上和合拢那一刹那死者的遗容，在此种场合，旁边很多人都忍不住伤心落泪。然后，“八大金刚”便用两根非常粗大的树（源村将其叫作“伤杠”）将棺材绑好，再在两头各捆一根小“伤杠”，类似于抬轿子。然后，“嗬”的一声将棺材抬起，放到屋外的两条长凳上，接下来便用石灰将棺材与棺材盖合拢的缝隙糊好。等石灰干后在棺材上面盖上一床新的色彩鲜艳的毛毯，儿女们便趴在棺材上哭得死去活来，诉说死者生前受的各种苦楚以及对他们的好并叫着死者的称谓要其经常回家，甚至伤心地责怪死者为什么不“应”他们，为什么要离去，为什么不跟他们讲话了，等等，哀不忍听。

等到送葬的时辰到了，法师们便出来在棺材前做一节法事（叫“饯行酒”），为死者饯行。做完后，“八大金刚”过来，“嗬”的一声将棺材抬起，然后鞭炮声再次响彻云霄，所有亲朋好友和附近的邻居每人手持一炷香跟在后面，一起将棺材送往墓地。送葬途中，每经过别人家门前时，他们也会燃放一串鞭炮为死者送行。到达墓地后，“八大金刚”便将棺材放在墓穴前的一块空地上（这块空地亦叫“坟坪”），法师们再一次在棺材前做一节法事，做完后，“八大金刚”将棺材放入墓穴。死者的儿子媳妇们跪在墓穴的左边，客人们再一次像刚来时的悼念仪式一样，跪在墓前，先朝着墓里的死者拜四拜表示告别，然后对着跪在地上的孝子孝媳们跪下还礼。这一切都做完后，孝家所有人包括儿子儿媳以及他们的后代在内按辈分一起对着墓穴里的亲人九叩首，再在墓穴口抓一把黄土放入备好的盘子中以示纪念。然后人们陆续离开墓地，有些哭着不肯走的亲属由旁边的人扶着拉走。离开墓地回到做道场的地方前，儿子儿媳们便脱下麻衣，其他亲人朋友也脱下穿着的白色丧礼服，取掉头上的“耗”。“八大金刚”中的部分人则继续留在墓地，用砖头、水泥、石灰等将墓穴封好，这叫“封龙门”。

八　化财具散

送完葬后丧事并没有结束，一般还会持续半天，主要是“拜十王忏”。此后哀伤的气氛也开始越来越淡。当所有法事完成后，便是“化财”，即将灵屋等死者死后的用品在城隍庙前烧掉。此时孝子孝媳们重新穿上麻衣，孙子孙女们及一些近亲属等也再次穿上白色丧礼服，戴上“耗”。化财前，法师们拿着一本为孝家临时修的家谱到灵屋前“送灵”“祭灵”，家谱的封面上写着“万代荣昌”，里面记载着整场丧事的大致过程与情况以及死者生卒时辰及其生前主要事迹，然后便是死者后代的名字。当这些完成后，便将这些灵屋、金山、银山、摇钱树、神纸等抬往城隍庙前的一块空地上，铺好干柴并洒上汽油，然后在干柴上铺一床非常大的旧竹席，将上述灵屋等放在竹席上。再把铺好的干柴点燃，有几个人则拖着一串很长的鞭炮围着跑圈，另外一些人则拿一把瓢舀些潲水泼向四周，为的是吓走一些孤魂野鬼，以防他们来抢死者的东西。与此同时，客人们对着燃起的熊熊大火，与此前在墓地时一样，做最后一次祭拜，依然是先拜四拜，起来后再跪下，对着孝子们拜一拜还礼。此后，孝子孝媳们脱下身上的麻衣，其他亲人亲属们则脱掉丧礼服，取下“耗”。亲戚朋友陆续散去，各自回家。丧事到此基本结束。

九　丧事延续

化财后，死者的女儿以及她们的丈夫是不能回家的，她们还必须与死者的儿子们一起待三天，每天晚上他们一起到墓地烧“烟包”、上香、痛哭。三天之后，她们也开始回家。

丧事 49 天后便是“总七”，即七七四十九天，此时一般是叫几个法师来做半天法事，烧一些东西给死者，这时主要是死者的儿子、女儿及她们的丈夫等人，没有什么亲戚。

这之后便是“烧包道场”。如果死者是当年七月之前死的，烧包道场便安排在当年七月中的某一天进行。如果是当年七月或七月后死的，则要安排到来年的七月。也是做半天法事，将亲朋好友送给死者的“包钱”（一种用白纸包着黄色神纸的包，上面写着死者冥中受用或笑纳之类的话）烧掉，祭奠死者。

死者死后的第二年农历正月初一至十二，其子女们是不能到其他人家里去的，也不能走亲戚，这叫“守丧”。这之后，丧事便真正在完全意义上宣告结束。

十　丧事变化

源村的丧事在2000年前是没有什么变化的。笔者记忆中能给大家呈现的就是前文所描述的一切，这一切经数十代传承，未曾有变。然自2000年开始，丧事中的新兴事物——乐队或戏班子开始出现。2000年是源村雀会孺人去世的那一年，丧事形式其实就是从她死后的那场丧事开始变化的。雀会孺人共育有七个子女，三个儿子，四个女儿。大儿子人民公社时期当过公社会计，此“官职”虽然对现在的他影响不大，但作为村中政治精英的痕迹依然若隐若现。二儿子能吟诗作对，对八卦易经等算命风水之术较为精通，村中红白喜事无他不行，堪称村中的文化精英。三儿子既是文化人也是生意人，打油诗能信手拈来，佛学经文颇为精通，八字风水大概是受二儿子的影响亦略知一二，生意头脑村中无人能出其右，人脉广布，朋友遍四方，堪称村中的经济精英加文化精英。大儿子、二儿子和三儿子三兄弟也因此在村中颇有影响，至少他们队上（即自然村）的红白喜事若无此三人则无法运转。大女儿和三女儿嫁给邻队的一对嫡亲兄弟。大女婿的二女儿初中毕业后南下广东打拼，至20世纪90年代初期，大女婿成为村中首富，遂将其房屋卖给了源村的村庙——青山寺，然后举家迁往南镇（湘北重镇）。受大女婿一家的影响与帮助，三女婿（即大女婿的亲弟弟）的三个儿子亦于90年代初期南下广东，赚了钱后积累起来，到1998年亦举家迁往南镇。二女儿和小女儿虽财富不如大女儿和三女儿家，但家境都不差。雀会孺人去世时78岁，四世同堂，儿孙满房，其后代（包括四个女儿及她们的子女等）近百人。儿孙后代都非常孝顺，三个媳妇因雀会孺人一直视为已出，因此她们对雀会孺人也是百般好。因此雀会孺人在村中可谓福禄双全。也正因此，雀会孺人的丧事也就有“大操办”的预期。

村中丧事已经几十年没有突破一天半的模式了。大凡老人百年之后，子女都是按照惯例搞一天半，一般都是老人去世的第二天中午开始，第三天傍晚结束。经济拮据的有时就是一天一夜。也不知道从什么时候开始，村中人谈及丧事的时候都认为只有雀会孺人或其丈夫百年之后才有“看头”（亦即丧事操办大过已往），丧事两天两夜肯定是少不了的，至少也应该是这样，或者可能是三天三夜。久而久之，雀会孺人的几个儿子亦开始盘算，心中逐渐默认丧事至少两天两夜，否则“不像个样”（没有面子的意思）。

雀会孺人于2000年“瑶池赴会”。丧事也就在村中人的各种预期中搬到了前台。雀会孺人的三个儿子与他们同姓的几个大房的人一起商量后确定为两天两夜。丧事开始后，场面非常大，据村中老人说百年罕见。三个儿子各自圈中朋友甚多，来的客人空前多。场面壮大，甚是热闹。村中人的目光又开始盯向村中首个“富女婿”——大女婿，看他怎么送礼。大女婿素来豁达大方，送礼的钱对于他来说不是问题。他看到场面热闹也很欣慰，他在镇上的很多朋友也来悼念。他觉得是很体面的，说明他的妻家有人，不错。因此他想的便是如何让热闹更热闹。他在南镇生活的这几年（大概是90年代末），镇上的丧事中已兴起了乐队，于是他便请了一支乐队。这在村中还是第一遭。乐队自然更加热闹，一批西洋乐器加上一对超大的音响，其效果自然是很好。但是乐队奏的仍然是哀乐，荡气回肠，催人泪下。他们除了偶尔弹奏《十五的月亮》以外，其他时候全是哀乐，即使弹《二泉映月》，同样也让人哀不忍听。这样，乐队的独有效果加上法师们的吹、弹、奏、打、唱，整个氛围更加哀伤。

孝发公（雀会孺人的丈夫）2005 年去世。丧事又重新排上了议事日程。实际上这场丧事与雀会孺人逝世前一样，五年来一直被村中人所谈论。大家见了上次的“世面”后，便又开始期待下一回。尽管雀会孺人去世后，村中也陆续有老人离开，但鉴于子女的财力等多种因素，丧事还是延续原来一天半的模式，也没有谁去请乐队。孝发公的逝世又吊起了村中人的“胃口”。其三个儿子仍然与各大房支商量，商量时涉及是否请乐队的问题，因为雀会孺人死时是请了的，此番自然不好区别对待，不请说不过去，到外面说起来也不好听。当时大女婿仍然坚持他来请，但三兄弟此番则无论如何都不肯，说这是他们做儿子的事，不能再让他承担费用了。商量好后，新的方案出台，不但决定要请乐队，而且还要从镇上请摄影师把整个丧事拍成录像，刻成 DVD 光碟。

丧事开始半天后，乐队来了。此番情景与五年前大不相同。除了一曲改编了的不太像哀乐的哀乐外，其余绝大部分时候都是非常欢快的流行歌曲和少量的花鼓戏，还搭了个台子，简直就是一场露天演唱会。尤其是那些情歌“妹妹你坐船头，哥哥在岸上走，恩恩爱爱，纤绳荡悠悠”之类的让人有点不能忍受。孝子们虽然也伤痛欲绝，但对于乐队他们自有他们的看法。一是孝发公 83 岁高龄，此番未尝不是“白喜事”；二是这些并不是他们三兄弟想要的，这只不过是给别人看的；三是村中人早就有这个预期，至于外面乐队内容的变化如此之大谁也不清楚，没有准备。乐队来了之后，面对这种形式，村里人也只是好奇、新鲜。有些老人觉得这太不像样了，有些觉得无所谓，有些觉得热闹就行。老人们对这一形式是一种既反对也希望自己百年之后能有的矛盾心理。反对是因为这种形式实在太欢快，有点不是滋味；想自己百年之后也有是因为这确实“热闹”，热闹就是有面子。但不管怎么样，看着台上演花鼓戏的小丑时，台下不分男女老少都哈哈大笑。正如古人所言：“亲戚或余悲，他人亦已歌。死去何所道，托体同山阿。”

时隔30天，与仁公去世。与仁公与孝发公一样育有三子四女，其后代家室之殷盛虽远不及孝发公的后代，但也还说得过去。与仁公的丧事一样安排两天两夜，一样请来了乐队。这在村中人看来既是意外也是必然。这或许就是村中人对乐队这一事物的看法的答案吧。

（撰于2007年）

后　记

呈现在读者面前的这本书，最初竟然是为了回答一个问题，即：“你人这么蠢，怎么从事学术研究好像还勉勉强强啊?”

答案是，蠢人蠢办法，呼啸着走向田野，用脚踩出能得到的勉勉强强的评价。

于是，才有了这本《田野足迹：近十年来的乡村中国（2007～2016）》。它记录了我用脚踩出的学术痕迹，希望它能为读者打开一扇观察中国乡村社会变迁的窗口。

所收录的这些文字，文体灵活，大多都不是十分八股的学术论文，尽管内容有些稚嫩，但绝不无病呻吟。有些篇目如《侯氏之死》曾为不少导演看中，希望将之拍成电影或纪录片，都被我婉拒，因为所留下的那些痕迹告诉我一个非常朴实的道理，远离喧嚣，与浮躁保持距离，一步一个脚印，方是为学正道。在此，我也要特别感谢发表过我这些稚嫩文字的期刊和辛勤工作的诸多编辑老师。

每篇文字都与特定的时间节点有关，因此，我在文尾都添加了写作时间，一般来说，写作时间大部分是调查当年，少部分则是晚于调查时间一年。之所以要做这个交代，是因为近十年来，中国农村发生了非常快速的变化。比如，光棍问题、离婚问题、留守儿童问题，不但没有缓和，反而比我调查时更为严重。再比如，富人治村以及贿选问题，当年调查时，这些问题正处于爆发的阶段，而晚近以来的各类报道表明，这一问题后来触及的层级远不止村庄，正所谓“一叶落而知天下秋”。又比如，农田水利问题，我写作时已窥察到灾难迟早会到。一些村庄，近十年也正是大规模基础设施建设的集中阶段，旧貌换了新颜，然而，一些地方，人们没有科学处理山石废料的自觉，而是就近将之推入河中，却忽视了可能会带来的巨大灾难。凡此种种，不一而论，留待读者诸君阅读文字吧。

最后，我要特别感谢近十年来我所走过的浙江、江苏、山东、贵州、广西、江西、湖南、湖北、河南、山西、河北这11个省（自治区）40余个村庄的农民，是他们对我近500个工作日的接纳和不计任何报酬的讲述，我才有可能记述近十年来乡村巨变中的一些点滴。感谢他们让我有机会在宽广的田野上留下稚嫩的足迹。

是为记。

刘燕舞

2017年9月28日清晨于狮子山下

图书在版编目(CIP)数据

田野足迹：近十年来的乡村中国：2007~2016 / 刘燕舞著. -- 北京:社会科学文献出版社，2018.5
ISBN 978-7-5201-2019-7

Ⅰ.①田… Ⅱ.①刘… Ⅲ.①农村-社会问题-研究-中国-2007-2016 Ⅳ.①D669

中国版本图书馆 CIP 数据核字(2017)第 314648 号

田野足迹：近十年来的乡村中国（2007~2016）

著　　者 / 刘燕舞

出 版 人 / 谢寿光
项目统筹 / 刘　荣
责任编辑 / 刘　荣　刘　翠

出　　版 / 社会科学文献出版社 · 独立编辑工作室(010)59367011
地址：北京市北三环中路甲 29 号院华龙大厦　邮编：100029
网址：www. ssap. com. cn
发　　行 / 市场营销中心（010）59367081　59367018
印　　装 / 三河市尚艺印装有限公司

规　　格 / 开　本：787mm × 1092mm　1/16
印　张：16.75　字　数：228 千字
版　　次 / 2018 年 5 月第 1 版　2018 年 5 月第 1 次印刷
书　　号 / ISBN 978-7-5201-2019-7
定　　价 / 79.00 元